21세기 헌정주의와 민주주의

21세기 헌정주의와 민주주의

김영민 | 김용호 | 박성우 | 신영란 | 이경주 | 장성훈 | 한병진 지음

인간사랑

서문

21세기 헌정주의와 민주주의의 갈등과 조화의 동학 :
한국, 일본, 미국, 브라질 헌정질서의 이론과 실제

우리 사회는 최근 다양한 차원에서 현행 헌법의 개정 필요성을 제기하고 있다. 과거의 개헌 논의가 주로 권력구조 개편이나 선거제도의 개선에 초점이 맞추어져 있었다면, 21세기의 개헌 논의는 우리의 삶을 새롭게 규정하고 있는 세계화, 정보화, 그리고 민주화의 큰 틀 속에서 전개될 필요성이 있다. 본 연구는 특히 1980년대 이후 꾸준히 성장해 온 한국의 민주주의가 1987년 이후 존속되고 있는 우리 헌법과 어느 정도 조화 혹은 갈등의 관계를 가질 것인가라는 문제의식에서 출발하였다. 지금까지 우리의 개헌 논의는 기술적 · 제도적 차원의 문제해결식 접근에 머물러 있었다. 그러나 보다 근본적인 문제는 민주주의와 헌정주의 양자의 관계에 놓여 있다는 사실에 주목할 필요가 있다. 이제 우리에게 필요한 것은 민주주의와 헌정주의 양자의 갈등의 내용이 무엇인지 확인하고 양자의 조화 가능성을 모색하는 일이다. 이런 맥락에서 본 연구는 민주주의와 헌정주의가 어떤 상황과 조건에서 갈등과 조화의 양상을 보이고 있는지에 대해 미국, 일본, 브라질, 한국 4개국의 비교연구를 실시하고, 이를 바탕으로 한국의 헌정주의와 민주주의의 선순환적 관계를 모색하고자 하였다.

민주주의와 헌정주의는 적어도 잠재적으로 늘 갈등관계에 놓일 수밖에 없다. 법의 지배(rule of laws)를 원칙으로 하는 헌정주의와 인민의 지배 (rule by people)를 원칙으로 하는 민주주의는 각기 독자적인 가치를 추구하고 있기 때문이다. 특히 민주주의의 역사가 짧은 나라에서는 양자간의 갈등관계는 보다 적나라하게 드러난다. 민주주의의 발전을 위해서는 나라 안팎의 변화에 따라 분출되는 시민의 다양한 요구사항을 수렴하여 새로운 헌정질서를 마련해야 하고, 이를 위해 기왕의 헌정질서를 전면적 또는 부분적으로 부정할 필요가 있는 반면, 법의 지배라는 원칙이 엄격히 실현되기 위해서는 오로지 법을 통해 인권이 보장되고 정부의 통치력이 확보되며 공동체의 질서가 유지된다는 신념 아래 어떠한 경우에도—그것이 민주적 요구에 의한 것이라고 하더라도—헌정질서의 파괴

는 결코 용납될 수 없기 때문이다.

그러나 헌정주의와 민주주의의 상호관계가 이렇게 늘 갈등의 요소만 안고 있는 것은 아니다. 이념적으로는 양자가 잠재적 갈등의 요소를 안고 있음에도 불구하고 실천적 차원에서 조화 가능성을 갖고 있기 때문이다. 예컨대, 민주주의 혁명을 통한 민주적 성과물들이 헌정질서가 완전히 파괴되지 않는 범위 내에서 헌정체제 속에 수용되고, 또 헌정주의에 대한 존중으로 인권이 보장되고 비민주적 요소들이 점차 배제된다면 헌정주의와 민주주의는 선순환 관계로 전환될 수 있다.

우리 사회의 개헌 논의 역시 이러한 복잡한 양상을 보이는 민주주의와 헌정주의의 조화와 갈등의 연장선상에 있다고 볼 수 있다. 2004년 대통령 탄핵사건과 수도 이전 문제를 둘러싼 헌정공방은 민주주의와 헌정주의의 갈등이 우리 사회의 핵심 이슈 중의 하나임을 각인시켜 주었다. 그런데 그동안 우리 사회에서 헌정주의와 민주주의 간의 잠재적 · 이론적 갈등이 현실적으로 보다 심각한 형태로 표출된 이유 중의 하나는 헌정주의나 민주주의를 너무 일방적으로 주장하는 이들에게서 찾을 수 있다. 예컨대, 헌정체제를 민주주의의 실현 혹은 공고화의 수단으로 간주하는 민주주의 우선주의자들은 지속적으로 발전하고 있는 민주주의의 수준을 기왕의 헌정질서가 만족시키지 못한다고 보고, 기존의 헌법에 늘 민주적 기준을 들이대고 헌법의 비민주적 요소들을 비판하는 데 주력한다. 반면, 헌정질서의 신성함 자체를 맹목적으로 추구하는 "목적론적" 헌정주의자들은 민주적 가치의 추구에 정면으로 반대하진 않지만, 소위 민주적 요구의 실질적 합리성에 의문을 제기하고, 매 사안마다 표출되는 민주적 목소리에 귀를 기울이기보다는 헌정질서의 유지를 통한 절차적 · 형식적 합리성에 보다 큰 의의를 두어야 한다고 주장한다. 이렇게 헌정주의나 민주주의를 일방적으로 강조하는 것은 양자의 이념적 갈등을 현실적으로 심화시키고, 각각의 정치적 가치에 시야가 묶임으로써 양자의 실천적 조화 가능성을 인식하지 못한다는 문제가 있다.

여기에 본 연구의 의의가 있다. 본 연구는 민주주의와 헌정주의 모두를 우리가 추구해야 할 정치적 가치로서 존중하지만 어느 한 쪽의 일방적인 우위를 주장하거나, 어느 한 쪽을 다른 쪽의 수단으로 삼아야 한다는 도구적 입장을 경계한다. 따라서 본 연구는 이념적 차원에서는 여전히 양자가 잠재적 갈등의 요소를 안고 있음을 인정하지만, 실천적 차원에서 양자의 관계는 서로 조화의 가능성을 열어두고 있음을 염두에 두고 있다.

특히 한국적 맥락을 고려해 본다면, 과거에 비해 가장 민주적인 헌법으로 평가되어 온 「1987년 헌정체제」가 최근 민주주의의 실현이라는 이름으로 또 다시 도전을 받고 있다는 사실에 주목할 필요가 있다. 과거의 개헌 논의가 호헌은 반민주적이고 개헌은 민주적이며, 호헌은 정국을 안정시키지만 개헌은 정국을 불안하게 한다는 일방적인 이분법에서 크게 벗어나지 못했다면, 이제 더 이상 개헌이나 호헌이 그것 자체로 선이 되거나 악이 되는 상황은 아니다. 일방적으로 한 가치를 선호하는 사람들을 제외하고는 민주주의나 헌정주의 둘 다 공히 존중되어야 할 가치이기 때문이다. 따라서 이제 우리는 단지 민주주의의 보다 완벽한 실현을 위한 수단으로 개헌을 해야 한다거나 헌정주의 원칙의 실현을 위해 호헌을 해야 한다는 식의 논의에서 벗어나서 양자가 어떤 상황과 조건에서 선순환적 관계를 유지할 수 있느냐에 주목해야 한다. 이런 관점에서 민주주의와 헌정주의에 대해 중립적 태도를 취하고 양자의 동학을 연구하는 본 연구는 한국적 맥락의 요구를 충실히 반영하고 있다고 볼 수 있다.

본 연구는 크게 3부로 구성되어 있다. 역사와 이론을 다루는 1부에서는 민주주의와 헌정주의 갈등의 내용이 무엇인가에 대해 다소 실험적인 역사적 검토를 시도하며, 아울러 한국적 맥락에서 양자의 갈등과 조화의 동학을 분석하기 위해서 어떤 이론틀을 가질 것인가를 검토한다. 2부에서는 어떤 상황과 조건에서 민주주의와 헌정주의가 갈등과 조화의 양상을 보이고 있는가에 대해 미국, 일본, 브라질의 사례를 비교 검토한다. 동서양의 다른 법문화를 갖고 있음에도 불구하고 민주주의와 헌정주의 관계의 상대적인 안정상태를 유지하고 있는 미국과 일본의 사례를 사상적 · 역사적으로 검토하고, 민주주의와 헌정주의의 특수한 관계를 발전시켜 온 브라질 사례의 검토를 시도하고 있다. 마지막으로 3부에서는 다시 한국의 민주주의와 헌정주의의 선순환 관계의 모색을 위해 지금까지 소홀히 다루어져 왔던 한국 행정과 헌정주의 관계, 그리고 한국 헌정사의 특수성을 다루고 있다.

민주주의와 헌정주의의 관계는 시대와 지역에 따라 갈등과 조화를 반복해 왔다. 본 연구의 궁극적 목적이 한국적 맥락에서 민주주의와 헌정주의의 선순환 관계를 모색하는 일이지만, 각 개별 논문의 집필자들은 각국의 역사적 · 정치사회적 맥락의 특수성, 그리고 각국의 민주주의와 헌정주의 양자관계의 미묘함과 복잡성으로 인해 성공적인 국가에 대한 단순한 모방이나 실패국가에 대한 단순한 비판이 결코 우리 문제의

궁극적인 해답이 될 수 없다는 점을 잘 알고 있다. 따라서 본 연구가 한국 사회의 민주주의와 헌정주의 관계의 선순환적 청사진을 제공할 수는 없다. 그럼에도 불구하고 본 연구진은 각각의 논문을 통해 우리 사회 전체가 민주주의와 헌정주의 양자의 근본적 갈등의 내용을 보다 정확히 이해할 수 있도록 도왔고, 아울러 사례 비교를 통해 우리 사회의 시민과 엘리트들에게 양자관계를 조화로운 관계로 이끌어 가는 데 필요한 지혜를 제공하였다는 점에서 의의를 찾는다. 갈등과 조화의 경로가 모두 열려 있는 민주주의와 헌정주의의 관계가 향후 어떻게 정립될 것인가는 결국 그 사회의 주체인 시민과 엘리트의 태도에 달려 있다고 믿기 때문이다.

2007년 8월 대표저자 **박성우**

* 본 연구는 2005년도 정부재원(교육인적자원부 학술연구조성 사업비)으로 학술진흥재단의 지원을 받아 연구되었음(KRF-2005-079-BS0018).

차례

서문 • 5

제1부 민주주의와 헌정주의 : 역사와 이론틀 • 15

제1장. 민주주의와 헌정주의의 갈등과 조화 : 고대 그리스적 맥락에서의 세 가지 대안의 검토_박성우 • 17

제2장. 헌정공학의 새로운 이론적 틀 모색 : 한국 헌정체제의 규범적 좌표와 제도적 선택_김용호 • 51

제2부 민주주의와 헌정주의의 갈등과 조화의 경험 : 미국, 일본, 브라질 사례 • 87

제1장. 미국 헌정질서, 법치, 민주주의의 삼위일체 : 애커만의 이중민주주의를 중심으로_한병진 • 89

제2장. 민주주의와 헌정주의의 갈등과 조화 : 미국 헌법 해석에 있어서 원본주의 논쟁의 의미와 역할_박성우 • 117

제3장. 일본의 헌정주의와 민주주의_이경주 • 157

제4장. 브라질 헌정체제와 불안정한 민주주의_장성훈 • 195

제3부 한국의 민주주의와 헌정주의 • 233

제1장. 헌법개정 논의와 행정 그리고 정부_김영민 • 235

제2장. 한국 헌정민주주의의 불안정 요인 : 헌정주의와 민주주의의 선순환 조건 구축을 위한 역사적 고찰_신영란 • 267

제1부
민주주의와 헌정주의 : 역사와 이론틀

제1장. 민주주의와 헌정주의의 갈등과 조화 : 고대 그리스적 맥락에서의 세 가지 대안의 검토

제2장. 헌정공학의 새로운 이론틀 모색 : 한국 헌정체제의 규범적 좌표와 제도적 선택

민주주의와 헌정주의의 갈등과 조화 : 고대 그리스적 맥락에서의 세 가지 대안의 검토*

박성우 (중앙대학교)

Ⅰ. 서론

오늘날 우리가 의문의 여지없이 가장 가치 있는 정치원리로 받아들이고 있는 민주주의는 사실 역사적으로 민주혁명이라는 지난한 과정을 통해서 어렵게 성취한 정치적 성과물이다. 부르주아 혁명을 통해 이룩된 서구의 민주주의가 그러하였고, 1980년대 말 1990년대 초의 동유럽의 민주화도 명실상부한 혁명을 통한 결실이었다.[1] 역사적으로 이러한

* 이 논문은 인하대학교 사회과학연구소에서 발행하는 『사회세계연구』 제21집 (2005년)에 게재된 것을 일부 수정한 것임.

1) 동유럽의 민주화 이후 새로운 헌법에 대한 모색은 "헌정공학(constitutional engineering)"의 차원에서 미국학계에서 활발하게 논의되었다. 그 성과물 중의

민주화 과정의 최종적인 성과물은 민주헌법의 탄생이다. 혁명 이전의 헌정체제가 민주혁명과 민주화를 통해서 표출된 인민의 의지를 제대로 담아낼 수 없기 때문에 새로운 헌법을 제정하여 인민의 의지를 확인하고 이를 명문화하자는 것이다. 이러한 새로운 (민주) 헌법의 제정은 또한 다시 고개를 쳐들지 모를 반민주세력의 위협으로부터 민주주의를 지켜내기 위한 최후의 보루이기도 하다. 이렇게 탄생한 정체를 우리는 입헌민주주의(constitutional democracy)라고 부른다. 이런 맥락에서 보자면 민주주의와 헌정주의의 관계는 상호 보완적이며, 조화로운 것으로 보인다. 인민의 힘으로 성취한 민주주의를 보장하기 위해서 새로운 헌정체제가 만들어졌으므로 이렇게 수립된 헌정체제는 헌정주의(constitutionalism)라는 이름으로 존중되어야 한다. 근대 서구의 입헌민주정체의 수립 과정은 대체로 이러한 민주주의와 헌정주의의 조화로운 관계를 확인해 주는 듯하다.[2)]

그러나 법의 지배 혹은 법치(rule of laws)의 원칙을 근간으로 하는 헌정주의와[3)] 다수의 지배를 원칙으로 하는 민주주의가 항상 정(正)의 관계에 놓여 있다고 보기는 어렵다. 가까운 예로, 2004년 3월 12일 노무현

하나로 Howard(1991)가 있다. 동유럽 민주화의 성격에 대한 전반적인 논의로 Neal(1992)을, 헌정공학의 개념에 대해서는 Sartori(1994)를 참고.

2) 이와 관련한 고전적인 연구로 프리드리히(Friedrich 1950)가 있다.

3) 여기서 헌정주의(constitutionalism)와 법치(rule of laws)는 역사적으로 차별성을 갖는 개념이라는 사실에 주목할 필요가 있다. 헌정주의는 대체로 근대의 절대왕권에 대한 견제와 제한이라는 성격을 강하게 갖고 있으므로 궁극적으로 민주주의와 친화성이 있지만 법치의 원칙은 헌정주의보다 훨씬 오랜 역사를 가지며, 정체의 종류와 사실상 무관하다. 법치의 독자성에 대해서는 Holmes(2003)를 참고.

대통령의 탄핵사건을 계기로 한국 사회는 헌정주의와 민주주의를 상호 보완적이고 조화로운 관계로 보기는커녕 양자를 대립과 마찰의 관계로 받아들이기 시작했다.[4] 또한 정치의 사법화(judicialization)를 우려하면서 엘리트주의에 의존하고 있는 듯이 보이는 헌정주의를 고수하는 것은 민주주의의 후퇴를 가져올지도 모른다는 우려가 강하게 대두되었다.[5] 한국에서 대통령이 탄핵된 특수한 경험이 과연 헌정주의와 민주주의의 갈등 대립관계를 적절하게 대표할 만한 사건이었는지는 보다 경험적인 연구가 필요하겠으나, 적어도 이를 계기로 민주주의와 헌정주의 간의 근원적 갈등관계에 대한 사상적 물음을 우리 사회에서 제기할 수 있게 되었다는 점에서 그 의의를 찾을 수 있다.

사실 헌정주의와 민주주의는 각자 이론적으로 독자적인 가치를 인정받는 정치원리이기 때문에 양자의 결합인 입헌민주주의가 잠재적인 긴장을 내포하고 있는 것은 어찌 보면 당연하다. 민주주의의 완벽한 실현을 위해서는 사안마다 인민의 의지가 철저하게 반영되어야 하기 때문에, 만약 인민의 의지에 반(反)하는 것으로 보이는 헌정요소가 발견되면 이는 언제든지 철폐되어야 한다. 이런 입장은 헌정주의를 늘 민주주의의 실현을 위한 수단적이고 부차적인 가치로만 인정한다. 그러나 만약 이러한 민주주의 최우선주의에 동조하지 않고 법의 안정성과 법치주의의 우위를 강조하는 입장이 대두된다면 민주주의와 헌정주의는 자동적으로 충돌할 수밖에 없다. 특히 헌정주의나 민주주의 어느 한쪽이 다른

4) 이러한 시각을 바탕으로 한 대표적인 연구로 박명림(2005)를 참고.

5) 헌정주의와 민주주의 간의 갈등의 잠재력은 탄핵정국을 경험한 한국의 특수한 상황에서 인식될 뿐만 아니라, 양 정치원리의 근본적인 갈등으로 인식되고 있다(Maravall & Adam Przeworski 2003).

쪽에 대한 일방적인 우위를 주장할 때 양자 간의 긴장관계는 더욱 적나라하게 드러난다. 21세기 들어 민주화 이후의 민주주의에 관한 논의는 민주화 과정을 통해 이룩한 헌법이 현실적으로 민주주의 실현에 제약적 요소로 작용하고 있다는 사실에 주목하고 헌정주의가 어떻게 하면 민주주의의 공고화에 기여할 것인가에 초점을 맞추어 진행되어 왔다(최장집 2002). 이렇게 민주주의만을 최우선의 가치로 간주하는 경향은 대체로 20세기 이후에 민주화를 이룩한 국가들에서 더욱 두드러지게 나타나는데, 한국의 경우는 최근 대통령의 탄핵사태를 경험하면서 이러한 경향이 표면화되었고, 동구의 경우에 있어서도 민주헌법들이 민주주의의 실질적인 내용을 충실히 이행하지 못한다는 반성이 제기되면서 헌정주의에 대한 민주주의의 우위의 경향이 나타나고 있다(최장집 2004 ; Howard 1991).

본 논문은 헌정주의에 대해 민주주의만의 일방적인 우위를 주장하는 입장에 문제가 있다는 인식에서 출발한다. 그렇다고 본 논문의 궁극적 목적이 민주주의에 대한 헌정주의의 일방적인 우위를 주장하기 위함은 아니다. 상대적으로 균형을 잃은 듯이 보이는 헌정주의와 민주주의 관계의 정상적인 관계의 회복이 본 논문의 목적이다. 본격적인 논의에 앞서 민주주의의 일방적 우위론에 뒤따르는 문제점을 간단히 지적하자면 다음과 같다.

첫째로, 민주주의를 일방적으로 우선시하는 시각은 법치에 대한 상대적인 경시로 인해 애초에 의도한 민주적 목표조차 성취하지 못하게 되는 문제가 생길 수 있다. 즉 법치와 헌정주의에 대한 경시는 헌법이 민주주의의 최후의 보루가 될 수 있었던 근대 입헌민주주의의 긍정적 기능을 저해하는 결과를 초래할 수 있다는 것이다. 헌정체제에 대한 존중이 약화되면 헌법을 통한 민주주의의 보장도 어렵게 된다. 다시 말해, 헌정주의가 민주주의 "즉각적" 실현을 다소 제한하는 요소가 있다고 하더라도, 민주주의만을 "지나치게" 강조하는 것은 헌정주의가 민주주의에 기여하고 있는 정(正)의 효과마저 고사시켜 버릴 위험이 있다는 것이다.

둘째로, 민주주의의 일방적 우선주의는 헌정주의가 독자적인 원칙을 갖고 있다는 사실을 간과하고 있는 측면이 있다. 다시 말해, 우리가 헌정주의를 존중하고 있는 근거는 단지 민주주의의 수단으로서만이 아니라 법치(rule of law)라는 독자적인 원칙을 존중하고 있기 때문이라는 사실을 잊고 있다는 것이다.

민주주의와 헌정주의는 근원적으로 긴장관계에 있다. 그러나 이러한 이념적 · 선험적 긴장관계가 현실에 적용될 때 양자의 관계는 상호 파괴적인 방향으로 치달을 수도 있고, 혹은 반대로 상호 의존적 관계로 발전될 가능성도 있다. 양자의 관계가 어느 쪽으로 발전할 것인가는 현실정치의 몫일 수 있지만, 우선은 민주주의든 헌정주의든 지나친 일방주의로부터 벗어나는 것이 바람직한 현실을 만들기 위한 이론적 초석이 된다고 본다. 이제 본론에서 본 논문은 기왕에 상대적으로 주목받지 못했던 헌정주의의 근본원리로서 법치의 사상적 기초를 살펴봄으로써 헌정주의와 민주주의의 지나친 일방주의에 의한 불균형을 시정하는 단초를 마련하고자 한다.

Ⅱ. 법치와 민주주의 : 고대와 현대

우리는 왜 법치(rule of laws)의 원칙을 여전히 존중하고 있는가? 민주주의 최우선주의자들이 주장하는 바와 같이 법치가 민주주의에 기여하는 바를 고려해서 수단적 가치로서 법치를 존중하고 있는가? 법치의 고유한 정치적 가치는 무엇인가? 이러한 질문들에 대한 우리들 자신의 인식을 발견하기 위해서 우선 법치의 사상적 기원과 그 기초를 새롭게 조망해 볼 필요가 있다. 이를 위해 Ⅲ절부터 Ⅴ절에서 법치의 원칙이 가장 고전적인 형태로 나타난 바 있었던 고대 그리스에서의 법치에 대한 다양한 주장과 비판을 검토할 것이다. 여기에서는 우선 법치의 사상적 기초를 연구함에 있어서 고대 그리스적 맥락을 검토하는 것이 어떤 의의가 있는지 확인하고자 한다.

고대 그리스적 맥락을 검토하는 첫 번째 이점은 민주주의와 법치가 고대 아테네에서 가장 순수한 이념적 원형을 보인다는 데서 찾을 수 있다. 또한 민주주의와 법치의 가장 "순수한" 형태에 대한 고찰은 현재 복잡한 양상을 띠고 있는 민주주의와 법치에 대해 우리는 어떤 입장을 갖고 있는지를 확인해 볼 수 있다는 이점도 있다. 마지막으로, 당시 아테네의 민주주의는 가장 "급진적" 형태의 민주주의였으므로,[6] 이러한 "급진적" 민주주의가 법치와 어떤 관계에 있었는가를 살펴보는 것은 우리가 법치와 관련해서 어떤 종류의 민주주의를 원하고 있는가를 비교 검토할

6) 아테네 민주주의의 성격과 내용에 관해 핀리의 연구가 제2차 세계대전 이후를 주도해 왔으나, 1990년대 초반부터 오버를 필두로 하여 구미 학계에서 아테네 민주주의에 대한 재조명이 시도되었고, 이 중에서 아테네 민주주의를 가장 원초적인 과격한 민주주의로 정의하는 경향이 뚜렷해졌다(Finley 1983 ; 1985). 이러한 아테네 민주주의의 성격규정에 관한 논의는 단지 고전학적 지식에 대한 교정뿐만 아니라, 현대 (미국) 민주주의를 정의하는 중요한 지표가 되어왔다(Ober 1989 ; 1996 ; Ober, Hedrick 1996 ; Hansen 1991 ; Euben et al. 1994).

수 있는 준거점을 가질 수 있다는 의의가 있다.

고대 정치사상사에 있어서 민주주의는 늘 독재 다음으로 최악의 정부형태로 분류되어 왔다.[7] 민주주의를 부정적으로 평가하는 고대 사상가들은 각자 다양한 근거를 제시하고 있지만, 이들이 공통적으로 주목하고 있는 것은 민주주의는 결국 극단적인 무법성(lawlessness)으로 치닫게 된다는 사실이다.[8] 민주주의는 기본적으로 법치를 방해하는 요소를 안고 있다는 것이다. 여기서 우리는 고대적 맥락에서 법치와 민주주의의 관계를 서술하는 방식이 근현대적 맥락에서의 법치와 민주주의의 관계를 서술하는 방식과 사뭇 대조적이라는 사실을 발견하게 된다. 앞에서 관찰한 바와 같이 근현대적 맥락에서는 대체로 민주주의에 강조점이 부여되면서 법치의 원칙이 얼마나 민주주의에 기여 혹은 방해하느냐에 초점이 맞추어져 있었다면, 고대적 맥락에서는 오히려 법치에 강조점이 부여되면서 여러 종류의 정체 중의 하나에 불과한 민주주의가 얼마나 법치를 방해하고 있느냐에 초점이 맞추어져 있는 것이다.

그러나 법치의 독자적인 가치에 대한 인식이 비단 고대적 맥락에만 국한되어 있다고 본다면 이는 오해이다. 미국 국부의 한 사람인 메디슨도 『연방주의자들의 논고(*Federalist Papers*)』에서 민주주의와 헌정주의의 갈등을 인식하였는데, 그는 민주주의가 아닌 헌정주의의 손을 들어준

7) 철학자를 포함하는 대부분의 고대 그리스의 지성인들이 어떤 맥락에서 반민주적 성향을 가졌는지에 대해서는 Ober(1998) 참고.

8) 예컨대 폴리비우스의 유명한 평가를 들 수 있다. "민주주의와 결코 뗄 수 없는 악덕은 그것이 법치가 아니라 폭력에 의한 자의적인 지배에 의존하고 있다는 사실이다." Polybius, trans. W. R. Paton, *The Histories,* Loeb ed.(Cambridge : Harvard University Press, 1923), 6.10.4–5.

바 있다. 당시의 많은 사람들이 그들의 헌법이 민주주의의 요구사항을 제대로 반영하고 있지 못하다고 비판했을 때, 메디슨은 법치와 헌정주의의 중요성을 강조하면서, 정체의 안정성을 위해서 그리고 민주주의의 수호를 위해서도 법치의 원칙이 엄격하게 존중되는 것이 필요하다는 것을 주장한 바 있다. 그러나 그 당시 상황에서 민주주의의 무법성이라든가 민주주의의 한계를 직접적으로 지적한다는 것은 정치적으로 어리석은 일이었다. 따라서 메디슨이 취한 전략은 고대 아테네 민주주의에 대해서 비판적인 태도를 취하는 것이었다. 아테네 민주주의가 법치를 무시함으로써 일어난 폐해를 지적함으로써 간접적으로나마 메디슨은 당시의 민주주의의 한계를 드러내고자 한 것이다.[9)]

고대 아테네의 민주주의와 근대 민주주의는 흔히 단순 비교할 수 없는 것으로 간주되어 왔다. 인구의 차이나 엄청나게 증가된 사회적 복잡성으로 인해 고대 아테네의 민주주의 원칙은 더 이상 근대 사회에 통용될 수 없다는 것이다.[10)] 이런 입장에 따르면, 근대 민주주의는 고대 아테네 민주주의와 구별되는 두 가지 원칙에 입각해 있다. 하나는 대표(대의) 정부를 통해서 불어난 인구와 사회의 복잡성으로 더 이상 효율성을 상실한 직접민주제의 한계를 극복하고 대신 시민들에게는 정치과정의 참여를 가능하게 한다는 것이고, 둘째는 고도화된 사회경제적 복잡성을 반영하기 위해서 자유로운 경쟁을 통한 다원주의적 정치를 기본으로 한다는 것이다.

9) 그의 민주주의에 대한 비판은 다음과 같은 구절로 짧게 요약될 수 있다. "민회에 모인 아테네 시민들이 모두 소크라테스였다고 하더라도 아테네 민회는 여전히 우중(mob)에 불과하다" (*The Federalist Papers*, No. 55, 374).

10) 예컨대 Holmes(1979)와 Blair(1989) 참고.

이렇게 이미 잘 알려진 차이점에도 불구하고 근대 민주주의에 대한 의의와 한계를 지적하기 위해서 흔히 고대 아테네의 민주주의를 주목해 온 것은 사실 오랜 학문적 전통이다(Constant 1995 ; Finley 1985 ; Dunn 1992). 하지만 고대 그리스에서 법치를 바탕으로 한 헌정주의 이론을 갖고 있었다는 사실에 대해서는 그다지 주목받지 못한 것도 사실이다.[11] 사실 수세기를 걸쳐서 고대 그리스의 헌정주의 이론은 부지불식간에 근대의 헌정이론 속에 용해되어 왔다고 볼 수 있다. 예컨대 19세기 이전의 대부분의 상식 있는 사람들은 고대 그리스의 정치이론가들이 발명해낸 정체의 구분에 아주 익숙해져 있었다. 정체는 지배하는 숫자에 따라서, 그리고 운영되는 방식의 훌륭함에 따라서 여섯 개의 정체로 나뉘었다.[12] 이러한 정체의 구분에 깔려 있는 가정은 정치는 어떤 특정한 형식 안에서 이루어지며, 정치는 이 형식과는 구별되는 특정한 목적이 있다는 점을 암시하는 것이다. 그리스 정치이론가들은 다양한 정체에서 각각의 정치적 목적이 어떻게 성취될 수 있는가에 관심을 가졌고, 어떤 정체(형식)에서 병폐가 생기는가에 주목하였다. 결국 그들의 공통적 목적은 다양한 종류의 정체들에서 어떻게 안정성을 획득할 수 있느냐에 있었다. 안정성이 획득되어야 각각의 정체에서 추구하는 정치적 목적을 달성할 수 있기 때문이다.[13] 따라서 아테네의 헌법이란 이렇게 안정과 질서와

11) 이에 대한 고전적인 연구로 McIlwain, Charles H., *Constitutionalism Ancient and Modern*(Ithaca : Cornell University Press, 1940) 정도가 있을 뿐이다.

12) 좋은 정체로서 군주정(monarch), 귀족정(aristocracy), 혼합정(mixed system)이 있고, 나쁜 정체로서 독재(tyranny), 과두정(oligarchy), 민주정(democracy)이 있다. 이러한 구분은 아리스토텔레스에 의해서 명확하게 제시되었지만 그의 전유물이라고 보기는 어렵다. 오히려 그리스에 팽배해 있던 생각을 아리스토텔레스가 정리한 것이고 보는 것이 옳다.

규율을 확립하기 위해서 데모스들을 어떻게 규율할 것인가에 초점이 맞추어져 있었다. 현대적 시각과는 달리 헌정주의의 목적은 애초부터 민주주의를 어떻게 적절히 제한할 것인가에 달려 있었다.

비교적 최근에는 정치학자들뿐만 아니라 고전학자들 사이에서도 아테네 민주주의 발전과정에서 법치의 원칙이 어떤 역할을 수행했는가에 대한 관심이 늘어났다(Jones 1995 ; Finley 1976 ; Sealey 1987 ; Ostwald 1986). 이 역시 현대 민주주의 실행과정에서 보이는 민주주의와 법치 간의 긴장과 마찰이라는 현실 인식과 무관하지 않다. 그러나 이러한 연구들은 민주주의와 법치의 상관관계에만 지나치게 치중한 나머지 법치의 의미를 심도 있게 다루지 못했다는 한계가 있다. 이런 연구들은 법치라는 원칙을 민주주의와의 관계에서만 주목하며, 법치는 그저 자명한 개념으로 간주한다. 그러나 법치에 대한 법리적 해석은 현대에서조차 국가 간의 법문화, 철학적 경향, 이념적 신조에 따라서 다르게 내려질 수 있다. 고대 그리스의 맥락에서도 법치가 자명한 것으로 인식되지는 않았다. 아테네의 정치사상가들과 현실 정치인들은 법치의 중요성을 인정하면서도 법치의 의미에 대해서는 각기 다른 해석을 제시하고 있다. 본 논문은 다음 세 절에서 고대 그리스적 맥락에서 발견되는 법치에 대한 세 가지 다른 해석을 검토할 것이다. 이를 통해 법치에 대한 현대적 관점을 풍부하게 하고, 나아가 이런 법치의 의미를 바탕으로 "일방적 민주주의"를 경계하고 헌정주의와 민주주의 균형적 긴장관계의 회복을 시도한다.

13) 고대 그리스에서 정체의 안정성에 대해 가졌던 지대한 관심은 27년간의 펠레폰네소스 전쟁(431–403)과 보다 광범위하게 퍼져 있었던 내란(stasis)의 위험성을 경계해야 하는 기원전 5세기, 4세기의 그리스의 정치사회적 맥락과도 깊은 관련이 있다.

다음 절부터 다루게 될 법치에 대한 세 개의 모델을 요약하면 다음과 같다. 첫 번째 모델은 아리스토텔레스의 『정치학』에서 발견된다. 이 모델은 민주적 입법기구(예컨대 아테네의 민회 ekklesia)에 제한을 가할 필요성을 역설하고, 시민들에게 덕을 고양시키기 위해 사법관에게 광범위한 재량권을 부여한다. 두 번째 모델은 플라톤의 『법률』에서 발견되는 것으로서 법률의 의인화된 신성성(divinity), 불멸성(immortality)이 강조되는 법치의 "신화적 모델"이다. 이 모델에 따르면 모든 시민은 의인화된 법의 지배 하에 있다. 보다 과격하게 표현하자면 모든 시민은 법의 "노예"이자 법의 "하인"이 되어야 한다는 것이다. 현실적으로 이러한 "신화적 모델"이 제대로 작동하기 위해서는 시민의 교육과 사회화가 중요하다고 플라톤은 강조하고 있다. 이 두 모델은 모두 각기 다른 방식이긴 하지만 법치와 민주주의가 배치되는 것으로 간주하고 있다. 이에 반해 세 번째 모델은 아테네 민주주의가 법치에 의존하고 있음을 주목하는 "민주적 법치" 모델이다. 이 모델은 법 앞의 평등(isonomia)을 원칙으로 하고, 특히 사적 영역의 독립을 강조한다. 아리스토텔레스와 플라톤에 의해서 대변되는 앞의 두 모델이 사적 영역과 공적 영역의 구분을 모호하게 하는 경향이 있는 반면, 이 세 번째 모델은 사적 영역과 공적 영역의 구분을 명확하게 함으로써 민주주의와 법치의 조화 가능성을 모색하는 것이라고 볼 수 있다. 이제 세 개의 모델을 확인해 보자.[14)]

14) 다음 절부터 시작되는 세 개의 모델에 대한 서술은 관련 고전 텍스트에 대한 필자의 독창적인 분석에 따른 것이 아니라, 이 분야의 영역을 새롭게 개척하고 있는 기존 연구자들에 크게 의존하고 있는 피상적인 수준의 서술이다(Cohen 1991 ; 1994 ; Stalley 1983 ; Bobonich 1991). 법치와 관련된 플라톤, 아리스토

Ⅲ. 아리스토텔레스의 검열관적 법치 모델

아리스토텔레스가 보여준 법치의 모델은 정치공동체의 본질에 대한 그의 정치사상과 깊이 결부되어 있다. 아리스토텔레스가 가정하고 있는 법의 역할을 제대로 파악하기 위해서는 정치공동체의 파생과 인간 본성에 대한 그의 가정을 간략하게나마 검토할 필요가 있다.

주지하다시피, 아리스토텔레스는 『정치학』에서 인간이 다른 동물과 구별될 수 있는 것은 정치공동체를 형성할 수 있는 능력이 있기 때문이라고 주장한다. 특히 아리스토텔레스는 인간이 말(logos)을 할 수 있는 능력을 갖추고 있다는 사실에 주목하는데, 말을 할 수 있다는 것은 단지 목소리를 낼 수 있다는 의미가 아니라 좋음과 나쁨, 그리고 올바름과 그름을 구별할 수 있다는 것을 의미한다. 바로 이런 능력 때문에 인간은 다른 동물들과 구별되고, 동시에 이 능력을 바탕으로 일정한 도덕인식을 공유하고 궁극적으로 공동체를 형성해 살아간다는 것이다. 그러나 아리스토텔레스는 이렇게 인간이 도덕적 인식을 공유할 수 있는 능력만으로 정치공동체를 유지할 수 없음을 지적한다. 인간의 본성상 정치공동체를 형성해 살아가는 것이 자연스럽지만, 이러한 정치공동체는 법률이 없으면 유지가 불가능하다는 점을 지적한다(Kraut 2002).

따라서 아리스토텔레스는 도시 내의 질서의 필요성을 역설한다. 질서(taxis)라는 단어는 인간 본성의 요소를 통제하기 위해 인위적으로 부

텔레스, 법정연설문들의 면밀하고 독창적인 텍스트 분석은 향후 필자의 연구 과제 중의 하나가 될 것이다.

과되는 규제나 규율을 의미한다. 이 질서는 오로지 법에 의해서만 구체화될 수 있는데, 법치야말로 공동체가 공유하는 도덕적 판단(무엇이 옳고, 무엇이 그른지, 무엇이 정의롭고 무엇이 부정한 것인지?)을 제도화한 것이며, 이를 통해서 공동체의 질서가 안정적으로 유지될 수 있다. 아리스토텔레스의 인간 본성과 정치공동체에 관한 견해를 요약하면, 인간은 본성상 정치공동체를 형성하지만 동시에 그 본성은 정치공동체를 파괴하는 성향도 갖고 있기 때문에 "법치"만이 공동체의 붕괴를 막을 수 있다는 것이다. 옳고 그름에 대한 도덕적 판단과 시민적 덕(civic virtue)을 만들어낼 수 있는 법치만이 정치공동체의 유지를 가능케 한다는 것이다 (Cohen 1995).

대부분의 근대 이론가들이 법치를 시민들에 대한 국가의 물리적 권력을 제한하는 것으로 정의하는 반면, 아리스토텔레스는 통치자가 사회에 질서를 부여하기 위해서 사용하는 정치권력을 정당화시켜 주는 근거로서 법치를 제시하고 있다. 이런 "검열관적 법치 모델"은 인간은 본성상 무질서의 성향을 갖고 있고, 질서(taxis)의 회복을 위해서 법치가 필요하다는 논지로 정당화된다. 질서의 회복을 위한 법치는 통치자에게 도시의 정의와 도덕을 회복하라는 책임을 부과하는 것이며, 동시에 권력을 인정해 주는 것이다. 아리스토텔레스에게 있어서 이들의 권력은 공적인 영역을 넘어서 사적 생활에 대한 규제까지 영역이 확장된다. 그런데 아리스토텔레스가 보기에 이런 무질서가 가장 적나라하게 드러남에도 불구하고 법치가 제대로 실현되지 못하는 정체가 있는데, 이것이 바로 민주주의 정체라는 것이다. 극단적인 민주주의 정체 하에서 모든 시민들은 "그들이 원하는대로 살도록" 되어 있으므로 시민들은 통치자의 권력을 제한하며, 모든 권위를 민주적 심의체(deliberative body)에 넘기려 한다는 것이다(Cohen 1995).

이런 민주주의와 법치의 관계에 대한 아리스토텔레스의 태도는 민주주의가 빠질 수 있는 방종과 불법성을 지적하는 대목에서 보다 확연히 드러난다. 아리스토텔레스는 민주주의의 결함을 두 가지 측면에서 지적하고 있는데, 첫째는 데모스의 결정이 기왕의 법을 무효화한다는 것이고, 둘째는 시민들이 사법관(통치자)에 대해서 탄핵을 시도할 수 있고, 그 탄핵의 적절성을 판단하는 결정권이 다시 시민들에게 있다는 사실이다. 달리 말해 아리스토텔레스에게 있어서 입헌정부(constitutional government)는 적어도 두 개의 요소를 갖추고 있어야 한다. 첫째는 민회(ekklesia)는 법을 제정해서는 안 되고 다만 특정 사안들에 대한 조례를 통과시키는 정도의 기능을 가져야 한다는 것이며, 둘째로 사법관(집정관)은 법의 종복으로서 특정한 사안에 법을 적용시키고, 사법관이 민회의 간섭을 받는 일이 있어서는 안 된다는 것이다. 법치와 배치되는 민주적 관념은 법의 우위를 통해서 기만적으로 횡포를 부리는 사법관으로부터 시민들을 보호하는 것을 그 목적으로 하는 반면, 아리스토텔레스의 법치는 사법관(집정관)을 보호하며, 그들의 광범위한 규율 재량권이 민주적 관념에 의해 간섭당하지 않을 것을 목적으로 한다(Cohen 1995).

아리스토텔레스의 이러한 검열관적 모델과는 달리, 실제의 아테네의 민주정은 아레오파구스(사법권을 갖고 있던 세습귀족집단)로부터 기소권을 박탈하였고, 공적인 소송에 대한 기소권도 일반 시민들에게 부여하는 제도를 마련하였다(Ober 1989). 아리스토텔레스의 관점에서 보자면, 사법에 있어서 사적인 동기가 개입될 여지가 많은 아테네의 민주정의 관행은 무질서와 혼란을 초래할 뿐이며 결코 질서를 회복할 수 없다.

따라서 아리스토텔레스는 사법관의 검열관적 지위를 바탕으로 법치를 공고히 해야 하며, 무질서한 성향을 갖고 있는 인간 영혼의 본질적 특징에 질서를 회복시키기 위해서 민주정을 규율하고 규제해야 할 필요성이 있다고 주장한다. 아리스토텔레스가 자신이 가장 선호하는 정체로서 혼합정체를 주장하고 있는 것도 법치가 제대로 실현되기 위해서는 상이한 각 계급이 서로 견제하여 결국 법치에 대한 합의를 볼 수 있기 때문인 것으로 이해할 수 있다(Cohen 1995). 어쨌든 법치는 시민들의 자유와 독자성을 보장하기 위한 것이라기보다는 인간 영혼의 무질서로부터 질서를 회복하기 위해 개인의 자유와 독자성을 막기 위한 방편으로 사용된 것이다.

아리스토텔레스의 사상에서 드러난 바와 같이 서구 정치사상의 전통에서 정치공동체의 "자연적" 성향에 대한 파악은 정치제도의 효력을 다양한 방향으로 정당화하는 역할을 수행해 왔다고 볼 수 있다. 주지하는 바와 같이 근대의 정치권력의 근거와 한계를 지적하고 있는 홉스, 로크, 루소는 모두 "자연상태"로부터 정치권력의 근원적 정당성을 찾고 있다. 그러나 아리스토텔레스의 자연은 양가적 성격을 갖고 있다. 하나는 목적론적인 관점에서 인간의 최고의 가치는 자연적으로 발생한 (phusei) 정치공동체 안에서만 실현될 수 있다는 것이고, 다른 하나는 이 정치공동체가 적절히 규제받지 않으면 자연적으로(phusei) 인간의 성향에 의해 무질서와 무정부적으로 흐를 수밖에 없다는 인식이다.

이러한 자연에 대한 관찰을 바탕으로 아리스토텔레스의 법치의 원칙이 수립된다. 훌륭한 국가란 최고의 가치를 실현할 수 있도록 인간의 자연적 성향을 규율할 수 있는 법치원칙을 존중해야 하며, 그 법치의 구체적인 실행은 데모스(민중)의 전횡으로부터 사법관의 권위가 보호되어야 한다는 것이 주된 내용인 것이다. 국가를 도덕공동체로 규정하고 있는 아리스토텔레스의 정치사상적 가정에 비추어서 법치는 결국 국가가 도덕적 가치를 충실히 수행할 수 있도록 하기 위한 수단이고, 사법관의 보호에 의해서 법치가 실현될 수 있기 때문에 이 사법관의 보호를 위해서는 시민들의 사적 영역의 희생도 불가피하다는 것이다(Cohen 1995).

Ⅳ. 플라톤의 "허구적 이야기"로서의 법치 모델

플라톤은 『국가』에서 플라톤은 현자에 의한 지배, 즉 철인정치를 위해서 법치의 원칙을 어느 정도 무시한 것처럼 보인다. 그러나 플라톤은 그의 최후의 저작인 『법률』에서 철인정치는 신만이 그 자질을 갖추고 있기 때문에 이는 결코 현실에서 실현될 수 없다고 인정하면서 『국가』에서의 주장을 수정한다. 이어서 플라톤은 법치만이 안정적인 사회질서를 보장하고 나아가 진정한 정치공동체를 구현할 수 있다고 주장하고 있다(Stalley 1983). 플라톤에게 있어서 법치는 크게 두 가지 원칙이 확립되어 있어야 한다. 첫째는 어떤 개인이나 집단도 법보다 우위에 존재해서는 안 된다는 것이다. 다시 말해, 모든 사람들은 법 앞에 평등하게 구속되어야 한다. 둘째는 진정한 법치란 국가의 강제적인 물리력에 의한 것보다는 자유시민들의 자발적인 복종에 의한 것이어야 한다(Stalley 1983).[15)]

법치에 대한 첫 번째 원칙인 법 앞의 평등(isonomia)은 이미 아테네의 민주적 사회현실에서 널리 받아들여지고 있는 것이므로 여기서는 플라톤이 강조하고 있는 법치의 두 번째 원칙을 주목하고자 한다. 사실 이

15) 이러한 해석이 가능하다고 동의하는 대표적인 입장으로 Cohen(1993) 참고.

두 번째 원칙은 플라톤의 정치사상의 맥락에서 보자면 곤란한 문제를 야기할 수 있다. 영혼의 비이성적 부분(non – rational parts : epithumeitikon과 thumoeitikon)의 활동에 의해서 개인들은 덕보다는 즐거움을 좇고 있다는 것이 범인(凡人)에 대한 플라톤의 인간관인데, 과연 개인의 즐거움을 제한하고 있는 법에 대해 시민들의 자발적인 복종을 얻어낼 수 있겠느냐 하는 것이다. 이에 대한 플라톤의 대답은 강력한 사법관의 규율과 사법관에 대한 보호로 일관했던 아리스토텔레스의 대답과 대조적이다. 플라톤은 우선 개인의 사회화 과정을 중시하고, 이러한 사회화 과정에서 개인들로부터 법에 대한 자발적인 순응을 이끌어내기 위해서 법이란 일단 제정되면 다시는 개정되어서는 안 된다고 개개인이 믿도록 해야 한다고 주장한다(Cohen 1995).[16)]

이러한 믿음은 의인화된 법에 의한 "허구"에 의해 가능하며, 이런 "허구적" 이야기를 통해 법치는 궁극적으로 사람의 지배라는 사실을 망각하도록 해야 한다는 것이다. 플라톤에게 있어서 법의 허구성은 법의 기만성을 의미하는 것이 아니라, 시민들에게 자발적인 복종을 이끌어내는 법의 설득력을 의미한다. 또한 법의 "허구적" 속성을 강조하는 플라톤의 법치에 대한 개념은 외적인 강제와 위협을 통해서 법에의 복종을 도출해내는 근대적 개념과도 뚜렷이 구별된다. 플라톤은 법질서의 유지의 핵심을 도덕적 심리상태에 두고 있으며, 이러한 도덕적 심리상태가 법에 대한 진정한 복종을 이끌어낼 수 있다고 본 것이다(Cohen 1995).

개인들이 자발적으로 법에 복종할 수 있는 도덕적 심리상태를 갖기

16) 플라톤의 법치에 대한 대표적인 연구로는 Morrow(1941 ; 1960)와 Stalley(1983) 참고.

위해서 플라톤이 강조하는 것은 교육이다. 따라서 플라톤에게 있어서 적절한 교육 없이 법치는 불가능하다. 교육을 통한 자발적인 복종이라는 플라톤의 법치관념은 사실 인간 본성은 내부적으로도 외부적으로도 항상 갈등과 무질서상태라는 인식에서 출발한다. 영혼의 내부의 각 부분들이나 인간과 인간 사이도 사실상 만인에 대한 만인의 투쟁상태와 같은 갈등상태라는 것이다(626d–e). 인간성에 대한 이러한 인식을 바탕으로 법치는 내적으로나 외적으로나 늘 갈등상태에 있는 인간사에서 내전(인간 내부 혹은 정치공동체 내에서)을 종식시키고 조화를 이룰 수 있는 중요한 수단이 된다(Bobonich 1991).

따라서 시민들의 덕을 양산하기 위해 제정된 법을 시민들이 어떻게 하면 자발적으로 순종하게 할 것인가가 법치의 궁극적 목적이다. 진정한 입법자는 정치공동체의 공동선(common good)을 위해서 시민적인 조화가 증진될 수 있도록 법제정을 시도해야 하며, 보다 궁극적으로는 모든 시민들이 공동체의 공동선이 자신들의 이익과 부합한다고 믿을 수 있도록 법을 제정해야 한다는 것이다(715a–b). 개개의 시민들에게 이러한 인식이 가능하도록 하기 위해서는 특정한 집단이 지배하는 것보다(그 집단이 헌정질서에 의해 지배의 정당성을 획득한 경우에도) 법의 지배가 더 효율적이라는 것이다. 이 법의 지배는 적어도 형식적으로 모든 집단이 평등하게 법의 최고성을 실행하며, 어떤 집단도 법치를 무효화시켜서는 안 된다는 것이 전제되어 있다.

그럼 법의 최고성을 어떻게 획득할 수 있는가? 다시 말하자면, 어떻게 모든 시민들로 하여금 법이 다른 어떤 것보다 최고의 권위를 갖고 있다고 믿게 할 수 있는가? 이 문제에 대해 플라톤의 대답이 무엇인지 알기 위해 플라톤의 『법률(*Nomoi*)』 1권과 2권에서 다루어지고 있는 교육에 대한 그의 논지를 소개할 필요가 있다(693d–694a ; 701a–e). 이 부분의 주요한 내용은 즐거움과 고통에 대한 교육이다(634a–b ; 635b–d). 이 주제의 중요성은 『법률』에서 중심적 논지를 전개하고 있는 아테네의 이방인이 개인과 공동체에 있어서 즐거움과 고통에 대한 연구가 법제정에 있어서 선행되어야 한다고 주장하는 데에서도 엿볼 수 있다(636d–e, 637d). 이런 주장은 일견에는 의외의 주장으로 보인다. 고통과 즐거움에 대한 연구와 사법은 그리 상관관계가 없는 것으로 보이기 때문이다. 그러나 플라톤에 따르면, 법이란 적절한 혹은 부적절한 고통과 즐거움에 대한 공동체의 제도화된 판단이라고 정의될 수 있다고 본다.[17] 법을 이렇게 즐거움과 고통에 대한 태도로 정의하는 것은 자연스럽게 법을 교육과 연계시키게 된다. 왜냐하면 즐거움과 고통과 관련한 규범은 어려서부터의 교육을 통해서만이 가능하기 때문이다(Stalley 1983).

이런 플라톤의 관점에서 보자면 덕에 대한 교육, 다시 말해 고통과 즐거움에 대해 올바른 성향을 갖도록 하는 것이 정의로운 사회를 위한 유일한 기초가 된다. 그런데 플라톤은 개인들로 하여금 어느 것이 좋은 즐거움과 고통이고 또 어느 것이 나쁜 즐거움과 고통이냐를 잘 판단할 수 있도록 훈련시킬 때, 강제적인 방법이 아니라 설득적 방법이 보다 효율적이라고 주장한다(659d–e). 즐거움과 고통을 제대로 판단하는 훈련은 정의(dikaiosune)의 실천을 강제에 의해서가 아니라 자발적으로 행할 수 있도록 교육시키는 것과 마찬가지라는 것이다. 따라서 정의로운 사

17) 『법률』 이전에 이미 『고르기아스』에서도 플라톤은 사회적 선 혹은 공동선을 즐거움과 고통에 대한 올바른 이해와 등치시키고 있다. 『법률』에서는 플라톤은 이런 이해를 보다 구체적으로 표현하는데, 즉 모든 개인들이 도덕적 판단을 내림에 있어서 즐거움과 고통이 그들의 카운셀러가 된다는 것이다. 더 나아가 개인들은 즐거움과 고통에 대한 판단을 내릴 수 있고, 이러한 판단이 정치공동체의 공적인 형태를 띠게 될 때 그것을 법률이라고 부른다는 것이다(644d).

회는 모든 시민들이 고통과 즐거움에 대한 훌륭한 판단을 설득에 의한 교육으로 획득함으로써 궁극적으로는 언제 지배하고 언제 복종해야 하는지를 아는 시민들로 구성된다는 것이다(Bobonich 1991).

이렇게 적절한 교육을 통해서 법치의 도덕적 기초가 마련된다. 법치의 도덕적 기초가 마련된 후에 플라톤은 『법률(*Nomoi*)』에서 제도적 관점으로 돌아가서 정치적 권위가 정당화될 수 있는 다양한 이론을 검토한다. 우선 플라톤은 추첨에 의해 지배자를 선출하는 민주정과 무지한 사람들이 식자의 지도를 따르는 이른바 "최고의 정치"를 비교한다. 이 "최고의 정치"에 대한 평가가 플라톤이 『국가』에서 제시한 바 있던 정치이상을 대변하는 것이지만, 플라톤은 『법률(*Nomoi*)』에서 보다 현실적인 대안을 제시한다. 플라톤은 여기서 "자연의 법칙에 가장 잘 따르는 것은(physei) 시민들에 대해서 비강제적인 방식으로 법치를 실현하는 것이다"(690c)라고 주장하고 있다. 여기서 법치의 원칙이 철인왕의 이상을 대체하고 있으며(713c, 875a–d), 강제를 수반하지 않고 자발적인 복종을 유도한다면 그것이 가장 자연의 원리에 따르는 지배라는 것을 의미한다. 따라서 『법률(*Nomoi*)』에서 플라톤은 "누가 지배해야 하는가?"라는 『국가』에서의 질문에 새로운 답을 제시하고 있는 셈이다. 여기서 법은 자발적인 시민들의 동의에 의해서 지배권을 행사하고 있으며, 이 동의는 시민의 덕을 고양시키는 교육을 통해서만이 얻어질 수 있다는 점을 재삼 확인할 필요가 있다.

플라톤에게 있어서 자발적인 복종에 의한 법치의 원리에 대한 주장은 결국 분파(faction)와 지배(domination)의 문제에 대한 현실적인 해결책이라고 볼 수 있다. 플라톤은 이 문제를 두 측면에서 접근한 셈이다. 하나는 제도적 관점이고 다른 하나는 도덕적 심리상태의 관점이다. 분파와 지배문제에 대한 제도적인 해결방법은 아리스토텔레스와 마찬가지로 혼합정체적 헌법을 수립하여 만인에 대한 만인의 전쟁상태라는 심리상태의 근원적 원인제공 요소로 볼 수 있는, 명예를 획득하기 위한 부러움(질투)과 경쟁심을 최소화하는 것이다. 질투는 지배가 한 집단에 의해서만 행사되거나 부나 명예, 이득의 배분이 불평등하게 이루어질 때 발생하므로 이러한 요소들을 제거할 수 있도록 제도적인 장치를 마련해야 한다는 것이다(Bobonich 1991). 따라서 플라톤은 『법률(*Nomoi*)』에서 안정적인 사회질서를 유지하기 위해서 "지나친 부나 지나친 가난을 방지하는" 분배의 정의가 실행되어야 함을 강조한다(744d–e). 이렇게 분배의 정의를 제도적으로 실현하는 것이 법치가 현실적으로 가능하게 되는 중요한 요건이 되기 때문이다(Cohen 1995).

그러나 플라톤은 이런 제도적인 장치만으로 부러움과 분파, 그리고 내전에 의한 불안정의 악순환의 고리를 끊을 수 없다고 본다. 정치적인 안정을 위해서는 분배적 정의의 실현을 위한 제도적인 장치뿐만 아니라, 법치에 대한 시민들의 내적인 확신이 중요하다. 법치에 대한 자발적인 복종이 가장 잘 실현되기 위해서는 입법자에 의해서 만들어진 법이 "자신이 스스로 부과한 법"(733e)이라는 이미지가 있어야 한다. 이것은 루소의 일반의지의 개념과 일치하는 것으로서 자신이 스스로 부과한 법이라고 해서 언제든지 법을 바꿀 수 있다는 것을 의미하진 않는다. 오히려 이 법은 스스로 부과한 것이기 때문에 이 법에 대해서 근본적인 변경을 시도할 수 없다는 것을 의미한다. 즉 내가 스스로 부과한 법이기 때문에 이 법은 주권적이고, 신성하고, 영원하며, 정당하다는 것이다. 이렇게 "스스로 부과한 법"이라는 이미지가 시민들에게 각인되면 시민들은 이 법이 사실상 이전의 입법자에 의해 만들어졌고 현실적으로 일부분의 이득에 봉사할 수도 있다는 사실을 망각하게 된다는 것이다.[18]

이렇게 법의 주권성, 신성성, 영원성, 정당성의 이미지가 부각되면 이제 법이 시민들의 자발적인 동의에 의해 형성되었다는 사실도 잊어버리고, 법의 주권성이 최고로 강조되어 시민들은 스스로를 법의 주권성에 종속되는 종복이나 노예로 인식하게 되는 수준까지 이르게 되는데, 이것이 플라톤이 생각하는 최고의 허구적 이야기이다. 법에 대한 이러한 인식이 허구적인 것이 사실이지만, 플라톤은 이러한 허구적 이야기의 수용이 현실적으로 법치가 가장 잘 실현되고 분파(faction)와 지배(domination)의 문제가 가장 잘 해결될 수 있는 상태라고 보았다.

마지막으로 플라톤이 『법률(*Nomoi*)』에서 제정한 마그네시아의 이상적인 법률의 한 조항에 주목하고자 한다. 플라톤은 여기서 "10년 동안의 개정과 조정기간이 지나면 법은 변경될 수 없다(772c)"라는 조항을 제시하는데, 학자들은 이 조항에 대한 해석이 그의 법치에 대한 입장을 확인할 수 있는 단서가 될 수 있다고 본다. 일부의 학자들은 이 조항을 액면 그대로 받아들여서 일단 법이 제정되면 어떠한 경우에도 법의 개정이 불가능하다는 것이 플라톤의 입장이라고 해석한다.[19] 그러나 플라

18) 따라서 플라톤은 법치가 사실상 자치(self-rule)의 원칙을 그대로 반영하지 못한다는 사실도 잘 알고 있는 듯하다. 우리의 1987년 헌법에 대한 평가에 있어서도 입법자와 민주혁명의 주체와의 괴리로 인해 민주적 의지가 제대로 반영되지 못했다는 주장이 있는데, 플라톤의 관점에서 보자면, 1987년 헌법이 민주적 의지를 제대로 반영하지 못했고, 또 그 당시 정치공동체의 일부(그것이 계급이든, 계층이든, 정파든, 지역이든 간에)의 이해관계에 봉사하는 것일지라도, 이런 이유 때문에 법치에 대한 존중이 훼손된다면 정치적 안정성을 해치게 되어 훨씬 위험한 결과를 초래할 수 있다는 것이다.

19) 예컨대, 스탤리는 플라톤의 『법률』에서 "10년 동안의 개정과 조정기간이 지나면 법은 변경될 수 없다(772c)"라는 구절을 강조한다(Stalley 1983). 하지만 두 가지 관점에서 몇몇 조항은 명백하게 변경될 수 있다는 점을 상기할 필요가 있다. 첫째로 10년 안에 이 조항을 삭제한다. 둘째로, 10년 안에 이 조항의 연수를 10년 이상으로 늘린다.

톤은 법치의 엄격한 실현을 목적으로 하고 있지만, 그것이 실현되기 위해서는 "허구적인 이야기"에 기반을 둘 수밖에 없다는 사실은 알고 있다. 따라서 입법자로서 이렇게 법 개정을 금지한 조항을 만든 것은 사실상 설득적인 장치에 불과하다고 볼 수 있다.

플라톤은 『법률(*Nomoi*)』에서 마그네시아의 시민들이 현실적으로 이 규정 자체를 거부하거나 개정할 수도 있다고 보았기 때문이다. 이 문구에 대한 해석은 그것을 액면 그대로 받아들이기보다는 플라톤이 여기서 법 개정의 금지조항을 통해서 법치의 신성성과 항구성을 강조하고 인민의 의사가 법치의 존중에 기반하고 있어야 한다는 점을 재확인하는 것으로 보는 것이 타당하다. 궁극적으로 진정한 입헌적 정부의 비전은 시민들이 법치의 권위를 자발적으로 받아들이고 그들의 습관과 판단능력이 법치의 원칙에 부합하는 것이 될 때 가능하다는 것이다. 이런 이해를 바탕으로 『법률(*Nomoi*)』에서 아테네의 이방인은 한 도시의 흥망은 시민들의 법에 대한 자발적인 복종과 법치의 수준에 달려 있다고 주장할 수 있는 것이다(715d). 결국 법치에 대한 플라톤의 이념이 실현되기 위해서는 "허구적 이야기"를 통해서 시민들이 법에 대한 절대적인 복종이 가능하도록 자신들의 영혼을 변화시켜야 하고, 동시에 시민들의 이러한 도덕적 · 심리적 변화가 정치공동체에서 제도적인 장치로 뒷받침되어야 할 것이다.

V. 민주적 법치 모델 : 기원전 4세기의 아테네

법치를 실현하기 위해서 민주주의적 요소를 억제하거나 적어도 순화해야 한다고 주장한 아리스토텔레스나 플라톤과 달리, 아테네의 현실정치는 민주주의와 법치의 관계를 보다 조화로운 것으로 상정한다. 특히 과격한 민주주의로 대표되는 5세기를 지나 민주정의 제도화가 진행된 4세기에 접어들면서 아테네의 민주정은 법치를 훌륭한 국가의 요건으로 인정하게 되었다(Ostwald 1986). 예컨대, 4세기의 대표적인 정치가이자 법정연설문 대필자인 데모스테네스는 "법은 모든 이들에게 평등하고 모든 도시를 보존하는 구실을 한다"(Demosthenes 25.11) 고 주장한 바 있으며, 보다 구체적으로 "아테네의 번영과 자유, 민주주의조차도 법치에 의존할 때 가능하다"(Demosthenes 24.5) 고 말한 바 있다. 플라톤이나 아리스토텔레스의 입장과는 달리, 데모스테네스의 연설문에서는 법치와 민주주의의 친화성을 강조하는 대목이 두드러지게 발견된다. 즉 과두정 하에서의 지배자들은 자신들의 권위가 법의 권위보다 우월한 것으로 보고 있기 때문에 언제든지 그들의 이익에 부합하도록 법을 개정할 수 있다고 본 반면, 민주주의 하에서 데모스들은 자신의 자유를 보장하기 위해서라도 그들 자신이 만든 법에 복종해야 한다고 믿고 있다는 것이다(Demosthenes 1.5).[20] 과두정 하에서의 법의 지배(rule of law)는 진정한 법치라기보다 법에 의한 지배(rule by law)이지만 민주정 하의 법의 지

20) 도버는 이런 4세기의 아테네의 법치에 대한 관념을 법치 대 자의적인 권력의 지배와 대비시키고 있다(Dover 1968).

배는 진정한 의미의 법치라는 것이다.

당시의 민주정과 과두정이 각각 법치에 대해서 어떻게 다른 태도를 보이는가는 403년 30인의 독재자에 의해서 실행된 과두혁명과 이어 1년이 채 못 되어 민주혁명이 일어났던 아테네의 상황을 비교해 보면 잘 알 수 있다. 30인의 독재자들은 명시적으로 법치에 반대했다. 이 30인의 독재자들은 적절한 재판절차도 없이 자의적인 판단에 의해 시민들을 사형에 처하기도 하고 재산을 몰수하기도 했다. 또 다른 법정연설문 대필자인 라이시아스에 따르면, 그들은 시민들의 가택에 무단으로 침입하여 집안의 물건들을 거두어 가기도 하고, 심지어 귀에 걸린 금귀고리까지도 빼앗아 가는 전횡을 일삼았다. 기본적으로 자유민을 마치 노예와 같이 다루었다는 것이다(Lysias 12.6–23, 36, 39–40, 52, 82). 반면, 민주정이 회복된 이후에 아테네의 데모스들은 30인의 독재자에 대해 복수를 하기 보다는 법치에 대한 회복을 자랑스럽게 생각했다(Lysias 2.64 ; Demosthenes 19.255). 즉 과두정이 보여준 불법성을 민주정이 반복하지는 않았다는 것이다.

아리스토텔레스의 법치가 데모스들의 전횡으로부터 국가를 보호할 목적으로 검열관적인 사법관에 의한 법치를 추구한 반면, 5세기 말 4세기 초에 아테네에서 보여줬던 "법치의 민주적 모델"은 국가의 전횡으로부터 시민들을 보호할 것을 목적으로 한다. 이렇게 시민의 보호라는 목적에서 출발한 민주정의 법치는 시민 전체에 사적 · 공적인 소송의 기소권과 판결권을 부여했다. 아테네의 민주정 하에서 일반시민은 누구나 기소권을 가졌고 배심원 또한 추첨에 의해 뽑힌 일반시민들에 의해 구성되었다. 이렇게 시민들이 사법권을 행사할 수 있도록 한 것은 국가권력으로부터 사적 생활영역을 침해받지 않기 위한 아테네 시민들의 의지가 강하게 반영된 것이라고 볼 수 있다(Ober 1989).

사실 30인의 독재자들은 법 위에 군림하는 과두정의 모델을 역력히 보여줬기 때문에 이후에 민주정이 회복된 후에는 법이 어떠한 국가권력으로부터도 시민들의 자유를 보호해야 한다는 관념이 강하게 작용하였다. 하지만 아테네의 법이 보호하고자 했던 시민의 자유란 무엇을 의미하는지는 좀 더 자세한 관찰이 필요하다.

아테네 민주주의에서 법치를 통해서 보호하고자 하는 자유는 두 가지 측면이 있다. 첫째로 아테네의 자유는 언론의 자유(liberty of speech : parrhesia)와 공적 업무에 평등하게 참여할 수 있는 자유를 의미한다.[21] 아테네인들에게 있어서 자유의 두 번째 의미는 개인의 생활방식을 자신이 스스로 선택할 수 있는 자유이다. 이는 각 개인이 자신의 사적인 생활을 자신이 가장 가치 있다고 생각하는 방식으로 정할 수 있다는 것을 의미한다. 그런데 이 두 번째 자유에는 조건이 있다. 이러한 자유가 보장되는 것은 그 개인이 공적인 질서와 타인과의 관계를 규율하는 도시의 법을 준수하는 한에서이다. 따라서 데모스테네스는 아테네 민주정의 자유에 대한 존중을 방종과 일치시키고 있는 아리스토게이톤을 맹렬히 비난한다(Demosthenes 25.20, 27). "자신이 원하는 대로 사는 것"은 결코 방종과 동일한 것이 아니며, 자신이 선택한 생활방식대로 살기 위해서는 법치에 대한 존중을 통해 자유롭지만 질서가 있는 시민적 틀 안에 살아야 한다는 것이다. 이렇게 민주정 하의 아테네에서 시민의 자유와 법치가 조화로운 관계로 설정되는 것은 페리클레스의 유명한 국장연설문에서도 발견된다.

21) 언론의 자유와 정치에 참여할 자유의 상관관계는 고대그리스적 맥락에서는 이미 잘 알려진 내용이다. 특히 언론의 자유(parrhesia)의 개념에 관해서는 Ober (1996) 참고.

> 우리 헌법은 도시의 권력이 소수자에게 맡겨진 것이 아니라 전체 시민에게 있기 때문에 민주정이라고 불린다. 사적인 분쟁을 해결해야 할 때 모든 시민은 법 앞에 평등하다(isonomia) … 우리의 정치적 삶이 자유롭고 공개적이듯이 우리의 일상적 삶도 자유롭다. 우리는 우리의 이웃이 자신의 방식대로 사는 것을 개의치 않으며, 어떤 조롱의 눈초리도 보내지 않는다. 따라서 사적인 영역에 있어서 우리는 늘 자유롭고 관용적인 태도를 갖고 있다. 하지만 공적인 관계에서 우리는 법을 지킨다(Thucydides 2.37).

이런 아테네의 정치적 삶에 대한 묘사는 물론 아테네 민주정의 이데올로기적 색채를 띠고 있다고 볼 수 있다. 그러나 적어도 이 이데올로기는 앞에서 우리가 살펴보았던 아리스토텔레스나 플라톤의 법치에 대한 관념과는 엄청난 대조를 보인다.

우선, 플라톤이나 아리스토텔레스의 법치는 사적 영역과 공적 영역의 구분을 전제로 하고 있지 않다. 특히 플라톤은 분파나 질시와 같은 인간성의 내재적인 경향을 효율적으로 극복하기 위해서는 법치를 통해서만이 가능하다고 보았는데, 이 법치는 법체계의 제도적인 수립뿐 아니라 교육을 통해 시민들의 사적 생활영역까지 규제하는 것이 필수적이라고 보았다. 이렇게 포괄적인 교육을 통해서만이 얻어질 수 있는 법에 대한 자발적인 복종은 국가가 시민들의 사적 영역에까지 개입하는 것을 이미 허락한 것이나 마찬가지이다(Cohen 1995).

둘째로, 플라톤은 법치의 신성성과 불멸성을 강조하기 위해서 입법을 정치와 구분하고, 법을 정치의 영역으로부터 "탈출"시켜 보다 신성하고 영원한 주체로서 의인화된 법에 의한 법치를 주장한 바 있다. 물론 아테네의 "민주적 법치 모델"에서도 "조상으로부터 물려받은 헌법", "최초의 입법자" 등과 같은 허구적 요소를 일부 포함하고 있지만 플라톤이 상정하고 있는 허구적으로 의인화된 법에 의한 지배와는 엄격히 구별된다 (Cohen 1995). 플라톤도 이렇게 허구에 의한 법치가 완벽하게 실현되리라고 기대하진 않았지만 적어도 마그네시아의 시민들에게 그렇게 교육시켜야 한다고 강조하고 있으며, 되도록이면 법의 개정불가를 믿도록 하여야 한다는 입장이었다. 반면, 아테네의 "민주적 법치 모델"은 법의 주권성의 이데올로기적 측면을 정확하게 인식하고 있다는 것을 알 수 있다. 그래서 데모스테네스는 법치의 중요성은 이 "집단적인 허구"가 드러나고 청중(데모스)들이 이 허구의 이면에 존재하는 진실을 인정할 때 제대로 존중될 수 있다고 주장한다. 이와 관련해서 데모스테네스는 다음과 같이 연설한다.

> 무엇이 법의 위력입니까? 만약 여러분 중에 누가 부당한 대우를 받아서, 구제해달라고 소리치면 법이 달려와서 그를 도와줍니까? 아닙니다. 법은 그런 현실적 능력이 없는 그저 문자일 따름입니다. 그러면 법의 힘은 어디에 존재합니다. 바로 여러분 자신들(데모스 전체)입니다. 여러분만이 법을 지지해 줄 수 있고, 법이 그런 피해자를 도울 수 있는 능력을 가질 수 있도록 법을 강력하게 할 수 있습니다. 따라서 법은 여러분을 통해서 강해지고, 여러분은 법을 통해서 강해지는 것입니다(Demosthenes 21.224–25).

따라서 데모스테네스는 아테네 민주정 하에서 법치가 엄격하게 지켜질 수 있는 것은 법의 주권성이라는 집단적인 허구뿐만 아니라, 그 이면에 이러한 허구를 현실적으로 강제할 수 있는 데모스가 건재하기 때문이라고 본다. 따라서 법이 주권성을 가질 수 있는 것은 법치에 대한 데모스들의 주관적 위임에 의한 것이라는 주장이다.[22] 아테네의 민주적 법치 모델은 사적 생활과 공적 생활을 엄격히 구별하지만, 공적 생활에서의 법치가 사적 생활에서의 자유를 보장한다고 믿음으로써 양자 간의 유기적인 관계를 설정하고 있다. 이는 질서의 회복과 정치공동체의 안정성만을 강조하는 플라톤이나 아리스토텔레스의 법치의 개념에 대해 개인의 자유에 대한 민주적인 추구가 법치의 원칙을 보다 강화시켜 주는 예가 되는 법치와 민주주의 관계의 새로운 모델이라고 볼 수 있다.

Ⅵ. 결론

고대 아테네의 맥락에서 발견되는 법치에 대한 세 개의 모델은 법치와 민주주의의 관계설정에 대한 새로운 접근을 가능하게 한다. 앞에서도 밝혔듯이 법치를 기본으로 하는 헌정주의와 다수의 지배를 기본으로 하는 민주주의는 적어도 이론적으로는 잠재적인 갈등관계에 있다. 하지만 아테네의 현실정치에서 나타난 법치에 대한 견해, 특히 데모스테네스의 연설문을 통해서 발견되는 세 번째 모델은 양자의 이론적 긴장관계가 반드시 현실적인 갈등의 표출로 이어지지 않을 수 있는 가능성을 보여주었다.

법치와 민주주의의 관계가 필연적으로 상호 보완적이라는 "근대적

22) 4세기의 아테네의 법치와 민주주의에 대한 논의에 대해서는 Ober(1989 ; 1996) 참고. 하지만 4세기의 아테네가 법치로 정의되어야 하느냐 아니면 데모스에 의한 지배로 정의되어야 하느냐는 여전히 논쟁적이다(Ostwald 1986).

신화"는 깨져야 하지만 양자가 필연적으로 갈등관계로만 존재한다는 고정관념도 버려야 한다. 서론에서 밝힌 바와 같이 본 논문은 법치의 원칙이 민주주의의 원칙에 대해 종속적 · 수단적 지위에 있는 현대적 경향에 대한 문제제기로부터 출발했다. 우리와 전혀 맥락이 다른 고대 그리스에서 법치와 민주주의의 관계를 설정한 세 개의 모델을 검토함으로써 우리는 법치의 원칙이 어떤 시각에서는 민주주의와 갈등하는 것으로, 또 어떤 시각에서는 민주주의와 조화로울 수 있는 관계에 있다는 점을 확인하였다. 우리가 어느 한 모델을 선호해야 할 당위성은 없다. 다만, 세 모델이 모두 (민주주의를 선호하든 선호하지 않든 간에) 법치의 원칙을 독립적인 가치로 인정하고 있다는 사실에 주목할 필요가 있다. 여전히 같은 이유에서 법치를 민주주의와 독립된 가치로 인정하고 있는 입장을 우리가 반드시 선택해야 할 당위성도 없다. 하지만 법치를 민주주의의 수단으로 간주하는 근대적 입장(혹은 근대적 신화)에 우리가 왜 동의해야 하는지에 대해서도 충분한 "변명"이 있어야 할 것이다. 예컨대, 우리는 어떤 의미에서 법치의 원칙이 주는 정치적인 효용을 희생하면서까지 민주주의를 고수하고 있는가에 대해 자문하고 이를 변호할 수 있어야 한다는 것이다.

아마도 법치, 법의 지배(rule of law)에 대한 가장 큰 오해는 이를 법에 의한 지배 (rule by law)와 구분하지 못하는 데서 비롯된다고 본다. 지배세력 (지배자, 지배계층)의 권력을 정당화하고 권력의 행사를 용이하도록 하기 위한 법에 의한 지배(rule by law)는 언제든지 지배세력의 이익에 봉사하도록 그 내용이 바뀔 수 있다. 하지만 법에 의한 지배와 달리, 법치는 지배세력 스스로 법에 의해 구속될 것을 전제로 하고 있다. 그런 의미에서 아테네 민주정의 법치 모델은 데모스라는 지배세력의 법에 의한 지배(rule by law)가 아니라 데모스라는 지배세력의 법의 지배, 즉 법치

(rule of law) 였다는 점에 독특한 의미를 지니고 있다.

법치와 민주주의의 관계에서 민주주의만을 강조할 때, 법치는 법에 의한 지배(rule by law)로 전락할 위험을 안고 있다. 반대로 정체의 종류를 완전히 무시하고 법의 지배만을 강조하게 될 때, 그 정체는 전체주의적인 성격을 띨 가능성이 높아진다. 예컨대, 바이마르 공화국이 법치의 원칙을 지켰음에도 불구하고 결국 히틀러 정권을 탄생시켰듯이. 재미있는 것은 이렇게 법의 지배만을 강조한 결과로 잉태된 전체주의 정권은 곧바로 법치를 법에 의한 지배로 전환시켜 더 이상 법치의 원칙이 중단된다는 사실이다. 여기서 우리는 법치와 민주주의의 균형점을 찾아야 할 절실한 이유를 발견한다. 잊지 말아야 할 것은 어느 한 원칙만을 강조하는 것은 결국 두 원칙 모두를 상실할 위험성을 초래한다는 사실이다.

박명림. 2005. "헌법, 헌법주의, 그리고 한국 민주주의." 『한국정치학회보』 39집 1호.

최장집. 2004. 『민주화 이후의 민주주의 : 한국 민주주의의 보수적 기원과 위기』. 서울 : 후마니타스.

최장집. 2002. "민주주의와 헌정주의 : 미국과 한국." Robert Dahr. 박상훈 · 박수형 역. 『미국 헌법과 민주주의』. 서울 : 후마니타스.

Aristotle. trans. Ernest Barker. 1995. *Politics*. Oxford : Oxford University Press.

Ascherson, Neal. 1992. "1989 in Eastern Europe : Constitutional Representative Democracy as a Return to Normality?" *Democracy : The Unfinished Journey 508BC to AD1993*. ed. John Dunn. Oxford : Oxford University Press.

Benjamin, Constant. 1995 (1820). "The Liberty of the Ancients compared with that of the Moderns." Political Writings. ed. Biancamaria Fontana. Cambridge : Cambridge University Press.

Bobonich, Christopher. 1991. "Persuasion, Compulsion and Freedom in Plato's Laws." *The Classical Quarterly* Vol. 41, No. 2.

Campbell, Blair. 1989. "Paradigms Lost : Classical Athenian Politics in Modern Myth." *History of Political Thought* Vol. 10, No. 2.

Cohen, David. 1993. "Law, autonomy, and political community in Plato's Laws." *Classical Philology* Vol. 88.

Cohen, David. 1995. *Law, Violence and community in Classical Athens*. Cambridge : Cambridge University Press.

Dover, K. 1968. *Lysias and the Corpus Lysiacum*. Berkeley : University of California Press.

Dunn, John. ed. 1992. *Democracy : The Unfinished Journey 508BC to AD1933*.

Oxford : Oxford University Press.

Euben, J. Peter, John R. Wallach & Josiah Ober. 1994. *Athenian Political Thought and the Reconstruction of American Democracy*. Ithaca : Cornell University Press.

Farrar, Cynthia. 1988. *The Origins of Democratic Thinking : the Invention of Politics in Classical Athens*. Cambridge : Cambridge University Press.

Finley, M. I. 1976. "The Freedom of the Citizen in the Greek world." *Talanta* Vol. 7.

Finley, M. I. 1983. *Politics in the Ancient World*. Cambridge : Cambridge University Press.

Finley, M. I. 1985. *Democracy Ancient and Modern*. New Brunswick : Rutgers University Press.

Friedrich, Carl J. 1950. *Constitutional Government and Democracy : theory and practice in Europe and America*. Boston : Ginn.

Hansen, Mogens Herman. 1991. *The Athenian Democracy in The Age of Demo-sthenes*. Cambridge : Basil Blackwell.

Holmes, Stephen. 1979. "Aristippus in and out of Athens." *American Political Science Review* Vol. 73.

Holmes, Stephen. 2003. "Lineages of the Rule of Law." Maravall, Jose Maria & Adam Przeworski eds. *Democracy and the Rule of Law*. Cambridge : Cambridge University Press.

Howard, A. E. Dick. 1991. *Democracy's Dawn : A Directory of American Initiatives on Constitutionalism, Democracy and the Rule of Law in Central and Easter Europe*. Charlottesville : University of Virginia Press.

Jones, A. H. M. 1995(1957). *Athenian Democracy*. Baltimore : Johns Hopkins University Press.

MacDowell, Douglas M. ed. trans. 1990. *Demosthenes : Against Medias*. Oxford : Clarendon.

Madison, James, Alecsander Hamilton and John Jay. 1987(1788). *The Federalist Papers*. Penguin Classics Series.

Maravall, Jose & Adam Przeworski. ed. 2003. *Democracy and the Rule of Law*.

Cambridge : Cambridge University Press.

McIlwain, Charles H. 1940. *Constitutionalism Ancient and Modern*. Ithaca : Cornell University Press.

Morrow, G. 1941. "Plato and the rule of law." *Philosophical Review* Vol. 50.

Morrow, G. 1960. *Plato's Cretan City*. Princeton : Princeton University Press.

Ober, Josiah. 1989. *Mass and Elite in Democratic Athens : Rhetoric, Ideology, and the Power of the People*. Princeton : Princeton University Press.

Ober, Josiah. 1996. *The Athenian Revolution : Essays on Ancient Greek Democracy and Political Theory*. Princeton : Princeton University Press.

Ober, Josiah & Charles Hedrick. eds. 1996. *DEMOKRATIA : A Conversation on Democracies, Ancient and Modern*. Princeton : Princeton University Press.

Ober, Josiah. 1998. *Political Dissent in Democratic Athens : Intellectual Critics of Popular Rule*. Princeton : Princeton University Press.

Ostwald, M. 1986. *From Popular Sovereignty to the Sovereignty of Law*. Berkeley : University of California Press.

Plato. trans. Thomas L. Pangle. 1980. *The Laws of Plato*. Chicago. University of Chicago Press.

Polybius. 1923. trans. W. R. Paton. Loeb ed. *The Histories*. Cambridge : Harvard University Press.

Sartori, Giovanni. 1994. *Comparative Constitutional Engineering : An Inquiry into Structures, Incentives and Outcomes*. New York : New York University Press.

Sealey, R. 1987. *The Athenian Republic : Democracy or Rule of Law*. University Park : Pennsylvania State University Press.

Stalley, R. 1983. *An Introduction to Plato's Laws*. Indianapolis : Hackette.

Thucydides. trans. Rex Warner. 1954. *History of the Peloponnesian War*. Penguin Classics Series.

헌정공학의 새로운 이론적 틀 모색 : 한국 헌정체제의 규범적 좌표와 제도적 선택*

김용호 (인하대학교)

I. 문제의 제기

이 논문의 목적은 한국 민주주의를 보다 성숙시키기 위해 현행 헌정체제(constitutional system)에서 보강해야 할 규범을 찾아내고 이를 구현할 수 있는 정치제도를 고안하려는 것이다.[1] 한국 사회는 1987년 현행 헌법을 만든 후 지난 20년 동안 여러 차례 개헌 시도가 있었으나 성공하

* 이 논문은 한국학술진흥재단의 지원을 받아 수행한 공동연구의 일환으로 필자가 단독으로 5 · 18연구소가 발간하는 『민주주의와 인권』(2007년, 7권 1호)에 게재한 바 있음.

1) 헌정체제(constitutional system)란 그 나라 정치질서의 기본틀을 형성하는 헌법을 비롯하여 정당제도, 선거제도, 정치자금제도, 지방자치제도, 의회제도, 사법제도 등에 영향을 미치는 모든 정치관련 법체계를 의미한다.

지 못한 가운데 선거법을 비롯한 하위법 위주로 헌정체제를 개선해 왔다. 최근에도 노무현 대통령이 대통령 4년 연임 개헌안을 들고 나왔으나 수포로 돌아갔다. 그런데 이번 개헌 논의가 대통령의 임기나 대선, 총선의 주기 문제만을 다루고 있어서 헌정체제의 보다 근본적인 문제를 등한시하고 있다. 더욱이 2004년에 헌정사상 최초의 대통령 탄핵사태가 발생하고, 또 국회에서 통과된 행정수도 이전에 관한 법이 헌법재판소의 위헌 판결이 난 후, 행정부가 다시 사법부의 결정을 우회하여 소위 "행정중심복합도시"에 관한 법을 만들어 국회에서 통과시키는 등 현행 헌정체제에 대한 새로운 도전이 등장하였다. 그러나 우리 학계에서는 이러한 문제를 해결할 수 있는 새로운 대안을 모색하려는 노력이 부족하다. 이 연구는 이러한 공백을 메우려는 시도에서 나온 것이다.

이를 위해 필자는 새로운 헌정공학(constitutional engineering) 이론을 제시해 보고자 한다. 종래 헌정공학 이론은 주로 제도적 선택에 관한 것이었으나 이 연구에서는 헌정체제의 규범이 제도적 선택에 충실히 반영된 헌정공학 이론이 필요하다는 점을 강조하고자 한다. 그동안 헌정질서의 규범적인 차원과 제도공학적(institutional engineering) 차원의 논쟁이 오랫동안 별개로 전개되어 왔는데, 이를 연계시켜 논의해 보려는 것이다. 다시 말해 헌정체제의 규범과 제도가 서로 어긋나지 않아야만 민주적 헌정질서 수립이 용이할 것이다. 이러한 노력의 일환으로 헌정질서와 관련된 법학자들과 정치학자들의 다양한 주장들을 비판적으로 검토하여 새로운 헌정공학 이론을 만들어 보려는 것이다. 또한 헌정제도를 개선하는 데 있어서 정부형태 – 선거제도 – 정당제도 등을 비롯한 제도간의 정합성을 고려하여 이들을 종합적으로 논의하고자 한다.

II. 한국의 헌정체제 개선에 관한 기존의 연구 비판

1. 규범-제도 간의 연계성 필요

이 연구의 기본 전제는 헌정체제가 시민의 집합적 선호 서열을 단순히 반영하는 것이 아니라 규범적 방향성을 제시하는 것이기 때문에 제도공학적 논의에 못지않게 규범적 논의가 필요하다는 관점에서 출발한다. 예를 들면 현행 헌법 제1조 1항에는 "대한민국은 민주공화국이다"라고 명시하고 있지만 "민주공화국"의 의미에 대한 합의가 약하다. 그리고 한국 사회가 어떤 민주주의를 지향할 것인지에 대한 치열한 토의가 부족하다. 우리 사회 일부에서는 대의제 민주주의를 강조하는가 하면, 다른 한편에서는 참여민주주의를 내세우며 직접민주주의적 요소를 강조하는 경향이 있다.

그런데 다행스러운 것은 최근 정치학자, 법학자 등이 헌정체제의 철학적 기반에 대한 논의를 활발하게 전개하고 있다는 점이다. 이와 관련된 최근의 업적으로 김성호의 권력구조 논의의 철학적 관점, 박성우의 헌정주의와 민주주의의 관계에 대한 논의, 곽준혁의 헌정체제의 원칙에 대한 논의 등을 들 수 있다(김성호 2004, 33-64 ; 박성우 2005, 67-96 ; 곽준혁 2005, 33-57). 한편 젊은 헌법학자들이 민주공화국의 의미, 공화주의적 헌법 이론 등을 제시하여 헌정체제의 규범적 차원에 대한 논의가 활발해지고 있다(이국운 2001, 129-152 ; 한상희 2003, 27-91).

이러한 논의의 문제점은 헌정체제의 규범적 논의가 어떻게 헌정제도에 반영되어야 할 것인지에 대한 논의를 소홀히 하고 있는 것이다.[2)]

따라서 규범적 차원에서 한국 정치의 현실과 사회경제적 변화, 미래 한국 사회 등을 고려하여 우리가 추구해야 할 올바른 정치이념을 제시한 후, 이를 헌정제도에 반영할 수 있는 방안을 제시할 필요가 있다. 다시 말해 헌정체제의 규범적 논의와 제도적 논의가 결합되어야 할 것이다.

2. 헌정체제에 대한 종합적 평가 필요

최근의 개헌 논의가 현행 헌정체제에 대한 부분적인 평가나 문제점, 그리고 문서상의 모순 등을 중심으로 제시되고 있는 것은 매우 근시안적이다. 이는 "나무만 보고 숲을 보지 못하는" 결과를 초래할 우려가 있기 때문에 현행 헌정체제에 대한 종합적인 평가가 필요하다. 그동안 현행 헌정체제에 대한 정치학자와 헌법학자의 평가는 매우 다양했지만 이를 단순화시켜 보면 긍정적인 평가와 부정적인 평가로 나눌 수 있는데, 양자의 핵심적인 주장은 다음과 같다. 긍정론의 경우 현행 헌법은 문서상의 모순이나 문제점, 부족한 점에도 불구하고 과거의 다른 헌법에 비해 국민의 기본권 보장, 사회정의의 실현, 민주적 정권교체 등에 기여했다고 평가한다. 이처럼 현행 헌정체제를 긍정적으로 평가하는 학자들은 효율적인 국정운영과 민주적 헌정질서 수립에 지장을 초래하는 것이 현행 헌법이 아니라 권위주의 시대의 정치적 유산이나 정치적 리더십, 정치세력의 능력 부족 등이라고 판단한다. 따라서 이들은 개헌보다 정치자금 비리를 비롯한 정치부패 척결, 잘못된 정치관행의 개선, 국회

2) 임성학(2006)의 논문은 예외라고 할 수 있다.

와 정당의 발전, 새로운 리더십 개발 등을 도모하는 것이 더 바람직하다고 주장한다.

이와 대조적으로 부정론의 경우, 1987년 헌법 제정과정이 시민과 전문가의 적극적 참여 없이 정치인들의 협상으로 만들어졌기 때문에 문제가 많으며, 그동안 대선과 총선 주기의 불일치, 분점정부 현상, "제왕적" 사법부의 등장 등에서 보는 것처럼 많은 문제점을 안고 있기 때문에 조속한 시일 내에 개헌을 하는 것이 바람직하다고 주장한다. 예를 들면, 권력구조 변경을 둘러싼 개헌 논쟁에서도 이러한 긍정적인 평가와 부정적인 평가를 기초로 대조적인 주장이 있다. 김성호의 신중론과 박명림의 개헌론을 중심으로 양자의 주장을 비교해 보자(김성호 2004, 33-64 ; 박명림 2005, 254). 전자의 경우 일상적 정치(normal politics)가 헌정적 정치(constitutional politics)로 넘어가는 것이 오히려 민주화의 실질적인 노력을 지연시키거나 소홀하게 만들어 지금까지의 민주적 성과를 훼손할 우려가 있기 때문에 개헌에 따른 정치적 효과가 사회적 비용보다 크다고 판단할 때까지 개헌 노력은 신중하게 추진되어야 한다는 입장이다. 한편 후자는 2004년 노무현 대통령에 대한 탄핵사태가 오랫동안 문제점이 많은 1987년 헌정체제의 모순이 극적으로 나타난 것으로 파악하고, 1987년 헌법 제정과정의 문제, 분점정부의 등장과 국정운영의 비효율성, 참여와 대의, 주권과 대표, 정치의 사법화 등이 심각한 문제라고 지적하면서 헌법민중주의(constitutional populism)의 입장에서 개헌을 추진할 것을 강력히 주장하고 있다.

박명림에 의하면 헌법민중주의 또는 헌법시민주의는 헌법 제정과 개정과정에 시민이 직접 참여하여 심의할 수 있도록 함으로써 민주화 국면과 헌법화 국면, 운동의 정치와 제도의 정치, 엘리트와 일반 시민, 시민사회와 의회 간의 단절을 극복하려는 것으로, 1987년 헌법이 일부

정치인들의 손에 의해 이루어졌다는 것을 비판하는 데서 출발하고 있다. 이러한 주장에 대해 김성호는 일상정치에서 헌정정치로 넘어오면 후자는 정치 엘리트와 전문가들의 손에 의해 이루어지는 것은 보편적인 현상이기 때문에 이를 극복하기가 어렵다고 전망한다. 이제 현행 헌정체제에 관한 이러한 논쟁을 종합적으로 검토하기 위해서는 우리가 추구해야 할 헌법상의 규범들, 예를 들면 민주주의, 자유주의, 공화주의 등이 현실 정치에서 제대로 실현되고 있는가를 평가한 후 이를 바탕으로 현행 헌정제도를 수정 · 보완할 방안을 마련해야 할 것이다.

3. 헌정제도의 현실성 고려 필요

헌정질서의 이념에 대한 논의만큼이나 제도 공학에 대해서도 치열한 토론이 필요하다. 특히 헌정제도 논의는 헌정의 민주성 외에 헌정제도 간의 정합성, 헌정제도의 수월성과 경쟁력, 국정운영의 효율성, 제도적 선택과 정치적 결과에 대한 논의 등을 포함시켜야 할 것이다. 그런데 기존의 제도공학 이론은 주로 정부형태와 선거제도가 민주주의 작동에 미치는 영향을 연구하였는데, 어떤 제도가 더 우수한가, 특히 정치제도와 민주주의 지속성 간의 관계,[3] 또는 정치제도와 정치적 결과의 상관관

3) Juan Linz, Matthew Shugart and John Carey 등이 대표적인 학자이다. Juan Linz, "Presidnetial or Parliamnetary Democracy : Does it Makes a Difference?" (eds.), *The Global Resurgence of Democracy.* 2nd ed. (Baltimore : Johns Hopkins University Press, 1994) ; Matthew Shugart and John Carey, *Presidents and Assemblies : Consitutional Design and Electoral Dynamics* (New York : Cambridge University Press, 1992).

계, 특히 정부형태에 따른 정부의 업무성과(performance)의 차이 등에 관한 논의가 대부분이다.[4)]

그런데 우리들이 헌정제도 선택에 있어서 반듯이 고려해야 할 요소는 우리 실정에 맞는 제도를 고안해내야 하는 것이다. 우리들이 헌정제도 선택에 있어서 보편적인 이론에 집착하여 한국의 특수한 정치경제적인 상황을 무시하는 경우, 외국의 제도가 우리나라에서 소기의 성과를 발휘할 수 있을지는 의문이기 때문에 광범위한 토론과 신중한 선택이 필요하다. 이를 위해 현실 정치에 대한 정교한 분석을 바탕으로 민주화 이후, 한국의 민주주의를 위협하는 것이 무엇인지를 파악한 후 이러한 위협을 제거할 수 있는 헌정제도 고안이 필요하다.

III. 한국의 헌정이념에 관한 주요 논쟁과 대안의 모색

최근 우리 사회에서 헌정체제의 이념적 기반에 대한 논쟁은 매우 다양한데, 여기서는 3가지 주제, 즉 민주주의와 헌정주의 간의 관계, 민주주의와 공화주의의 결합형태, 그리고 주권론과 대의제 원리 등을 중심으로 살펴보고자 한다. 이러한 논쟁들은 한국 민주주의가 안고 있는 이념적 기반에 대한 상이한 평가에 기초를 두고 있으며, 또 향후 우리 사회가 지향해야 할 정치적 가치에 대한 의견 차이를 반영한 것이다. 이러한 논

4) 박기덕, Arend Liphart 등이 대표적인 학자이다. 박기덕, 『민주주의와 정치제도 : 체제 수행 능력을 중심으로』(세종연구소, 1998).

쟁을 통해 한국 민주주의의 이념적 기반의 취약성을 파악한 후, 이를 보완할 수 있는 미래지향적인 새로운 규범적 좌표를 설정하고자 한다.

1. 자유주의적 헌정주의(Liberal Constitutionalism) 대 공화주의적 헌정주의(Republican Constitutionalism)[5)]

인민의 지배를 원칙으로 하는 민주주의와 법의 지배를 원칙으로 하는 헌정주의는 서로 갈등관계에 놓이는 경우가 있는데, 이를 어떻게 조화시켜 나갈 것인지에 대한 논쟁이 최근 들어 한국의 정치학자와 헌법학자들 간에 제기되었다. 이들의 주장을 종합해 보면 결국 우리나라에서 오랫동안 내려온 자유주의적 헌정주의 이론을 버리고 공화주의적 헌정주의를 채택해야 민주주의와 헌정주의 간의 근원적 긴장관계를 해소할 수 있다는 주장이다. 예를 들면 이국운은 자유주의적 법치주의의 한계를 지적하면서 공화주의적 헌법 이론이 필요하다고 역설하고 있다. 그에 의하면 자유주의적 법치주의는 개인적 자유의 우위를 위해 최소국가, 최소정부의 논리를 전개하고 있는데, 이는 정치에 대한 사법의 우위와 사법의 궁극적 최고성으로 귀결되는 모순을 안고 있다(이국운 2001,

5) 박명림은 constitutionalism을 헌정주의, 입헌주의 대신 헌법주의를 사용할 것을 주장한다. 그 이유는 민주화 이전과 이후의 constitutionalism을 구별하려는 것이다. 그러나 constitutionalism이라는 보편적 개념을 헌정주의와 헌법주의로 구별해서 사용하는 경우 혼동이 발생하기 때문에 이 논문에서는 헌정주의를 그대로 사용하려고 한다. 헌정주의와 입헌주의는 거의 동일한 의미로 사용한다. "헌법, 헌법주의, 그리고 한국 민주주의 : 2004년 노무현 대통령 탄핵사태를 중심으로," 『한국정치학회보』 39집 1호, 2005년 3월, p. 254.

129–152).

이러한 자유주의적 법치주의의 대안으로 1960년대 이후 개발된 자유주의적 공화주의(Liberal Republicanism)는 개인의 자유와 공동체의 자유는 본질적으로 동시적인 현상으로, 공동체적 자유를 확보함이 없이 개인의 자유를 경험할 수 없으며, 개인의 자유의 확보가 공동체적 자유의 전제가 된다는 것으로 "자치 또는 자결로서의 자유"를 중시한다. 특히 공화주의는 덕성의 이론에 기초해 있는바, 덕성을 갖춘 개인의 정치적 참여와 더불어 덕성을 갖춘 공동체를 목표로 하고 있다. 이러한 공화주의의 핵심 요소는 첫째 자치의 현상으로서 헌법의 필요성(입헌주의)을 인정하고, 둘째 권력의 분립과 상호 견제의 필요성, 즉 견제와 균형의 원리를 채택하며, 셋째 견제와 균형의 달성을 위한 핵심 장치로 왕정, 소수정, 다수정의 공존, 즉 혼합정체(mixed government)를 선호하며, 마지막으로 덕성의 함양을 위한 공민교육 등을 강조한다(이국운 2001, 140). 이처럼 공화주의적 입장에서 보면 헌법은 자치의 현장인데, 정치공동체가 자신의 정체성(identity)을 스스로 규정한 것이다. 다시 말해 헌법은 공동체적 덕성, 즉 독립성과 자율성의 반영물로서 덕성을 갖춘 시민들의 참여를 통해 획득되는 정치공동체의 자기 정체성이며, 또 그에 대한 공유된 기억(the shared memory)이라는 점을 강조한다(이국운 2001, 142).

2. 민주주의와 공화주의의 결합방식

우리들이 자유주의적 헌정주의 대신 공화주의적 헌정주의를 채택하더라도 민주주의와 공화주의가 쉽게 결합되지 않는 문제가 발생한다. 그 이유는 대표성의 입장 차이에 따라 공적 결정에 있어서 시민들의 자발적인 참여를 강조하는 '시민적 공화주의(Civic Republicanism)'와 소수의 대표에 의한 심의의 불가피성을 강조하는 '공화주의적 현실주의(Republican Realism)' 간에 갈등이 생길 수 있기 때문이다. 곽준혁은 이를 해결하는 방법으로 민주공화국을 특정의 이념으로 파악하지 않고 여러 가지 형태의 결합이 가능하도록 하는 "조정원칙"을 채택하는 것이 필요하다고 역설한다(곽준혁 2005, 33－57). 곽준혁은 페팃(Philip Pettit) 등이 개발한 공화주의 이론을 활용하여 조정의 원칙으로 비지배적 상호성(non－domination contestability)을 강조한다. 그는 비지배적 상호성은 첫째 시민의 참여를 강조하는 공화주의적 헌정주의(또는 시민적 공화주의)와 대표에 의한 심의를 강조하는 공화주의적 현실주의의 길항적 공존을 가능하게 하며, 둘째 사회적 권리의 보장을 통해 견제력을 갖춘 민주적 시민성을 양성할 수 있다고 주장한다(곽준혁 2005, 52). 이런 반복된 정치과정이 민주공화국의 규범적 성격을 개인적 수준에까지 내면화시킬 수 있을 것으로 판단한다.

3. 주권론과 대의제에 관한 논쟁

최근 젊은 학자들이 기존의 엘리트주의적 국민주권 이론과 대의제 원리에 대해 도전하면서 대안으로 공화주의적 헌법 이론과 치자와 피치자의 동일성 원리에 입각한 대의제 이론을 제시하고 있다.[6] 한상희는 자

6) 한상희와 박병섭이 대표적인 학자이다. 한상희, "'민주공화국'의 의미 : 그 공화주의적 실천규범의 형성을 위하여," 『헌법학 연구』 9권 2호, 2003년, pp. 27－91 ; 박병섭, "대의제에 대한 비판적 연구," 『민주법학』 14호, 1998, pp. 129－150.

유주의적 헌법 이론의 대안으로 공화주의적 헌법 이론을 주장하면서, 전자는 주권론에서 누가 주권을 가지고 있는가 하는 논쟁은 실체가 없는 것을 실체로 가정하는 의제된 주권론, 정태적인 주권론에 불과하다고 비판한다. 이와 대조적으로 공화주의적 주권론은 국가의 존재목적, 작동목표가 국민에 있고, 국민적 합의에 의해 국가권력의 실질이 제어되어야 하는 것을 의미한다고 주장한다. 그에 의하면 주권이나 국가권력이라는 것은 명사적인 것이 아니라 동사적인 것, 즉 부단한 정치과정을 통하여 계속적으로 형성되고 재규정되는 것이라고 본다(한상희 2003, 53-54). 이런 관점에서 대의제도를 동태적으로 파악하여 사회의 수많은 이익과 의견들을 수집하고, 가공하며, 여과하는 일련의 과정을 통하여 수렴된 국민의 의사를 조정과 재가공 작업에 의하여 공동선으로 귀결시키는 작업이라고 본다.

한상희는 민감성 내지 조응성(responsiveness)이 대의제의 핵심적인 사항이라고 주장한다(한상희 2003, 83). 서구 사회에서 그동안 대의제의 개념이 강제위임→자유위임→책임의 원리→민감성 내지 조응성의 요청으로 의미가 변화되었다고 파악한다(한상희 2003, 85). 강제위임은 국민의 대표가 그를 대표로 선출한 주권자의 지시와 통제에 따르는 것을 의미하고, 이와 대조적으로 자유위임은 국민의 대표가 국민의 지시나 명령에 구속되지 아니하는 것을 의미한다. 한편 책임의 원리는 국민의 대표가 공직 수행결과에 대해 선거 등을 통해 책임을 지는 것이고, 민감성 내지 조응성은 국민의 대표가 자신이 공적 결정을 내릴 때 항상 국민의 요구와 의사를 확인해야 하는 것을 원칙으로 삼는다.

한편 박병섭은 정종섭과 권영설의 대의제 이론을 비판하고 한상희와 비슷한 관점에서 슈미트(Carl Schmitt)의 '치자와 피치자의 동일성의 원리'를 주장한다(박병섭 1998, 129-150). 먼저 정종섭과 권영설의 대의

제 이론을 보면, 국민주권 원리는 국민이 국가권력을 행사하는 것을 의미하지 않고 단순히 국가권력의 근거가 국민에게 있다는 정당화 원리, 즉 민주적 정당성의 기초라고 본다. 이에 반해 박병섭은 국민주권 원리가 단지 선거 때에만 발현되는 민주적 정당성에 관한 원리가 아니라 평상시에도 국민이 자기 결정의 원리에 따라 주권을 행사한다는 것을 의미한다고 주장한다(박병섭 1998, 133). 박병섭에 의하면 정종섭과 권영설의 대의제 이론이 전형적인 엘리트주의적 접근방법으로 민주주의를 형해화할 위험이 있다고 비판한다(박병섭 1998, 134). 그리고 대의제도를 치자에게는 정책결정권과 책임을, 그리고 피치자에게는 기관구성권과 통제를 부여하는 통치원리로 이해하고 양자를 분리하는 정종섭과 허영의 이론을 비판한다. 이러한 비판을 근거로 박병섭은 대의제 원리에서 대표의 개념도 논리적으로 주어진 개념이 아니라 제도에 따라, 운영에 따라 바뀌고 있다고 주장한다(박병섭 1998, 147). 그에 의하면 오늘날 실질적 국민주권 원리의 도입, 의회해산제도의 도입, 정당민주주의와 대중민주주의로의 변화, 정책결정을 위한 국민투표, 국민발안 등 직접민주제적 요소의 도입으로 인하여 현대 대의제는 민주주의의 이론적 전제인 "통치자와 피치자의 동일성 논리"에 접근하고 있다고 본다(박병섭 1998, 144).

4. 공화주의 헌정이념의 필요성

헌정체제의 규범적 차원에 관한 논쟁을 종합적으로 정리해 보면 첫째, 최근 한국 사회에서 시민의 정치적 참여를 확대하여 민주주의를 더욱 발전시켜 나가자는 주장을 뒷받침하는 이론들이 등장하였다. 엘리트주의적 대의제 이론에 대한 비판과 함께 치자와 피치자의 동일성 원리에 기초한 대중의 참여를 통한 직접민주주의적 요소를 강조하는 이론이 대표적인 것이다. 둘째, 종래의 헌정 이론이 자유주의 일색이었으나 최근 들어 공화주의적 요소를 강조하는 이론이 나오고 있다. 이것은 자유주의 헌정 이론만으로는 최근 우리 사회가 당면한 공공선의 창출, 사려 깊은 시민의 정치참여, 공직자의 책임성과 윤리성을 확보하는 데 한계가 있다는 인식에서 출발한 것이다. 따라서 향후 헌정체제 개선작업에 있어서 공화주의적 이념을 강화해 나가야 한다.

한국의 역사적 전통과 문화, 기존 헌정 이론의 자유주의적 편향성, 그리고 최근 한국 사회가 당면한 정치적 과제 등을 고려해 볼 때, 앞으로 한국의 헌정체제를 개선하는 데 있어서 공화주의를 강조할 필요가 있다. 비록 공화주의는 서구에서 발달된 개념이지만, 한국의 오랜 역사와 전통 속에 면면히 내려오는 홍익인간(弘益人間) 정신과 별다른 차이가 없다고 판단된다. "모든 사람을 널리 이롭게 한다"는 홍익인간이 한국민이 정치질서를 유지하는 데 있어서 기본적으로 따라야 할 전통적인 가치관이라는 점을 부정하는 사람은 없을 것이다. 19세기 말부터 우리의 전통사상에서 현대적 의미의 정치이념을 개발하려고 노력했던 수많은 선각자들이 홍익인간을 가장 이상적인 시민상으로 제시하였다.[7] 물론 홍익인간이라는 개념은 추상성이 너무 높기 때문에 공화주의를 직접 표상하고 있다고 주장하기는 어렵지만 서양사상 중에서 자유주의, 공산주의, 사회주의 등과 비교해 보면 공화주의에 가장 가까운 것으로 판단된다.

7) 대표적인 사례로 조소앙을 들 수 있다. 김용호, "조소앙과 삼균주의에 대한 재조명," 『한국정치연구』, 2006.

최근 최장집이 언급한 것처럼 "서구에서 공화주의라는 말은 한국인의 심성 속에 깊이 자리 잡고 있는 공동체 전체에 대한 애정, 향토애, 민족애와 크게 다를 바가 없는 내용"이다(최장집 2002, 228). 또 최장집은 1960년대 이래 한국의 민주화 운동의 이념적 정향은 자유주의보다 공화주의적 요소가 강하다고 주장한다. 그에 의하면 "민주화 운동과정에서 강하게 작용했던 로맨티시즘, 집단주의적 충동, 도덕주의, 정서, 열정 또한 공화주의와 상응하는 것이 많았다"고 주장한다(최장집 2002, 229). 이처럼 운동권의 이념적 정향, 한국민의 공동체에 대한 깊은 애정, 홍익인간의 전통 등을 고려해 볼 때 공화주의를 우리 헌정질서의 중심이념으로 삼는 것은 정당하다.

오늘날 한국 사회에서 공화주의를 헌정이념으로 강조해야 하는 두 번째 이유는 기존의 헌정 이론이 너무 자유주의적 헌정 이론에 경도되어 있어서 공화주의적 요소를 소홀히 하고 있기 때문이다. 최근 이러한 경향을 시정하려는 젊은 헌법학자들의 노력이 돋보인다. 한상희가 적절히 지적하고 있는 것처럼 헌법학계의 거의 모두가 헌법 1조 1항에 나와 있는 "민주공화국"의 의미를 자유주의적 민주주의로만 편향되게 해석하고 있다. 우리 사회의 이념적 지향을 제시하는 규정으로서 이 조항은 분명히 공화주의적 요소를 가지고 있다. 헌법학계의 자유주의적 편향성은 아마도 미국 연방주의자들의 자유주의적 공화주의를 무분별하게 받아들인 결과라고 볼 수 있다(한상희 2003).

우리들이 헌정체제의 새로운 이념적 좌표로 공화주의를 강조하는 마지막 이유는 민주화 이후 한국 민주주의 전개과정에서 나타난 문제점을 개선하려면 공화주의를 필수적으로 강화해 나가야 한다는 현실 정치적인 요청에서 비롯되고 있다. 민주화 이후 한국 사회에서 발견할 수 있는 시민의 정치적 책임의식 약화, 사적 이익의 무분별한 추구에 따른 공공이익의 훼손, 공직자의 책임성과 윤리성의 부족 등을 해결하려면 공화주의를 강조하지 않을 수 없다.

서병훈이 적절하게 지적하는 것처럼 최근 한국 정치는 참여의 수준이 비록 높지 않지만 시민의 참여를 수용할 수 있는 정당을 비롯한 대의기관이 발달하지 않은 상태에서 참여가 너무 즉흥적이고 사려 깊지 못하여 민주주의에 위협이 되고 있다고 진단한다(서병훈 2003, 241－271). 특히 2002년 6월의 월드컵과 12월의 촛불시위를 계기로 시민의 정치참여가 과거에 비해 갑자기 폭발적으로 증가하였으나 이를 수용하고 관리 · 통제할 수 있는 기제가 마련되지 않아 정치적 혼란이 가중되고 있다. 예를 들면, 과학적 사실의 조작에도 불구하고 황우석 교수를 절대적으로 신봉하는 소수집단이 황 교수 소속 대학의 간부들에 대해 폭력을 사용하는 등 정당하지 않은 수단을 동원하여 자신들의 입장을 관철하려는 행동은 잘못된 집단행동과 참여의 대표적인 사례이다. 이러한 시민행동을 교정하기 위해서는 공화주의를 한국 정치의 실천적 과제로 삼지 않을 수 없다.

한편 최장집은 공직자의 책임성과 윤리성이라는 측면에서 공화주의를 다음과 같이 강조하고 있다. "민주화 이후에도 국가영역에서 권력남용과 권위주의적 잔존요소가 여전히 강력하고, 보이지 않는 비공식적 · 사적 조직의 힘이 비대화되어 있는 상황에서 정치지도자와 시민 사이의 수직적 책임성이든 국가부문들 간의 수평적 책임성이든 공직자의 책임윤리를 강조하는 공화주의적 가치와 규범은 중요하다"고 역설한다(최장집 2002, 228). 공직자들이 사회에서 큰 역할과 영향력을 갖는 만큼 공화주의 원리는 이들의 책임성과 공공성을 강조한다. 다시 말해 정부는 사익들이 공익을 침해하는 것을 막아야 할 의무가 있다.

IV. 한국의 헌정제도에 관한 주요 쟁점과 대안의 모색

이 연구는 헌정제도 간의 정합성을 중시하기 때문에 최근 우리 사회의 헌정제도 관련 주요 논쟁을 정부형태, 정당제도, 선거제도, 지방자치제도 등을 통해 종합적으로 살펴보고자 한다.[8)] 이러한 헌정제도에 대한 논쟁이 대체로 규범적 원리와 별다른 연계 없이 진행되고 있어서 앞으로 올바른 헌정제도 개선방안을 마련하려면 규범적 원리와 제도 선택 간의 논리적 연결이나 실증적 논거가 필요하다. 이를 위해 기존의 헌정제도 논쟁을 비판적으로 검토한 후, 앞절에서 제시한 공화주의 헌정이념을 구현하기 위해서 어떠한 제도적 선택이 필요한지를 밝히고자 한다.

1. 정부형태에 관한 논쟁

한국에서는 정부형태(form of government) 대신 흔히 권력구조라는 용어를 사용하는 경향이 있는데, 이에 관한 논쟁을 보면 크게 3가지 주

8) 최근 들어 헌법재판소의 비민주성에 대한 논의가 대두되었는데, 이와 관련된 논쟁은 다음을 참조. 최장집, “민주주의와 헌정주의 : 미국과 한국,” 박상훈 · 박수형 역, Robert Dahl, *How Democratic Is the American Constitution?*(New Haven : Yale University Press, 2002) ; 로버트 달, 『미국헌법과 민주주의』(서울 : 후마니타스, 2004) ; 정종섭, “독재권력만이 헌재를 미워한다,” 동아일보 시론, 2005년 2월 15일 ; 이경제, “법치주위 근간 흔들지 말라,” 중앙일보 시론, 2005년 2월 15일 ; 조홍식, “사법부의 정책 개입 정당한가,” 중앙일보 시론, 2005년 2월 13일.

장으로 나누어진다. 현행 대통령제 개선방안, 내각제 도입 주장, 준대통령제(또는 분권형 대통령제, 이원집정부제) 등인데, 각각의 주장과 이에 대한 비판을 정리해 보면 다음과 같다. 먼저 현행 대통령제 개선론자들의 주장을 살펴보자. 박찬욱, 정준표, 김용호, 조정관 등은 현행 대통령제의 골격을 유지하는 가운데 지금까지 드러난 문제점을 해결하려면 순수대통령제를 채택하는 것이 바람직하다고 주장한다.[9]

박찬욱은 대통령 임기 4년 중임 1회 허용, 대선과 총선의 동시 또는 준동시 실시, 총리제 폐지, 부통령직 신설, 의원의 장관 겸직 금지, 국회의 장관 해임건의 폐지 등을 제안하고 있다. 대통령제 옹호론자들은 대부분 박찬욱의 안을 지지하는 편인데, 이 중에서 대통령 선출시 결선투표 실시에 대해서는 의견 차이가 있다. 결선투표제를 실시하면 대통령 당선자가 유효득표의 과반수를 획득함으로써 최다대표제에서 발생하는 대표성의 문제를 해결해 줄 수 있고, 정당 혹은 후보 간의 연합을 촉진시켜 인위적인 정계개편을 방지할 수 있으며, 극단적인 성향의 후보보다 중도적인 후보의 당선 가능성이 높아진다는 장점이 있다(강원택 2006b). 이러한 장점에도 불구하고 결선투표를 반대하는 이유는 결선투표제를 도입하는 경우 대선에서 3위 이하의 정당도 결선투표에서 다른 정당과 연합하여 대통령 선출에 기여하게 됨에 따라 정당의 수가 증가하게 되므로 대통령당이 국회에서 과반수 이상을 확보하여 입법 다수를 확보

9) 박찬욱, "대통령제의 정상적인 작동을 위한 개헌론," 정진민, "한국 대통령제의 문제점과 극복방안," 김용호, "2003년 헌정위기의 원인과 처방 : 제3당 분점정부와 대통령-국회 간의 대립," 진영재 편, 『한국 권력구조의 이해』(서울 : 나남, 2004) ; 정준표, "헌정제도와 민주주의의 공고화," 미발표 논문, 2005년(한국정치학회 춘계학술대회, 2005).

하는 데 어려움이 증가할 가능성이 있기 때문이다.

한편 이홍구, 안순철, 이규영, 정종섭 등을 비롯한 내각제 옹호론자들은 승자독식제도인 현행 대통령제가 사생결단의 정치를 비롯한 여러 가지 심각한 문제점을 낳기 때문에 내각제를 도입해야 한다고 주장한다.[10] 안순철은 대통령제는 대통령-국회 간의 대립으로 정국 교착이 발생할 우려가 있는데, 내각제는 행정부와 국회가 서로 상호 의존적이므로 권력을 서로 나누어 가질 수 있다는 장점을 강조한다(안순철 2004, 111-145). 그리고 대통령제에서는 개인의 리더십이 중요하지만, 내각제에서는 정당이 국회와 행정부 운영의 주체이므로 정당 발전에도 도움이 될 것으로 전망한다. 또 1987년 이후 한국의 정당형태는 다당제로 가고 있는데, 분점정부(divided government) 상황에서 양당제로 바꾸려고 인위적인 정계개편과 정치인의 이합집산이 계속되어 문제가 많다는 점을 지적하고 있다. 특히 안순철은 여러 가지 유형의 내각제 중에서 독일형 내각제 도입을 한국에 도입할 것을 주장하고 있는데, 그 이유는 총리와 내각의 지위를 강화하여 의회와 내각의 분립을 시도한 독일형 내각제가 정치 안정에 도움이 될 것으로 보고 있다.

마지막으로 준대통령제(분권형 대통령제, 이원집정부제)를 옹호하는 황태연, 강원택, 김연규 등은 현행 대통령제가 승자독식의 극단적 제로섬 게임을 유발하고, 대통령 1인에게 너무 많은 권한이 집중되어 있으며, 대통령-의회 간의 대립과 갈등으로 국정마비의 위험이 있고, 대통령이 국가수반직과 정부수반직을 겸임함에 따라 당파적 싸움으로 인해

10) 안순철, "내각제와 다정당체제 : 제도적 조화의 모색," 진영재 편, 『한국 권력구조의 이해』(서울 : 나남, 2004), pp. 111-145 ; 이규영, "의원내각제 원리와 한국에서 도입가능성"(한국정치학회 춘계학술대회, 2005).

국가수반으로서 대통령의 권위가 손상되고 있는 점을 지적하면서 대안으로 분권형 대통령제(또는 이원집정부제, 준대통령제)의 도입을 주장하고 있다.[11] 강원택의 경우, 5년 단임이라는 짧은 임기문제의 극복과 대통령의 의회 해산권 부여라는 2가지를 전제조건으로 하여 프랑스식 준대통령제의 도입을 주장하고 있다. 한편 황태연이 주장하는 4년 중임 분권형 대통령제의 핵심 내용은 대통령이 외교, 국방, 안보, 민족교류, 위기관리 업무에 전념하고, 총리는 내치를 담당하는 16개 부서와 기타 내치 관련 부서를 관장하는 가운데 국회가 총리와 내각에 대한 불신임권을 가지고, 총리는 국회 해산 제청권을 가지는 것이다.

2. 정당제도에 관한 논쟁

정부형태, 정당제도, 선거제도 간에는 서로 제도적 정합성이 필요한데, 예를 들면 대통령제는 다당제보다 양당제와 정합의 관계를 가지고 있고, 1인 선출의 단순다수대표제는 다당제보다 양당제를 만들어낼 가능성이 높기 때문에 정부형태－정당제도－선거제도는 종합적으로 논의되어야 할 것이다. 일반적으로 우리 사회가 다원화되었기 때문에 다당제가 바람직하고, 세계 각국이 다당제 추세에 있다는 것을 근거로 다당

11) 황태연 · 박명호, 『분권형 대통령제 연구』(서울 : 동국대 출판부, 2003) ; 강원택, "한국정치에서 이원적 정통성의 갈등 해소에 대한 논의 : 준대통령제를 중심으로," 『국가전략』 7권 3호, 2001년, pp. 29－50 ; 강원택, "한국 대통령제의 문제점과 제도적 대안에 대한 검토," 진영재 편, 『한국 권력구조의 이해』(서울 : 나남, 2004), pp. 327－353 ; 김연규, "비교시각에서 본 한국의 분권형 대통령제 : 한국 대통령제의 내각제화"(한국정치학회 춘계학술대회, 2005).

제를 선호하는 학자들은 내각제나 분권형 대통령제, 대통령 결선투표제를 선호하는 경향이 있다. 예를 들면 안순철, 강원택, 장훈 등은 1987년 이후 우리나라에서도 3-4개의 정당이 경쟁하는 온건다당제(moderate multi-party system)가 등장하였기 때문에 이를 무시할 수 없고, 또 이는 우리 사회의 다원화 추세와 세계 각국의 다당화 현상을 반영하고 있기 때문에 이러한 온건다당제를 정착시키는 방향으로 정부형태, 선거제도 등을 고안하는 것이 바람직하다는 주장을 내놓고 있다(안순철 2004, 111-145 ; 강원택 2005 ; Jaung Hoon 1999, 43-71).

이와 대조적으로 양당제론자들은 대통령제가 제대로 작동하려면 양당제가 필요하고, 당 내 민주주의를 통해 양당이 내부적으로 다양한 사회세력의 이익과 의견을 대변하는 것이 바람직하다고 주장한다. 정진민, 김용호 등은 1987년 이후 한국 정당체제는 정당의 이합집산이 거듭되어 매우 유동적이었고, 권위주의 정당체제를 답습하는 양상이었으며, 3김에 의한 정당 카르텔이 형성되었다가 3김 은퇴 이후 이러한 온건다당체제는 해체되고 있기 때문에 앞으로 대통령제와 친화력이 강한 양당제를 목표로 보수와 진보세력이 2개의 정당을 만들어 경쟁하는 양당제를 만들어 나가는 것이 바람직하다고 주장한다.

3. 선거제도에 관한 논쟁[12)]

국회의원 선거제도와 관련된 주요 논쟁은 3가지 측면에서 의견 차

12) 여기서 선거제도는 국회의원 선거제도에 국한하여 논의하는데, 대선제도와 지방선거제도는 각각 정부형태와 지방자치제도 논의에서 다루고 있다.

이가 있다. 첫째, 현행 소선거구제를 유지할 것인가, 중대선거구제를 도입할 것인가? 둘째 현행 지역구 소선거구제 의원과 비례대표제 의원의 비율을 어떻게 조정할 것인가? 마지막으로 비례대표제 선출방식을 어떻게 개선할 것인가 등이다.[13] 첫 번째 논쟁과 관련하여 일반적으로 중대선거구제 도입에 찬성하는 학자는 매우 적고, 현행 소선거구제를 유지하는 것이 바람직하다는 견해가 다수를 이루고 있는 가운데 일부에서 독일식 비례대표제가 바람직하다는 의견이 있다(강원택 2005, 47-83). 두 번째 논쟁과 관련하여 일반적으로 현행 지역구 의원 243명, 비례대표 의원 56명(18.7%)을 선출하는 현행 제도는 득표율과 의석률 간의 비례성이 약하기 때문에 비례제를 강화하는 것이 바람직하다는 의견이 다수이다(강원택 2005, 47-83 ; 박세일 2006, 336-338).

마지막 논쟁과 관련하여 여러 가지 방안이 제시되고 있는데, 이 중에서 중요한 것을 간추려 보면 1) 현행 제도 유지 ; 2) 권역별 일률배분비례제 ; 3) 권역별 제한비례제 ; 4) 독일식 권역비례제 등이 있다(박찬욱 2005, 69-126). 그런데 권역별 일률배분비례제는 현행 비례대표제가 전국을 하나의 선거구 단위로 설정한 것을 고쳐서 4개의 권역(수도권, 충청-강원, 호남-제주, 영남)을 선거구로 하고 각 정당의 전국 득표율에 따라 권역별로 의석을 배정하는 방법이다. 이를 도입하려는 이유는 지역정당의 지역별 독식현상을 방지하여 지역주의를 완화시켜 보려는 것이다. 한편 권역별 제한비례제는 권역별 일률비례제와 거의 동일한데, 다만 1개 정당이 권역별 의석의 3분의 2 이상을 가지지 못하도록 하고, 나머지 의석은 득표율에 따라 다른 정당에게 나누어주는 방식이다. 한편

13) 3가지 논쟁 외에 의원 정수를 현행 299명에서 어떻게 조정할 것인지에 대한 것이 있으나 여기서는 제외하였다. 강원택(2005) 참조.

독일식 권역비례제는 전체 의석을 각 정당의 득표율로 나누고, 각 정당의 권역별 득표율에 따라 전체 의석을 다시 배분한다. 그런데 이미 소선거구에서 당선된 의석을 제외하고 비례의석을 배분하기 때문에 소위 초과의석이 발생하는데, 그 이유는 권역별로 이미 소선거구에 당선된 의석이 비례대표 의석보다 많은 경우가 나타나기 때문이다.

4. 지방자치제도에 대한 논의

지방자치와 관련된 헌정제도 논쟁은 주로 중앙정부와 지방정부의 권한을 어떻게 새롭게 조정할 것인가, 그리고 현행 3단계 행정체계를 어떻게 조정할 것인가 하는 문제이다. 영국과 일본을 비롯한 세계 각국의 분권화 추세와 노무현 행정부의 분권화 추진 등으로 우리 사회에서도 중앙정부와 지방정부 간의 권한 배분, 그리고 실질적인 분권을 위한 지방정부의 인사권, 재정권, 경찰권 등을 강화하는 방안들이 제시되고 있다(이기우 2006). 그런데 이러한 중앙정부와 지방정부 간의 권한을 헌법에 명시하는 것이 좋을 것인지에 대해서는 의견 차이가 있다. 지금처럼 헌법의 하위법을 통해 추진해 나가는 것이 바람직하다는 주장이 다수를 이루고 있다.

그리고 지방자치제도 개선, 지방분권형 국가 만들기 등과 관련하여 3단계 행정구역을 2단계로 개편하는 방안, 그리고 사법부의 분권화 등이 논의되고 있다(성경륭 · 박양호 2003). 이국운은 사법시험의 분권화, 스크린 쿼터의 통제권한을 지역공동체에게 이관하는 방안, 대법원과 헌법재판소를 지방으로 이관하는 방안 등을 제안하고 있다(이국운 2003, 207-227). 한편 지방자치제도가 보다 경쟁력을 가지고 주민의 의사를 결집할 수 있도록 지방선거제도를 개선해야 한다는 주장이 나오고 있다 (강원택 2006a, 155-172).

5. 헌정제도 개선방안의 모색

기존의 헌정제도 논쟁에서 규범적 차원의 논의가 부족하기 때문에 이 논문에서는 앞에서 주장한 공화주의 정치이념을 강화할 수 있는 헌정제도 개선방안을 모색해 보자.

1) 헌정제도 선택의 기준

추상성이 높은 정치이념을 현실에서 효과적으로 작동하는 헌정제도로 전환시키는 작업이 쉬운 일은 아니다. 더욱이 이러한 이념을 제대로 반영할 수 있도록 헌법을 비롯한 선거제도, 정당제도, 지방자치제도를 유기적으로 연결시킨 헌정제도를 마련하는 것이 매우 어려운 작업이다. 그리고 공화주의 이념을 제대로 반영한 제도를 고안하더라도 이 제도가 의도한 대로 작동한다는 보장이 없다. 왜냐하면 이 제도가 실제 운용되는 과정에서 그 나라의 정치문화, 사회경제적 상황, 그리고 제도를 운영하는 정치인과 시민에 따라 동일한 제도라 하더라도 상이한 결과를 초래할 수 있기 때문이다. 따라서 공화주의 이념을 구체적으로 구현하는 헌정제도는 이러한 이념을 지킬 수 있는 유인체계를 마련하여 정치인과 시민들에게 제공하는 것이다. 또 공화주의 헌정제도를 만드는 데 있어서 이상주의적인 안을 마련하는 것보다 현실 정치의 제약을 고려하여 작동 가능한 제도를 만들어 나가는 것이 매우 중요하다. 작동하지 않는 헌정제도는 아무리 그 제도가 이념적으로 완벽한 것이라고 할지라도 지식인의 유희에 불과하기 때문이다.

공화주의 이념은 시민과 정치인의 정치적 책임성과 윤리성을 우선적으로 강조하기 때문에 공동체의 모든 구성원이 성과 계급이나 소득, 교육에 관계없이 정치에 참여할 수 있는 기회를 부여해야 한다. 다시 말해 모든 시민의 정치적 참여를 보장하고, 이러한 참여가 사려 깊은 시민들에 의해 적극적으로 이루어져야 한다. 이렇게 시민들이 민주시민으로서의 덕성을 함양할 수 있는 헌정제도가 필요하다. 따라서 헌정제도 선택에 있어서 경쟁성이나 효율성보다 대표성과 책임성 등을 우선적으로 고려해야 할 것이다.[14)]

한편 제도 선택에 있어서 무시할 수 없는 또 다른 기준은 현실적인 제약을 고려해야 한다는 점이다. 이미 지적한 것처럼 작동하지 않는 제도는 아무런 소용이 없기 때문에 그 나라의 정치 현실을 무시한 채 헌정제도를 고안할 수 없다. 따라서 한국의 정치문화, 역사적 환경, 사회경제적 상황, 지정학적 여건 등을 고려하여 헌정제도를 고안하는 것이 바람직하다.

2) 정부형태 : 러닝메이트 정부통령 4년 중임제

대통령제, 내각제, 이원집정부제 중에서 어느 것이 민주정치의 책임성과 대표성을 높여줄 것인가? 정부형태의 유형보다 정당의 발전 정도가 직접적으로 정치적 대표성과 책임성에 더 큰 영향을 미치는 경향이 있다. 예를 들면 정당이 발달한 나라에서는 정부형태에 관계없이 책

14) 필자의 공화주의적 시각과 다른 입장에서 최장집은 대표성, 책임성, 그리고 참여를 강조하고 있는데, 후자는 민중 참여민주주의를 목표로 하고 있다(최장집, 2002).

임정치가 구현되고 있으나 정당이 발달하지 못한 곳에서는 대통령제든 내각제든 엄청난 정치적 혼란을 야기시키는 경우가 많다. 따라서 한국이 정치적 대표성과 책임성을 높이기 위해 정부형태를 현행 대통령제에서 다른 유형으로 바꿀 필요는 없을 것이다. 그런데 현행 대통령제는 정치적 책임성을 훼손할 수 있는 요소가 있기 때문에 이를 개선할 필요성이 있다.

첫째, 현행 대통령제는 부통령제가 없기 때문에 대통령의 유고시에 국민으로부터 직접 통치의 위임을 받지 않은 국무총리가 대행하므로 정치적 책임성을 심각하게 훼손할 우려가 있다. 예를 들면 대통령이 탄핵을 당한 경우, 헌법재판소의 결정이 내려질 때까지 수개월 동안 국민의 뜻에 따라 선출된 행정부와 국가의 수반이 없게 된다. 그리고 대통령의 탄핵이 결정되는 경우, 60일 이내에 후임자를 선거하도록 되어 있기 때문에 거의 반년 동안 행정부와 국가수반의 공백상태가 발생한다. 이러한 정치적 책임의 공백상태를 해소하기 위해 부통령제를 도입하는 것이 바람직하다.

부통령에게 국정운영의 권한을 부여하는 경우, 대통령과 갈등을 야기시킬 우려가 있기 때문에 권한을 부여하지 않는 것이 바람직하다. 일반적으로 부통령은 권한이 없기 때문에 문자 그대로 비상용 타이어(spare tire)의 역할을 맡게 되지만 대통령 유고시에 정치적 책임성을 제고할 수 있고, 부통령제를 통해 새로운 정치적 리더십을 양성할 수 있다. 그런데 부통령제를 도입하는 경우, 1공화국처럼 정부통령 선거를 별도로 실시하는 것이 아니라 러닝메이트(running mate) 제도를 통해 동일 정당 출신이 행정부를 담당하게 함으로써 정치적 책임성을 높일 수 있을 것이다. 현행 헌법은 대통령의 유고시 60일 이내에 후임자를 선거하도록 되어 있는데, 이를 고쳐서 대통령의 유고시 부통령이 승계하여 전임자의 잔

여임기를 마치도록 함으로써 행정부를 장악했던 정당이 정기적으로 실시되는 대선에서 국민의 심판을 받는 것이 대통령당에 대한 정치적 책임성을 물을 수 있는 방안이다.

둘째, 현행 대통령의 임기를 국회의원과 동일하게 하여 정치적 책임의 소재를 분명하게 하는 것이 필요하다. 현행 헌법에서 대통령과 국회의원, 그리고 지방자치단체장과 의회의 임기가 달라서 선거를 실시하는 시기가 들쑥날쑥하여 유권자가 정치적 책임을 묻는 데 혼란이 발생하고 있다. 예를 들면 대통령의 임기 중간에 실시되는 총선이나 지방선거에서 유권자들이 국회와 지방자치단체나 지방의회에 대한 평가가 아니라 대통령에 대한 중간평가를 실시하여 투표하는 바람에 국회와 지방정부에게 정치적 책임을 묻지 못하는 결과를 초래한다. 비록 대통령과 여당 국회의원은 대통령당을 매개로 서로 책임을 공유하는 것이 바람직하지만, 국회의 다수당과 대통령당이 다른 경우에 대통령에 대한 평가를 가지고 총선에서 무조건 대통령당을 심판하는 것은 정치적 책임의 소재를 혼란스럽게 만들고, 국회의 자율적인 국정운영기관으로서의 독립성을 훼손하는 것이다. 그리고 대통령과 국회의원 선거를 동시에 실시하는 경우 여소야대를 방지할 가능성이 높기 때문에 국정의 효율성을 높여줄 것이다. 따라서 대통령과 국회의원의 임기를 동일하게 하여 동시선거를 실시하는 것이 한국 정치의 책임성과 효율성을 높일 수 있을 것이다.

이제까지 대통령은 5년 단임제였기 때문에 유권자가 대통령의 임기 중 업적을 평가할 수 있는 기회가 없어 흔히 대통령은 “역사의 심판”을 받는다는 것을 명분으로 정치적 책임을 회피하였다. 이런 점을 시정하기 위해 4년 중임제를 도입하여 첫 임기 후에는 유권자가 대통령에게 정치적 책임을 묻고, 또 2번째 임기 말에는 대통령 소속당에게 정치적 책임을 묻도록 하는 것이 필요하다.

마지막 쟁점은 대선을 현행처럼 최다투표제로 할 것인지 또는 결선투표제를 도입할 것인지에 대한 것이다. 최다대표제는 한 표라도 많은 후보가 당선되기 때문에 후보가 많은 경우 대표성에 심각한 문제가 발생할 수 있다. 즉 과반수에 훨씬 미달하는 소수 유권자의 지지를 얻은 후보가 대통령에 당선될 수 있기 때문에 대통령 지지자보다 지지의사를 표명하지 않는 유권자가 더 많아 대표성의 문제가 대두하게 된다. 이를 시정하기 위해 1차 투표에서 과반수 득점자가 나오지 않는 경우 1,2위 후보를 두고 결선투표를 실시하여 과반수 득표자를 배출하여 대표성의 문제를 해결하자는 주장이 나오고 있다. 그런데 결선투표제를 도입하는 경우 1차 투표에 나오는 정당 후보가 많아지기 때문에 정당의 난립이 우려된다. 특히 한국의 경우 신당이 만들어졌다가 사라지는 경우가 매우 빈번하기 때문에 결선투표제를 도입하는 경우, 신당 창당 요건을 매우 엄격하게 하고 또 결선투표 실시 요건을 매우 강화하는 방안이 필요하다. 예를 들면 1차 투표에서 1위 후보와 2위 후보 간의 득표율이 2배 이상인 경우 결선투표를 실시하지 않음으로써 소수정당 연합후보가 결선에서 당선되는 것을 예방하는 것을 통해 정당 간의 정치적 야합으로 인해 발생하는 새로운 대표성 문제가 야기되는 것을 막아야 한다.

3) 선거제도 : 독일식 국회의원 선거제도

이제 공화주의 이념을 보다 충실히 구현할 수 있는 현행 선거제도 개선방안을 알아보자. 대선의 경우 대통령제 개선방안에서 이미 설명하였고 지방선거제도의 경우 지방자치제도에서 논의할 예정이므로 여기서는 국회의원 선거제도를 중심으로 살펴보자. 정부형태 - 선거제도 - 정당제도 - 의회제도는 유기적으로 연계되어 있기 때문에 선거제도를 고안하는 데 있어서 다른 제도를 염두에 두어야 한다. 예를 들면 대통령제는 양당제와 결합될 때 국정운영이 원만하게 이루어질 수 있다. 그 이유는 다당제에서는 대통령이 의회에서 다수의 지지를 받아 입법안을 통과시키기 어렵기 때문에 대통령-의회 간의 갈등으로 말미암아 국정운영이 어려워진다. 따라서 대통령제에서는 양당제를 유도할 수 있는 선거제도가 필요하다. 일반적으로 1구 1인을 선출하는 소선거구 단순다수대표제는 양당제를 만들 가능성이 높다. 왜냐하면 유권자들이 사표 방지 심리로 인해 대정당에 투표하는 경향이 높기 때문에 소수정당에게 불리하고 대정당에 유리하게 작용하므로 양당제가 출현할 가능성이 높다.

그런데 공화주의 이념은 대표성을 강조하고 있기 때문에 우리 사회의 다양한 이해관계를 대변하려면 양당제보다 다당제가 필요하다. 이처럼 대통령제의 효율성을 고려하면 양당제가 필요하고 대표성을 제고하기 위해서는 다당제가 필요하다. 이러한 딜레마를 해결하는 방안은 결국 정당의 수를 최대한 줄이는 방향에서 비례대표제를 도입하여 우리 사회의 다양한 이해를 대변해 주는 것이다. 이러한 조건을 충족시킬 수 있는 제도는 독일식 비례대표-소선거구 병용제도가 현실적으로 가장 바람직한 대안이다.[15] 이 제도는 한국의 소선거구-비례대표 병렬제와 비슷한 점이 많아서 새로운 제도 도입에 따른 혼란이나 비용을 최소화할 수 있는 장점이 있다. 독일식 제도는 소선거구와 비례대표 의원을 동수로 선출하는데, 한국의 현행 선거제도와 마찬가지로 유권자가 1인 2표를 행사한 후, 우선 정당 득표율에 따라 전체의석을 나누고, 각 당의 당선자를 소선거구 단위로 결정한 후 나머지 당선자를 각 당의 비례대

15) 독일식 선거제도에 대한 자세한 설명은 다음을 참조하기 바란다. 강원택, 『한국의 정치개혁과 민주주의』(서울 : 인간사랑, 2005), 제2장.

표 순위에 따라 선정하는 것이다. 이 제도를 채택하는 경우 우리 사회의 다양한 목소리를 비례대표제를 통해 수용할 수 있고, 일반적으로 의회에 진출하는 정당의 수를 3-4개로 축소시킬 수 있다. 따라서 3-4개 정당이 의회 내 다수를 만들어내기가 용이하기 때문에 대통령제 운영에도 큰 부담을 주지 않을 것으로 예상한다.

공화주의 이념은 유권자가 선거과정에 적극적으로 참여하여 책임을 다하는 것을 요구한다. 그런데 민주화 이후 한국 선거의 추세는 투표율 저하 추세가 계속되고 있다. 투표율 저하로 국민의 의사가 선거결과에 제대로 반영되지 않을 우려가 있기 때문에 민주정치를 위협하게 될 것이다. 이를 방지하기 위해 시민의 선거참여를 유도할 수 있는 방안을 마련하는 것이 바람직하다. 예를 들면 정당한 사유 없이 선거에 불참하는 경우 벌금을 매기는 방법이 있을 수 있다.

4) 정당과 의회제도 : 정당의 연속성 강화와 양원제

공화주의 정치이념을 구현하려면 정당정치의 대표성과 책임성이 강화되어야 한다. 민주화 이후 한국의 정당은 지역성, 비민주성, 유동성으로 인해 우리 사회의 다양한 의사를 국정에 제대로 반영하지 못하여 거리의 정치가 횡행하는 경우가 많았다. 더욱이 선거를 앞두고 정당이 만들어졌다가 다음 선거를 치르기 전에 사라지는 바람에 대통령과 국회의원 소속 정당에게 국정의 공과를 물을 수 없는 사태가 비일비재하였다. 앞으로 정당이 본래의 정치적 기능을 회복하려면 무엇보다 정당의 유동성, 지역성, 비민주성을 해결할 수 있는 제도적 장치를 마련해야 한다. 그런데 이러한 제도적 장치는 헌법보다 정당법 등을 개정하여 마련되는 것이 바람직하다.

첫째, 한국 정당정치의 대표성을 강화하려면 선거제도 개선을 통해 지역대표의 수를 줄이고 정당투표제를 통한 비례대표 의원의 수를 늘여 나가야 한다. 현행 선거제도는 지역대표 243명, 비례대표 56명으로 후자가 18.7%에 불과하여 지역대표성이 여전히 강하다. 이를 시정하려면 이미 선거제도 항목에서 제의한 것처럼 독일식 비례대표제를 도입하여 지역대표와 비례대표의 비율을 1대 1로 해야 한다. 한국 정당이 지역성을 탈피하려면 선거제도의 변경과 함께 이념정당, 정책정당으로 발전할 수 있도록 다양한 유인책을 제공해야 한다. 예를 들면, 현행 정당에 대한 국고 보조금 중 30%를 정당 부설 정책연구소에 사용하도록 되어 있는데, 이 비율을 높이고 정당차원의 시민정치교육제도를 도입하여 정당의 지지기반을 확대하고 민주시민의식을 고양시켜 공화주의적 이념을 구현하는 것이 바람직하다.

둘째, 한국 정당의 유동성을 해결하여 책임성을 제고하려면 정당법을 개정하여 신당 창당과 정당 해산 요건을 강화해야 한다. 현행 정당법은 정당 엘리트들이 쉽게 정당을 해산하고 신당을 창당할 수 있도록 되어 있으나 앞으로는 정당 해산 결정을 당원들의 의사에 따르도록 해야 한다. 예를 들면, 정당 해산에 관한 결정은 당원의 2분의 1 이상이 참석한 회의에서 제3자의 입회 하에 비밀투표를 통해 참석 당원의 3분의 2 이상의 찬성을 얻어 공식적으로 결정하는 방법을 생각해 볼 수 있다. 이런 조치는 정당을 엘리트 위주의 모임에서 당원 위주의 모임으로 전환하여 정당의 대중적 지지기반을 만들어 나가도록 유도하려는 것이다. 그동안 정당의 이합집산과 함께 정치인들의 합종연횡으로 인해 정당정치가 불안정하여 정치적 책임성이 실종되는 경우가 많았다. 이를 해결하기 위해 대통령을 비롯한 선출직 공직자들이 선거 당시에 정당을 이탈하는 경우, 적절한 제재가 이루어지도록 하는 것이 정당발전에 도움이 될 것이다.

마지막으로 지적할 것은 정당의 비민주성을 해결하기 위해 정당의 주요 결정과정이 투명하고 민주적으로 이루어질 수 있도록 다양한 유인책을 개발해야 한다. 특히 정당 후보 선정과정이 투명하고 공정하며 민주적으로 이루어져야 한다. 예를 들면, 정당의 공직후보 선정은 반드시 제3자가 입회한 공개 모임에서 당원이나 유권자의 비밀투표를 통해 선정되었다는 것을 증명하지 못하면 선관위가 후보 등록을 거부할 수 있도록 하는 방안이 있을 수 있다.

공화주의 헌정이념을 구현하려면 다음과 같은 이유에서 현행 단원제 국회를 양원제로 바꾸는 것이 필요하다. 첫째, 하나의 국회에 입법부의 모든 권한을 집중시키는 것은 위험하기 때문에 양원제를 채택하는 것이 국가 전체의 이익을 보호하는 데 안전하다. 둘째, 두 번의 심의과정을 거치는 것이 법률안의 문제점을 수정하고 보완하기 쉬울 것이다. 또 단원제보다 양원제가 우리 사회의 다양한 이해를 대표하는 데 유리할 것이다. 마지막으로 지적할 점은 양원제를 통해 지방분권과 통일시 북한 지역의 과소대표를 해결해 줄 수 있다는 것이다. 예를 들면 모든 지역이 동등한 대표권을 가지고 광역지방 의회가 간접선거를 통해 상원의원을 선출하는 경우, 중앙정부 위주의 입법을 견제하여 진정한 지방분권을 도모할 수 있을 것이다(이기우 2006).

5) 지방자치제도 : 지방정부의 권한 확대

앞으로 지방정부가 주민의 진정한 생활정치 단위가 되어 공공선의 창출에 기여하려면 실질적인 분권이 이루어지도록 다음과 같이 헌정제도를 개선해야 한다. 첫째, 헌법에 지방정부의 재정자율권과 재정수입원을 규정하여 지방정부가 재정자립을 이루어 명실상부한 정치단위로 정책기능을 수행해 나가야 한다. 이를 위해 헌법에 지방자치단체가 중앙정부와 협의하여 세원을 확보할 수 있고 세율을 자율적으로 결정할 수 있도록 해야 한다. 둘째, 현행 헌법은 지방정부의 기능을 주민의 복리에 관한 사무라고 규정하고 있는데, 주민에게 가까운 지방정부에게 공적 업무의 관할권을 부여하도록, 앞으로 "공공사무는 능력이 미치는 한 주민에 가까운 지방자치단체에서 우선적으로 처리한다"로 고쳐서 지방정부가 중앙정부의 집행기관에 불과한 것을 시정해야 한다(이기우 2006). 셋째, 지방자치단체가 기관구성의 자율권을 가지도록 법률이 정하는 범위 내에서 당해 지방자치단체가 지방의회의 조직, 권한, 의원선거 등을 결정할 수 있도록 규정하는 것이 바람직하다. 마지막으로 지적할 것은, 지방정치의 실체는 주민임에도 불구하고 현행 헌법은 지방선거에만 주민의 참여를 보장하고 있다. 이를 시정하기 위해 법률의 범위 내에서 지방자치단체의 중요한 의사결정에 주민의 참여가 보장되어야 한다. 예를 들면, 지방채권의 발행을 비롯하여 주민에게 재정부담을 지우는 경우에 주민들이 직접 의사를 표시할 수 있어야 한다. 이런 조치들이 공화주의 헌정이념을 실현하는 데 기여할 것으로 본다.

참고문헌

강원택. 2001. "한국 정치에서 이원적 정통성의 갈등 해소에 대한 논의 : 준대통령제를 중심으로." 『국가전략』 7권 3호.

강원택. 2004. "한국 대통령제의 문제점과 제도적 대안에 대한 검토." 진영재 편. 『한국 권력구조의 이해』. 서울 : 나남.

강원택. 2005. 『한국의 정치개혁과 민주주의』. 서울 : 인간사랑.

강원택. 2006a. "풀뿌리 민주주의와 지방자치의 활성화 : 지방선거제도 개혁방안." 경기개발연구원. 『미래의 정치, 신뢰의 정치』. 연구총서 10.

강원택. 2006b. "대통령선거에서 결선투표제의 도입의 정치적 효과." 한국정치학회 주최 하계학술대회 발표 논문. 6월 15일. 고려대 인촌기념관.

곽준혁. 2005. "민주주의와 공화주의 : 헌정체제의 두 가지 원칙." 『한국정치학회보』. 39집 3호.

권영성. 2004. 『헌법학 원론』(2004년판). 서울 : 법문사.

김성호. 2004. "권력구조와 민주주의." 진영재 편. 『한국 권력구조의 이해』. 서울 : 나남.

김연규. 2005. "비교시각에서 본 한국의 분권형 대통령제 : 한국 대통령제의 내각제화." 한국정치학회 주최 춘계학술대회(한국 민주주의와 헌정제도의 재디자인).

김용호. 2004. "2003년 헌정위기의 원인과 처방 : 제3당 분점정부와 대통령－국회간의 대립." 진영재 편. 『한국 권력구조의 이해』. 서울 : 나남.

김용호.2006. "조소앙과 삼균주의에 대한 재조명." 서울대 한국정치연구소. 『한국정치연구』.

박명림. 2005. "헌법, 헌법주의, 그리고 한국 민주주의 : 2004년 노무현 대통령 탄핵사태를 중심으로." 『한국정치학회보』 39집 1호.

박병섭. 1998. “대의제에 대한 비판적 연구.” 『민주법학』 14호.

박성우. 2005. “민주주의와 헌정주의의 갈등과 조화.” 인하대 사회과학연구소, 『사회세계연구』 21집.

박세일. 2006. 『대한민국의 선진화전략』. 서울 : 21세기 북스.

박찬욱. 2004. “대통령제의 정상적인 작동을 위한 개헌론.” 진영재 편. 『한국 권력구조의 이해』. 서울 : 나남.

박찬욱. 2005. “지역균열의 해소와 균형정치 : 선거구제 개편 논의를 중심으로.” 서울대학교 한국정치연구소.『한국정치연구』. 14집 2호.

서병훈. 2003. “한국민주주의의 선택 : 이상주의를 경계함.” 박세일, 장훈 편저. 『정치개혁의 성공조건 : 권력 투쟁에서 정책경쟁으로』. 서울 : 동아시아연구원.

성경륭 · 박양호 외. 2003. 『지방분권형 국가만들기』. 서울 : 나남.

안순철. 2004. “내각제와 다정당체제 : 제도적 조화의 모색.” 진영재 편. 『한국 권력구조의 이해』. 서울 : 나남.

이국운. 2002. “공화주의 헌법 이론의 구상.” 『법과 사회』 20호.

이국운. 2003. “법치와 분권.” 『공법연구』 32집 2호.

이규영. 2005. “의원내각제 원리와 한국에서 도입가능성.” 한국정치학회 주최 춘계학술대회(한국 민주주의와 헌정제도의 재디자인).

이기우. 2006. “헌법개정과 지방자치.” 대화문화아카데미 주최(새로운 헌법 필요한가 II 대화모임. 6월 8일 발표문).

임성학. 2006. “한국의 헌법 이념과 정치제도의 정합성 : 비교연구”(한국정치학회 하계학술대회).

정준표. 2006. “헌법 개정 : 민주성과 효율성의 조화.” 경기개발연구원. 『미래의 정치, 신뢰의 정치』. 연구총서 10. 경기개발연구원.

정진민. 2004. “한국 대통령제의 문제점과 극복 방안.” 진영재 편. 『한국 권력구조의 이해』. 서울 : 나남.

조정관. 2005. “한국 권력구조 개편 논의 : 대통령제의 정상적 작동을 위한 개헌론.” 한국정치학회 주최 춘계학술대회(한국 민주주의와 헌정제도의 재디자인).

조정관. 2006. “개헌 논의의 시기와 쟁점”(한국정치학회 – 관훈클럽 공동주최 세미나, 4월 27일. 제주 신라호텔).

조정관. 2006. "한국 권력구조의 역사적 평가와 변화의 모색"(한국정치학회 주최 하계학술회의).

조홍식. 2005. "사법부의 정책 개입 정당한가"(중앙일보 시론. 2월 13일).

차동욱. 97-115. "개헌 논의 속에서의 헌법재판제도의 재평가." 인하대 사회과학연구소. 『사회세계연구』 21집.

최장집. 2002. 『민주화이후의 민주주의』. 서울 : 후마니타스.

최장집. 2004. "민주주의와 헌정주의: 미국과 한국." 박상훈 · 박수형 역. Robert Dahl. *How Democratic Is the American Constitution?* (New Haven : Yale University Press, 2002). 로버트 달. 『미국헌법과 민주주의』. 서울 : 후마니타스.

한상희. 2003. "'민주공화국'의 의미 : 그 공화주의적 실천규범의 형성을 위하여." 『헌법학 연구』 9권 2호.

황태연 · 박명호. 2003. 『분권형 대통령제 연구』. 서울 : 동국대 출판부.

Jaung, Hoon. 1999. "Electoral Politics and Political Parties." Larry Diamond and Doh Chull Shin. *Institutional Reform and Democratic Consolidation in Korea.* Stanford : Hoover Institution Press. 43-72.

Linz, Juan. 1994. "Presidential or Parliamentary Democracy : Does it Make a Difference?" (eds.) *The Global Resurgence of Democracy.* 2nd ed. Baltimore : Johns Hopkins University Press.

Pettit, Philip. 1997. *Republicanism: A Theory of Freedom and Government.* Oxford : Clarendon Press.

Sartori, Giovanni. 1994. *Comparative Consitutional Engineering : An Inquiry into Structures, Incentives and Outcomes.* New York : New York University Press.

Shugart, Matthew and John Carey. 1992. *Presidents and Assemblies : Consitutional Design and Electoral Dynamics*(New York : Cambridge University Press.

Sunstein, Cass R. 2002. *Designing Democracy : What Constitutions Do.* New York : Oxford University Press.

제2부

민주주의와 헌정주의의 갈등과 조화의 경험 : 미국, 일본, 브라질 사례

제1장. 미국 헌정질서, 법치, 민주주의의 삼위일체

제2장. 미국 헌법 해석에 있어서 원본주의(originalism) 논쟁의 의미와 역할

제3장. 일본의 헌정주의와 민주주의

제4장. 브라질 헌정체제와 불안정한 민주주의

미국 헌정질서, 법치, 민주주의의 삼위일체 :
애커만의 이중민주주의론(Dualist Democracy)을 중심으로*

한병진(계명대학교)

Ⅰ. 서론 : 미국 헌법은 민주주의를 침해하는가?

헌정주의와 민주주의의 관계에 대해 인민주의적 민주주의론자(populistic democracy)[1]들은 미국 헌정질서에 다양한 비판을 제기했다. 삼권분립, 특히 강력한 사법부가 존재하는 미국 헌정질서는 시민의 정치적 참여 제한, 평등한 정치권리의 침해, 민주정치의 사법화(judicial-

* 이 논문은 『대한정치학회보』 14집 3호(2007년 2월)에 게재한 바 있음.

1) 달(1990)은 민주주의를 구분하면서 인민주의적 민주주의와 상극의 개념으로 메디슨적 민주주의(Madisonian democracy)를 사용했다. 전자의 대표적인 예가 영국식 민주주의이고 후자의 경우는 미국식이다. 이 두 종류의 민주주의의 서로 다른 정치 · 경제 · 사회적 효과에 대한 경험적 비교연구로 리지파트(Lijphart 1999)를 참조.

ization) 등을 초래하면서 민주적 가치들과 다양한 갈등을 보인다고 평가한다. 이러한 비판의 선두에 로버트 달(Dahl 2002)이 있다. 미국 헌정질서가 인구비례를 무시하고 지리적 단위인 주에 주요한 정치적 권리를 부여한 결과 시민의 민주적 권리가 불평등하게 배분되고, 소수 특권층의 이해관계가 다수의 의지를 압도하는 정치현상이 발생했다고 달은 비판한다. 이와 함께 국민다수의 결정이 아닌 플로리다 경합 주의 검표 방식 결과에 따라 결정된 2000년 대통령 선거를 초래한 대통령선거인단제도 등 다수결의 원리를 명백히 위반하는 선거제도의 개선을 매우 어렵게 하는 미국 헌정질서의 특성 역시 달의 공격대상이다. 정치적 책임성이 약한 사법부의 강력한 사법심사권 역시 시민의 정치적 결정권을 침해하는 것으로 인민주의적 민주주의론자들은 평가한다.

이러한 정치학자 달의 비판은 근본적으로 미국의 민중적 헌정주의(popular constitutionalism) 주창자들과 맥을 같이 하고 있다. 헌정주의와 민주주의 사이의 긴장관계에서 민주주의에 손을 드는 이들은 인민의 지속적 참여를 바탕으로 하는 관습법적 헌법전통을 강조하면서 미국 헌법은 인민(the people)에 의해 해석되고 재규정되었다고 평가한다(Kramer 2005). 이러한 입장에서 자유주의적 헌정주의 전통에서 정치에 대한 법의 우위를 주장하는 헌법학자들을 비판한다. 이 비판은 현재 미국 최고재판소의 사법심사권에 대한 부정적 평가로 이어진다.

미국의 헌정질서에 대한 평가는 민주화 이후 한국 민주주의 실천에 대한 평가와 직결된다(최장집 2004). 대통령제에 의거한 권력분립, 헌법재판소와 중앙선거관리위원회와 같은 강력한 반다수제 기관(counter-majoritarian institution) 등에서 나타나듯이 한국은 미국 헌정질서와 비슷한 제도를 운용하고 있다. 이런 점에 비추어 봤을 때 미국의 메디슨적 헌정질서가 법치 및 민주주의에 미치는 영향에 대한 논의는 최근 한국에서 발생하고 있는 현상들—예를 들어 대통령 탄핵 및 수도이전과 관련한 헌법재판소의 정치적 개입 등—에 대한 균형 있는 시각과 해석을 위한 비교적 준거를 제공한다.

필자는 본고에서 메디슨적 헌정질서가 법치와 민주주의를 매개했다는 긍정적 평가를 피력하고자 한다. 지금까지 다수 인민의 의지에 의거한 통치를 강조하는 일군의 한국 정치학자들은 앞서 달의 비판에서 나타난 것처럼 미국의 메디슨적 헌정질서의 비민주적 성격을 강조하면서 부정적인 견해를 견지하고 있다(최장집 2004). 이에 반대해 필자는 메디슨적 헌정질서는 인민주의적 민주주의에서 제기하는 것과 달리 충분히 민주적이면서 동시에 법치를 강화하여서 궁극적으로 법치와 민주주의의 조화를 도모한다는 점을 강조하고자 한다. 최고재판소에 강력한 권한을 부여하고 다수의 대의제기관을 설치한 미국 헌법은 정치의 사법화를 통한 정치공간의 협소화가 아니라, 법치를 공고히 하여 민주주의를 효과적으로 운용하면서 동시에 민주주의의 가치를 보존한다고 평가한다.

본격적인 논의에 앞서 헌정주의, 법치, 민주주의의 관계에 대한 애커만의 세 가지 입장 구분을 소개한다. 첫 번째 입장은 인민주의적 민주주의 전통의 입장에서 민주적 선거를 통해 선출된 입법권자에게 상당한 입법적 자율성을 부여해야 한다는 주장이 있다. 이 주장에 따르면 영국의 경우에서 나타나듯이 다수의 지지를 통해 마지막 선거에서 선출된 지배연합이 특별한 제도적 제약 없이 자신에게 부여된 입법권을 행사하는 것이 민주주의 원칙에 부합한다. 이 입장은 선거를 통해 인민의 의지를 위임받은 정치가들의 자율적 입법권이 최고재판소로 대표되는 반다수제 기관에 의해 심각히 제한받지 않아야 한다고 주장한다. 이에 부합하는 헌정질서는 강력한 의회 다수당의 입법권을 보장하는 영국 헌법이라 할 수 있다. 두 번째 입장은 근본적인 사회적 가치를 보호하는 헌법이 어떠한 민주적 결정에 우선한다는 입장이다. 이의 예가 독일 헌법이다. 다시 말해 어떠한 민주적 결정도 헌법이 보존하고자 하는 핵심 권리들에 위배될 경우 사법부의 개입을 통해 이 결정들을 무효화해야 한다고 이 입장은 주장한다. 헌법이 국민의 의지 위에 있다. 세 번째 입장은 민주주의에서 입법의 이중구조(dualist democracy)를 주장한다. 헌법은 인민의 동원된 숙의(mobilized deliberation)를 필요로 하는 상위의 입법(higher law-making)이며, 이는 일상정치 시기(normal politics)에 정치가들에 의한 입법과 뚜렷이 구분된다고 주장한다(Ackerman 1991, 6-16). 필자는 애커만이 지지하는 세 번째 입장에서 미국 헌법에 대한 인민주의적 비판을 재검토하고자 한다.[2)]

2) 제도사상사적 측면에서 애커만의 입장은 자유주의적 공화주의(liberal republicanism)로 구분될 수 있다(곽준혁 2005, 42). 곽준혁의 논의에 따르면, 자유주의적 공화주의는 정치적 참여에 대해 내재적 가치를 부여하는 시민적 공화주의(civic republicanism)와 구별된다. 자유주의적 공화주의는 공공선이 객관적으로 규정되기보다는 시민의 토의와 숙의과정에서 발생한다고 주장한다. 시민은 연대감의 충만에 기인하기보다는 자신의 자율과 자유를 확보하기 위해 공공선을 위한 집단행동을 선도 혹은 이에 동참한다. 필자는 자유주의적 공화주의에서 논의하는 시민의 상태가 시민적 공화주의에 비해 보다 적실성이 있다고 본다.

Ⅱ. 민주주의 이중구조와 미국 헌법의 조응

최고재판소는 권력자의 자의적 입법행위를 통제하여 헌법의 사전 구속력(precommitment)을 높이는 주요한 기제이다. 권력의 견제와 균형이 존재하지 않을 경우 헌법의 사전 구속력에 대한 신뢰성은 약하거나 심지어 믿을 만한 것이 되지 못한다(Elster 2000, 149). 헌법의 사전구속력을 높이는 하나의 방식으로 사법심사권에 의거한 사법부의 입법활동 제한은 입법부의 불합리한 충동과 기회주의적 사적 이익 추구가 손쉽게 입법과정을 지배하는 것을 예방할 수 있다. 사법부의 강력한 헌법 해석권을 통해 신뢰성이 높아진 헌법의 사전 구속력은 경제발전 및 민주주의 이행과 공고화에 긍정적인 기여를 한다. 권력자의 자의적 행동을 사전 구속하는 헌법적 장치를 통해 경제활동에 대한 연속성과 안정성을 보장할 수 있다(Olson 1993). 경제발전은 안정적인 재산권 질서와 직결되며, 안정적 재산권 질서를 형성하기 위해서는 권력자의 자의적 권력행사의 유혹을 구속하여야 한다. 따라서 헌법의 사전 구속력은 안정적 재산권 질서형성을 도와준다. 이와 함께 사법부와 다수의 대의제 기관이 형성한 견제와 균형이 선거경쟁에서 이긴 승자의 정치적 몫을 작게 함으로써 민주주의의 제도화된 불확실성(institutionalized uncertainty)에 대한 권위주의자들의 저항감과 두려움을 약화시킬 수 있다(Przeworski 1991).

이렇듯 제도의 영속성과 사회의 예측가능성 등 법치의 강화를 가져오는 강력한 최고재판소의 긍정적 기능에도 불구하고 인민주의적 입장은 이 헌법기관의 민주적 가치 훼손에 대한 우려를 표한다. 신분을 보장받는 최고재판소 재판관들은 수직적 책임성과 분명한 민주적 정당성을 결여하고 있다. 반다수제 기구인 최고재판소가 다수의 의지를 대표하는 입법부의 입법활동을 제한하면서 정치적 평등과 다수결의 원칙이라는 민주주의의 대전제를 위배한다. 인민주의자들은 이러한 결과를 정치의 사법화(judicialization)로 명명하면서 강력한 사법심사권의 축소를 통해 민주적 정치영역을 재건할 것을 주창한다.

애커만은 최고재판소에 대한 이러한 비판은 입법의 두 가지 형태를 구분하지 않았기 때문이라고 갈파한다(Ackerman 1991, 8). 민주주의에서 입법활동은 이중구조를 가지고 있다. 일상정치에서 행해지는 정부에 의한 결정과 헌법적 동원과 참여에서 행해지는 숙고에 따른 인민의 결정을 구분할 때, 미국 헌법이 설정한 최고재판소의 민주적 성격이 드러난다는 것이다. 이러한 구분을 염두에 둘 경우 인민주의적 민주주의는 "일상정치"(normal politics) 하에서 선출된 입법자의 입법권을 과대 해석한다는 것이 분명해진다. 헌법은 인민의 숙고된 의지의 결정체이며, 일상정치 시기 최고재판소는 이를 보호하는 민주적 기능을 수행한다. 따라서 사법부의 헌법보호 기능은 민주주의의 전제를 위반하지 않는다.[3)]

애커만이 제기하고 있는 미국 헌법의 이중구조는 오늘날 대의제 민주주의의 현실에 적절히 조응하는 것으로 평가할 수 있다. 사실상 그리스의 민주주의 실험 이후 통치단위 내 구성원의 숫자가 급격히 증가하면서 더 이상 직접민주주의는 가능하지 않다(Dahl 1998, 100-2). 간접민

3) 사법심사권을 옹호하는 입장 가운데서도 판사들이 어떻게 헌법을 해석해야 하는가에 대한 이견이 미국 내에서 지속적으로 있어왔다(박성우 2006). 소위 원본주의자들은 헌법의 성문조항에 충실할 것을 주장하면서 시대적 분위기에 따른 재판관의 주관적 헌법해석 경향에 대해 강하게 반발했다.

주주의의 형태인 대의제 민주주의(representative democracy)만이 가능한 상태에서 입법자에게 과도한 입법권을 부여하는 것은 대의제 통치의 주요 문제점인 통치자의 기회주의적 사적 이익추구의 위험을 초래한다. 입법자와 시민의 관계는 사실상 주인-대리인(principal-agent) 관계의 고전적인 예로, 대리인인 입법자는 시민의 이익을 희생하면서 자신의 이익을 추구할 수 있다. 이러한 이유로 견제와 균형을 통해 수평적 책임성을 확보해야 한다. 애커만의 이중민주주의론이 흥미로운 까닭은 수평적 책임성이 인민의 민주적 헌법 결정을 위반하지 않을 뿐만 아니라 인민의 효율적 정치행위를 도와준다는 점을 설득력 있게 제시한다는 데 있다. 이는 기존 자유주의 민주주의론(liberal democracy)에서 견제와 균형, 수평적 책임성만을 강조하는 것과 차이가 있다.

애커만의 입장은 수평적 책임성과 수직적 책임성을 대립적 관계로 인식하는 민중적 헌정주의자(Kramer 2005)들과도 분명히 다르다. 자유주의적 헌정주의는 다수의 독재(tyranny of majority)라는 위험성을 막는 데 사로잡혀 민주주의 궁극적 수호자가 일반 대중이라는 사실을 소홀히 한다. 민중적 헌정주의자들은 사법부, 입법부, 행정부를 동일한 엘리트(the same elite)로 규정하고 이들 사이의 갈등이 창조하는 정치공간의 민주적 역할을 폄하한다. 사법부의 법률심사권 등 수평적 책임성을 높이는 제도는 단순히 파벌(faction)의 독주를 견제하는 역할을 넘어 대의제 민주주의의 민주성을 보완한다. 일상 정치기 동안 사법부, 입법부, 행정부의 갈등은 일반 대중에게 민주주의와 관련하여 무엇에 주목해야 하는가를 일깨워 준다. 이러한 갈등은 때때로 시민에게 심의의 장을 마련하기도 하고, 어떤 경우에는 헌법적 결정을 위한 정치적 행동이 필요하다는 신호(signaling)를 보내기도 한다(Ackerman 1991, 303-4). 즉 최고재판소 등 사법부를 통한 감시에 힘입어 자신의 사적 일상사에 바쁜 "사적 시민(private citizens)"은 정치참여의 필요성을 계측하는 기회비용을 절감할 수 있다.

여기서 분명히 할 점은 최고재판소의 결정이 항상 시대의 흐름을 선도하는 것은 아니라는 사실이다. 오히려 뉴딜 이전의—이후 보다 사법부의 준입법 행위(judicial activism)가 활발해진 시기와는 달리—경우 주요한 헌법적 위기는 최고재판소가 자초한 면이 크다. 드레드스콧 대 샌포드(Dred Scott v. Sanford)의 인종주의적 판결이나 뉴딜 이전의 로흐너 대 뉴욕(Lochner v. New York)에서 노동자 보호 입법을 부정한 극히 자유방임적 판결 등에서 알 수 있듯이 최고재판소는 과거 인민의 숙고된 결정을 반영한 헌법을 해석하여 현재의 문제에 헌법적 판단을 내린다. 이 과정에서 발생한 입법자와 최고재판소 사이의 갈등은 인민들의 주의를 환기시키고 드물지만 헌법적 의의를 가진 문제에 대해 인민은 새로운 결정을 내리기도 한다. 애커만(1991, 58-80)은 동원된 인민의 숙고와 헌법적 결정의 예로 18세기 건국헌법, 19세기 재건헌법, 20세기 뉴딜 헌법 세 가지 헌법질서를 들고 있다.

애커만의 이중민주주의론이 강조하고 있듯이 우리는 인민의 투표행위에 대해 과도하게 민주적 의의를 부여하는 데 경계해야 한다. 선거에 참여하는 거의 대부분의 투표권자는 최소한의 사적 시간을 투자하여 자신의 의사를 표현한다. 다시 말해 유권자의 한번의 투표행위가 헌법적 의의를 가지는 문제에 대한 깊이 있는 숙고의 결과에 따른 것으로 보기 어렵다(Ackerman 1991, 241-2). 정치현실주의자의 해석만큼이나 선거과정에서 대부분의 시민들은 정당들이 형성한 정치적 의제를 선택하는 수동적 행위자이다. 특히나 상당수의 미국 유권자는 이러한 투표마저도 방기한다. 이러한 현실을 놓고 볼 때 과연 선거를 통해 선출된 입법자들이 진정으로 인민(the People)을 대변한다고 보기 어렵다. 한번의 선거가 지니는 극히 제한적인 민주성을 인정할 경우, 최고재판소의 헌법 보존 기능의 비민주성에 대한 인민주의자들의 공격은 그 설득력을 상실한다.

사실상 다수의 대의제 입법기관과 최고재판소의 헌법해석권을 통한 권력분립은 시민의 정치적 참여에 대한 현실적 해석에 기반하고 있다. 대부분 시민은 공적 문제에 대해 항시적 관심을 둘 수 없다. 인민에 대한 이러한 이해는 강한 민주주의(strong democracy)에서 관념하는 정치적으로 민감한 덕성스러운 시민의 상과는 거리가 있다. 만약 대부분의 경우 시민들이 공적 문제에 대해 극히 제한된 관심밖에 둘 수 없다는 현실적 한계를 인정한다면 견제와 균형을 통한 다수결 기관들의 통제가 민주주의에 위배되지 않는다는 사실이 분명해진다. 혹자는 수평적 책임성의 한계를 지적하면서 민주적으로 보다 믿을 만한 수단으로 수직적인 책임성에 주목한다(Gargarella 2003). 수직적 책임성을 충분히 강화하여 국민의 대리인인 정치인들을 수시로 감시·통제할 수 있다는 기대는 현실적으로 공적인 문제에 제한적 관심밖에 둘 수 없고, 많은 경우 공공재에 대한 무임승차를 원하는 합리적 행위자로서의 "사적 시민(private citizens)"에 대한 과도한 요구일 수밖에 없다.

이중민주주의론은 인민의 민주적 참여의 불가능성을 주장하지 않는다. 또한 이러한 민주적 참여를 통한 정치적 결단에 대해 엘리트주의자들처럼 부정적이지 않다(Ackerman 1991, 18-21). 다만 헌법의 기초가 되는 인민의 폭넓고 깊이 있는 민주적 참여는 드물게 나타난다는 점을 강조하고 있다. 원래적인 사회적 가치를 민주적 의사결정보다 우선하는 근본주의자들과 달리 애커만의 이중민주주의론은 헌법의 민주적 성격을 부정하지 않는다. 헌법은 원래 어떠한 가치를 보존하기 위해 만들어진 것이 아니라, 과거 인민의 깊이 있고 폭넓은 동의에 기초한 정치적 결정의 산물이다. 최고재판소는 바로 과거 인민의 의지와 새로운 인민의 의지 사이의 기간 동안 과거의 민주적 결정을 보존한다. 최고재판소에 의해 행해지는 견제와 균형에 대한 인민주의자들의 부정적 견해와 달리 최고재판소의 헌법 보존 기능은 민주적 의사결정의 위엄과 이에 대한 존중의 표현이다. 그리고 최고재판소의 헌법 보존 기능은 인민의 민주적 참여를 억누르지 않는다. 민주주주의 이중구조 입장에서 보면 법치에 기반을 둔 수평적 책임성이 시민의 민주적 참여에 기초한 수직적 책임성과 갈등하기보다 오히려 전체 시민이 드물게 제기되는 헌법적 결정을 위해 일시적이나마 공적 문제에 지대한 관심과 참여를 위한 여력을 보존하는 것을 도와준다. 그리고 최고재판소를 위시한 헌법보존기구들은 인민의 민주적 참여의 부정적 효과—근시안적이고 편협한 의사결정 경향—를 제어하여 보다 건설적인 정치적 결단을 위한 숙고의 장을 마련한다.

이러한 논의는 최고재판소의 강력한 헌법해석권이 정치의 사법화를 가져와서 정치영역을 축소하고 민주주의의 범위를 제한한다는 주장을 정면으로 반박하고 있다. 미국의 경험은 최고재판소가 정치의 영역을 축소했다기보다 오히려 주요한 정치적 갈등의 장으로 인민을 초대하여 이들이 이러한 문제에 보다 깊이 있는 고려를 할 수 있는 기회를 제공했다. 최고재판소를 비롯한 다양한 헌법보존기구는 애커만에 따르면, 오히려 새로운 민주적 헌법질서를 수립할 수 있는 적절한 정치적 통로—중대 사안에 대한 숙고와 반대세력의 준비를 위한 시간—를 제공한다.

미국 헌정질서의 역사는 최고재판소라는 헌법보존기구의 존재가 민주적 헌법개정의 가능성을 봉쇄하지 않았음을 증명한다. 19세기 공화주의자들의 재건헌법(reconstruction constitution)과 1930－40년대에 확립된 뉴딜 헌법(New Deal constitution)은 이전 헌법체제와 근본적인 차이를 보이고 있다. 재건헌법은 대통령의 저항을 누른 의회의 지도력을 바탕으로 유명한 드레드스콧 판결에서 보이는 인종차별을 철폐하고 연방 중앙정부의 권한을 대폭 확대했다. 뉴딜 헌법 역시 자유방임을 신봉하는 최고재판소의 저항을 대통령의 지도력으로 극복하고 연방정부의 강력한 규제력을 인정했다. 이들 헌법체제가 확립되는 과정에서 몇 차례의 선거 등 다양한 국면에서 국민의 심사숙고된 의지가 지속적이고 일관성이 있게 표시되었다. 이렇듯 국민의 민주적 의사가 명확해지면서 미국은 기존의 제도적 한계를 벗어나서 새로운 헌법체제를 구축했다.

사실상 이러한 비관례적 헌법개정 전통은 미국의 건국헌법 수립과정에서 이미 나타났다. 헌법입안자들이 필라델피아에 모였을 당시 기존에 확립된 규칙—연방헌법 수립에 필요한 13개 모든 주의 동의 규정—을 무시하고 헌법 성립에 필요한 숫자를 9개 주로 축소했다. 다시 말해 헌법개정에 인위적인 장애를 설치한 메디슨의 미국 헌법 역시 선행한 헌법적 합의를 파괴하면서 만들어졌다. 특히 미국의 건국헌법 입안자들은 권력분립을 통해 분파의 이해가 독재적 권력을 향유하는 것을 막기 위해 다양한 견제장치를 마련했지만, 동시에 연방주의자 논설에서 연방주의자들은 "비범하고 중요한 순간에 인민에 의한 헌법개정의 가능성"은 열려있어야 한다고 역설했다. 특히 사법부의 저항은 인민의 엄중하고 권위 있는 결정이 내려질 때까지 계속되어야 한다는 연방주의자 논설은(Hamilton, Madison, and Jay 2003, 468–9) 미국 헌법의 민주적 이중구조를 여실히 증명하고 있다.

요약하면 최고재판소가 입법활동에 개입함으로써 민주주의 원칙과 가치가 훼손된다는 주장은 선거를 통해 선출된 인민의 대리인인 정치가의 정치적 대표성을 과장한 것이다. 그리고 미국의 경험은 최고재판소의 사전 구속력이 후손이 선조와 다른 정치적 결정을 하는 것을 어렵게 했지만 봉쇄하지 않았다는 것을 증명한다. 미국의 헌법 전통은 헌법의 사전 구속력은 절대다수 인민의 민주적 의사가 지속적이고 명백하게 표현되기 전까지만 유효하다는 점을 보여준다. 건국헌법, 재건헌법, 뉴딜 헌법은 미국 헌법의 강력한 사전 구속적 장치들에도 불구하고 인민의 숙고된 결정을 통한 헌법개정이 가능했다는 점을 증명한다.

이러한 관점에서 달의 미국 상원제도에 대한 비판은 재고될 필요가 있다. 달이 분석하고 있듯이 미국의 연방제와 관련이 있는 상원과 대통령선거인단제도 등은 유권자에게 불평등한 정치적 권리를 부여한다. 상당한 정치적 권한을 지닌 상원에 모든 주가 동등하게 2인의 상원의원을 선출한다. 인민을 대신한 주라는 “인위적 실체”(Dahl 2002, 54)의 중요성은 소위 대통령 선거인단에서 다시 한 번 나타난다. 강력한 상원에 의해 보호받는 이익집단의 대표적인 예가 미국의 농민이다. 수적 면에서나 경제적 중요성에서 다른 집단에 미치지 못하지만, 상원을 통해 강력하게 대표되면서 다양한 농업 및 농민보호정책이 채택되었다는 것은 정치경제학의 고전적인 예가 된지 오래다.

달이 적절히 지적하고 있듯이 미국에서 상원제도를 주민 수에 비례하는 선출방식으로 바꾸는 것은 현존 헌법조항을 따르면 거의 불가능하다. 미국 헌법 제5조에 따르면 상원구성 변경은 상원과 하원의 3분의 2의 제안 혹은 주의회들의 2/3의 제안이 있은 후에 3/4의 주의회들의 찬성을 필요로 한다. 하지만 이렇게 통과되더라도 다음의 규정으로 인해 개정은 사실상 불가능하다 : “어떠한 주도 그 자신의 동의 없이 상원에서 동등한 투표권을 박탈당하지 않는다.” 헌법개정이 이 개정 규정을 철저히 지켜야 한다면 이러한 엄격한 사전구속은 명백히 후손의 민주적 자결권을 침해하는 것이다(Elster 2000).

이러한 달의 주장에 대해 두 가지 비판을 가하고자 한다. 먼저 미국 연방에서 주를 단지 하나의 “인위적 실체”로만 규정하는 것은 적절치 못하다. 보다 강력한 연방정부를 원했던 메디슨 등은 인구비례를 적용한 상원의원 선거제도를 마련하고자 했다. 하지만 이는 소규모 주들의 집단적이고 효과적인 반대로 인해 무산되면서 모든 주가 동등하게 2인의 상원을 선출하고 이 상원에 법률의 입안과 통과에 관한 강력한 권한을 부여했다(Robertson 2005).

이렇듯 미국 상원 제도 형성에서 알 수 있듯이 "주라는 가상적 실체"의 정치적 권리는 헌법설계자(framers)들의 자의적 결정에 기인한 것이 아니다. 오히려 자신의 정치적 경제적 이익을 극대화하기 위한 다양한 주정부 엘리트의 역학관계를 반영한 것이다. 다시 말해서 미국의 연방제도는 정치적 진공상태에서 만들어지지 않았다. 건국 당시 헌법제정자들은 투표자 개인의 정치적 평등성을 반영하는 민주주의 이상을 헌법에 온전하게 반영할 수 없었다. 불공정한 정치적 힘의 부여는 분명히 소수의 특권집단, 당시로서는 남부의 노예주의 이익을 보호하는 데 사용되었다. 하지만 이러한 정치적 타협은 연방으로 이들 노예주를 편입하기 위해서 불가피한 조치였다.[4)]

두 번째로 달의 비관론과는 달리 미국 헌법개정의 역사는 엄격한 헌법의 사전 구속에도 불구하고 이루어졌다. 예를 들어 19세기 재건헌법 역시 헌법 제5조가 규정한 엄격한 사전 구속 규정을 무시하고 이루어졌다. 당시 링컨을 이은 존슨 대통령은 남부 주의 반대를 등에 업고 헌법 제5조의 규정을 이용하여 의회의 노예문제에 대한 헌법적 해결 노력을

4) 미국 연방제 성립을 위한 정치적 타협이 민주적 원칙의 타협을 가져왔지만 미국의 연방제는 중앙정부가 민주적 합의를 위반할 가능성을 사전에 봉쇄했다. 자율적인 다수의 주정부는 미국 연방정부의 상비군이라는 물리력에 적절한 대항력을 제공했다. 지방 정치지도자들은 일반 시민과 달리 일상정치에 민감하며, 중앙정부의 권력남용에 대한 시민의 집단행동을 용이하게 지도할 수 있다는 장점을 지니고 있다(Holmes 2003 : 55–7).

좌절시키고자 했다. 의회와 대통령이라는 두 중요한 권력분립기구의 선명한 대립과정에서 치러진 두 차례의 선거에서 공화당이 결정적으로 승리했다. 의회세력은 이에 의거하여 헌법개정 규정에 굴하지 않고 대통령과 최고재판소에 대한 공격을 재개하여 마침내 대통령의 양보를 얻어냈다(Ackerman 1998, 18 – 20). 다시 말해 미국의 헌법전통에서 인민이 그 의지를 천명한 경우 헌법의 사전 구속력은 그리 문제가 되지 않았다. 사전 구속력은 인민이 그 의지를 천명하기 이전까지만—앞서 연방주의 논설에서 나타나듯이—효력을 발생한다. 헌법의 사전 구속력은 인민의 헌법개정 의사가 얼마나 심사숙고의 결과인가를 가늠하는 잣대라고 할 수 있다. 이러한 헌법개정 역사를 염두에 둘 경우, 상원제도와 대통령선거인단제도가 정치적 불평등성을 야기함에도 불구하고 미국 시민이 과연 이 결함이 헌법개정을 요구할 만큼 심각하다고 인식하는가에 대해 질문할 수 있다.

체벨리스(Tsebellis 2002)가 간파했듯이 미국의 경우 법 개정과 관련한 비토행위자(veto players)의 숫자가 많은 관계로—대통령, 하원, 상원, 최고재판소, 연방구성원—미국 헌정질서는 현상유지에 크게 경도되는 경향을 보인다는 점은 부정할 수 없다. 하지만 달이 주장하는 것처럼 미국 시민이 대통령선거인단제와 상원제가 연방 구성주의 이익을 위해 시민 개인의 평등한 정치적 권리를 훼손하는 것이 심각한 문제라고 간주한다면 이들은 새로운 헌법정치를 개시하고 참여할 것이다. 하지만 몇 차례 문제에도 불구하고 대통령 선거인단 개혁에 관한 시민의 반응은 낙태나 동성애 문제에 비해 보잘 것 없었다. 이중민주주의론을 적용하면 대통령 선거인단 개혁 문제는 아직까지 충분한 민주적 동의를 획득하지 못했다고 평가할 수 있다.

이상의 논의에서 달과 같은 인민민주주의자들이 불평하는 비민주적 요소는 왜 개선되지 않고 있는가에 대해 민주적 응답이 준비되었다. 달과 인민민주주의자들은 민주적 헌법개정의 가능성을 봉쇄한 헌법 질서로 인해 대통령선거인단제도 등 현실정치에서 그 문제점을 드러낸 제도의 개혁이 어렵다고 주장한다. 이중민주주의의 논의를 따를 경우 이러한 주장에 대해 다음의 반론이 가능할 것이다. 대통령 선출방식은 상위입법(higher law-making)에 연관된 의제로 일상정치를 통해 해결될 성격의 문제가 아니다. 이는 헌법정치를 통해 해결될 문제이며, 헌법정치의 갈등과 대립 속에서 다수 인민의 숙고된 결정을 필요로 하는 사안이다. 그리고 미국의 헌법개정의 전통은 엄격한 법률개정의 헌법조문이 인민의 민주적 결정의 통로를 완전히 봉쇄하지 않았다는 점을 증명한다. 따라서 현재 대통령선거인단 문제가 해결되지 않는 것은 헌법조문의 문제가 아니라 이 문제가 아직까지 헌법정치를 일으켜 인민적 동원을 가져올 만큼 심각한 문제가 아니라는 인민의 판단의 반영이다. 따라서 대통령선거인단제나 다수결주의 등의 선거제도 변경이 이루어지지 않는다고 하여 미국에서 민주주의에 대한 법의 우위를 주장하는 것은 적절치 않다.

이중민주주의론은 헌법개정의 높은 사전 구속력이 민주주의의 가치를 상쇄한다는 인민민주주의자들의 주장에 동조하지 않는다. 열정에 의한 비이성적 판단의 방지, 특히 후회스러운 결정을 사전에 방지하는 차원(time-inconsistency)에서 사전 구속력의 필요성이 역설되었다. 인민다수의 숙고된 의사결정을 요구하는 높은 사전 구속력은 이러한 실용적 측면과 함께 그 자체가 민주주의의 원칙에 어긋나지 않는다. 보다 많은 인민의 사려 있는 판단을 요구하는 것이 다수의 지배원칙에 부합한다고 할 수 있다. 선진민주주의 국가들 중 웨스트민스터형 헌정질서보다 협의체 민주주의가 민주적 원리의 구현에 적합하다는 경험적 연구가 간접적으로 이를 증명한다(Lijphart 1999).

애커만이 분석하고 있는 미국 헌법의 역사는 제2차 세계대전 이후 자주 나타나는 사법부의 적극적인 활동(judicial activism)에 대한 새로운 해석을 가능케 한다. 뉴딜 헌법을 거치면서 미국 대통령은 명실상부한 정치 지도력을 획득했다. 특히 뉴딜 헌법은 구체적인 헌법조문을 고치기보다는 대법원 판결을 통한 헌법의 실질적 개정을 고착화했다. 뉴딜 헌법 이후 대통령은 대법원을 비롯한 연방법원 판사의 "헌법개정적 임명(constitutional transformative appointment)"을 통해 자신이 추구하는 정치적 목표를 달성하고자 했다. 다시 말해 최근 미국 사법부의 적극적인 입법활동은 메디슨적 헌법의 원래적 성격에서가 아니라, 루즈벨트의 지도력에 의한 헌법질서의 변화에서 기인한 것이다. 사실상 1980년대 레이건의 대법관 임명을 둘러싼 민주당과 공화당 간의 격렬한 갈등이 이러한 변화를 잘 보여준다. 루즈벨트가 대법관을 압박하여 이들이 국가의 강력한 경제개입을 용인하는 판례를 생산하도록 했듯이, 신자유주의의 입장에서 뉴딜 합의를 파기하려는 레이건은 자신과 동일한 이데올로기를 가진 대법관 임명을 통해 기존의 헌법적 합의를 변경하려 했다.

이러한 맥락에서 미국의 지배연합은 파편화된 미국 정치구조에서 자신의 정책목표를 관철하기 위해서 최고재판소의 헌법해석권을 이용한다. 최고재판소에 의거하는 것은 정책결정 권위를 정치적으로 절연된 제도에 위임하는 효과를 가진다. 최고재판소 판사들은 종신제를 비롯한 제도적 도움으로 인해 정치적 압력으로부터 상대적(이들 역시 당시의 여론이나 정치 게임을 고려하지 않을 수 없다. 선임에서부터 헌법개정 및 탄핵 등을 통해 법원은 그 전체로서 정치에서 자유로울 수 없다)으로 자유롭다. 미국의 파편적 정치질서 하에서 지배연합은 이러한 법원의 제도적 특성을 이용하여 정치적으로 민감한 사안을 처리한다. 미국 정치구조의 파편성을 대표하는 연방제로 인해 정치적 반대세력은 주요 정책결정 단위의 관할권을 장악하여 중앙정부의 입법적 통제로부터 자율적일 수 있다. 또한 정당구조의 파편성과 정치연합의 이질성 역시 문제이다. 예를 들어 남북전쟁 이후 민주당의 경우 남부의 백인과 북부의 흑인을 주요한 정치기반으로 했다. 이러한 상황에서 민주당 지도자가 흑백갈등에 대해 명확한 입장을 취하여 정치적 결정을 위로부터 강제한다면 민주당의 정치연합이 무너질 수 있었다. 이와 같은 정치적 곤란을 피하면서 정치적 목표를 달성하기 위해 지배연합은 최고재판소의 헌법해석에 편승하는 것이 정치적으로 편리하다고 할 수 있다(Whittington 2005). 이러한 법원의 역할은 전통적인 반다수제적 기능과 반대로 다수의 의지를 실현하는 것을 도와주는 기능을 한다고 할 수 있다.

다수제에 기초한 대의제 기구와 최고재판소로 상징되는 미국 민주주의의 이중구조는 민주적 의사결정을 보존하면서 법치의 확립을 원활히 한다. 정치현실주의자들은 법치의 흥쇠를 피치자와 외부 침략자 등과 치자 사이의 정치적 역학관계에 크게 좌우된다고 본다. 피치자들의 참여, 복종, 기여 등이 필요할 경우 법을 통해 자신의 권력을 구속함으로써 피치자의 동의를 확보한다. 이렇듯 법치는 권력자들의 선의에 따른 자발적 구속보다는 자신의 이기적인 정치적 필요에 기인한다. 치자는 자신의 권력을 유지 · 확대하기 위해 법에 의한 통치를 시도한다(Holmes 2003).

이러한 치자의 법에 의한 통치(rule by law)가 법치(rule of law)로 발전하기 위해서 다원주의적 정치갈등이 필요하다고 정치현실주의자인 홈즈는 강조한다. 법을 통한 편파적 이해 추구에 따른 편파적 이해가 대항하고 균형을 찾는 과정에서 국가는 법치에 가까운 형태로 발전한다(Holmes 2003, 47-9). 이러한 관점에서 보았을 때 미국의 권력분립이 다수의 의지 행사를 방해한다는 부정적 평가 대신에 법치와 민주주의의 병존을 위한 제도적 기초를 제공한다는 긍정적 평가가 가능하다. 다양한 권력분립을 통해 사회 내 다양한 이익이 정치적 결정에 참여할 수 있는 제도적 장치를 마련함으로써 다원주의적 경쟁을 강화한다고 할 수 있다.

특히 인민민주주의자들이 개인의 평등한 정치적 권리라는 민주적 원칙을 위배한다고 비판하는 연방제는 권력의 남용을 막는 효과적인 제도로 인식되고 있다. 수평적 견제와 균형과 함께 수직적 견제와 균형인 연방제는 법치를 강화한다. 미국 연방제는 공공 서비스를 제공하는 다수의 정부기관을 유권자들에게 제공한다. 따라서 다수의 정부기관이 공급하는 공공재화를 선택하는 소비자로서의 시민은 "탈출(exit)"의 선택지를 가진다. 연방제 덕분에 시민은 다양한 통로를 통해 정치적 영향력을 행사할 수 있을 뿐만 아니라 부패한 정부기관의 공공 서비스를 거부할 수 있는 대안을 향유한다. 관할 지역 내 주민이 정부의 부패와 입법행위에 불만을 가질 경우, 다른 거주 지역으로 이주하여 정부의 세원을 축소시켜 관할정부의 총 수입을 축소시킬 수 있다. 주정부가 다른 주정부들과 경쟁해야 하는 연방제 구조 하에서 시민은 정부 부패에 효과적으로 대항할 수 있다.

Ⅲ. 이중민주주의론의 한계와 문제점

이중민주주의론의 관점에서 미국의 법치와 민주주의가 조화를 이

룸에도 불구하고 이중민주주의론은 몇 가지 주요한 지점에서 분명한 답을 내리고 있지 않다. 첫째, 이중민주주의를 유지하기 위해 헌법을 통한 민주주의의 사전 구속력을 높여야 한다는 점은 설득력이 있지만 사전 구속력의 정도에 대한 현실적 지침은 숙제로 남아 있다. 이중민주주의론에 따르면, 헌법개정에서 인민의 지속적인 숙고가 필요한데 어느 정도 지속적인 숙고가 필요한가? 애커만은 거듭되는 주요 선거에서 특정 헌법개정 주장이 다수 인민의 지지를 받을 경우, 인민이 자신의 심사숙고한 의사를 표시했다(People say)고 주장하는데 과연 몇 번에 걸친 선거 승리가 필요한가에 대한 구체적인 논의가 없다. 그리고 미국의 주요 헌법개정의 역사는 비헌법적 방식에 의거했는데 사전 구속력을 높이면서도 동시에 기존 헌법질서에 의거한 헌법개정의 가능성에 대해 함구하고 있다.

내전 이후 재건(Reconstruction) 헌법개정의 역사는 미국 헌법의 과도한 사전 구속력이 헌정질서의 혁명적 파기로까지 발전할 수 있다는 사실을 보여준다. 의회가 인민의 공고한 지지를 받음에도 불구하고 대통령은 기존의 헌법개정 절차에 의거하여 제도적으로 저항했다. 의회는 이러한 저항에 대해 혁명적 방식으로 돌파하고자 했다. 앤드류 존슨에 대한 탄핵과 함께 이 기간 동안 의회는 남부의 주정부, 대통령, 헌법재판소 등 주요 권력기구들의 자율성을 파괴하자고 했다. 이렇듯 의회가 헌법개정을 정치적 방식을 통해 돌파하고자 했고, 다행히도 대통령과 여타 반개정 권력기구는 "적절한 시간" 내에 입장을 바꾸어(switch in time) 자신의 제도적 자율성을 보존했다(Ackerman 1998, 20).

이러한 패턴은 1930년대 루즈벨트와 최고재판소의 대립에서도 재현되었다. 루즈벨트는 몇 차례 선거에서 보여준 시민의 강력한 지지를 기반으로 자유방임적 시장질서를 옹호하는 기존 헌정질서를 변경하여 국가개입주의의 헌정질서를 수립코자 했다. 최고재판소는 기존의 헌정질서를 보호코자 대통령의 이러한 노력에 저항했다. 이에 대해 대통령은 최고재판소 재판관의 제도적 자율성을 위협했다. 결국 1860년대 존슨 대통령과 마찬가지로 재판관들 역시 적절한 시점에서 자신들의 입장을 변경했고, 권력분립의 제도적 기초가 훼손되지 않고 새로운 헌법질서가 형성되었다. 이 과정에서 동일하게 발견되는 요소가 개정을 반대하는 주요 권력기구가 적절한 시점에서 자신의 정치적 반대를 거두었다는 점이다. 문제는 이러한 정치적 타협을 거부할 경우, 권력분립의 기초 자체가 허물어질 수 있었다. 다시 말해서 헌법개정 절차와 관련된 헌법 제5조가 부과한 사전 구속력으로 인해 주요 헌법개정은 법적 구속의 틀을 혁명적으로 파기하는 양상을 보였다. 다행히도 미국의 경우 혁명적 헌법개정이 권력분립의 틀의 붕괴로까지 진행되지 않았다. 만약 적절한 시점에서 헌법개정을 반대하는 헌법기구가 그 반대를 철회하지 않았다면 권력분립의 제도적 기초가 허물어졌을 것이다.

민주주의에서 입법의 이중구조 유지와 헌법의 사전 구속력의 조화에 대해 명확히 하지 않을 경우, 헌법의 사전 구속력을 혁명적으로 파기하는 인민의 행동이 입법의 이중구조의 파괴로 발전할 수 있다. 사실상 미국의 헌법개정은 상위 입법의 개정에 대한 과도한 사전 구속력에도 불구하고 이루어졌다. 다시 말해서 1930년대 최고재판소가 계속해서 자신의 입장을 굽히지 않고 저항했다면 최고재판소는 제도적 자율성을 잃고 헌법 보존 기능을 수행할 수 없었을 것이다. 즉 과도한 헌법의 사전 구속력으로 인해 민주주의의 이중구조가 위험에 빠질 수 있었다. 미국의 경우 헌법개정 절차의 불분명성에도 불구하고 강력한 미국 사회의 자유주의 전통이 민주주의의 이중구조를 유지하는 데 기여했다고 평가할 수 있다(Hartz 1991). 이러한 위험성은 한국과 같이 정치적 양극화 혹은 대결정치가 팽배한 상황에서 쉽게 현실화될 수 있다. 민주주의의 이중구조와 조화를 이룰 수 있는 헌법의 사전 구속력 정도가 마련될 때 민주주의와 헌정주의는 보다 안정적인 관계를 형성할 수 있다.[5)]

두 번째 문제로 뉴딜 헌법 개정 이후 법관 임명을 통한 헌법개정 방식(transformative judical appointment)이 자주 이용된다는 점은 정치의 사법화에 대한 인민민주주의자들의 우려를 현실화하는 것이다. 최고재판소는 이중민주주의론에 따르면 "과거 인민의 결정에 의거하여 현재 정치인의 입법활동을" 감시하여 헌법을 보존하는 기능(preservationist function)을 수행하는 기관이다(Ackerman 1991, 10). 이러한 최고재판소의 수동적 성격이 뉴딜 헌법 이후 능동적 성격으로 전환되었다. 이후 대통령은 자신의 정치적 입장에 동의하는 재판관을 임명하여 이들의 적극적 준입법활동을 조장·방조하여 정치적 반대를 우회하여 정책의지를 관철코자 했다. 이는 앞서 살펴보았듯이 미국의 파편적 정치구조에서 현상유지를 타파하는 긍정적 역할을 했다. 하지만 이를 과용한 결과 대의제 기구에 비해 최고재판소의 정치적 기능이 비대해진 점은 이중민주주의의 관점에서 평가하더라도 우려할 만한 사태발전이라고 할 수 있다.

이와 함께 이중민주주의론에서 긍정적으로 평가하고 있는 삼권분립을 통한 견제와 균형이 사회변화와 함께 소수 사회 엘리트의 정치적 영향력의 강화로 귀결되는 현상이 나타나고 있다. 다원주의자들은 복수의 자율적인 권력기구의 상호작용은 시장의 보이지 않는 손과 같이 공공선을 이루는 방향으로 발전한다고 낙관한다. 이중민주주의론은 수평적 책임성을 보장하는 권력의 분산이 인민을 숙고의 장으로 이끄는 기

5) 헌법의 사전구속력의 정도와 다양한 기제에 대한 논의로 엘스터(Elster, 2000)를 참조.

능을 한다고 긍정적으로 평가한다. 하지만 견제와 균형장치가 보장하는 다양한 거부권 행사 기구는 공공선이나 민주적 의사결정의 심화와는 다른 방향으로 발전할 가능성이 있다. 각각의 기구에 절대적 영향을 미치는 집단이 거부권을 이용하여 공공선의 희생 위에서 자신의 사적을 이익을 추구할 수 있다. 거부권자의 숫자가 증가할수록 현상유지의 경향이 높아진다. 만약 현상태가 대다수 국민에게 바람직하다면 다수의 거부권자의 존재는 공공선에 부합한다. 하지만 현상태가 바람직하지 못하면 다수의 거부권자의 존재는 이의 개선을 어렵게 한다.

이러한 문제점이 현재 미국에서 현실화되는 양상이다. 미국 민주주의는 1960년대를 거치면서 다양한 제도적 변화를 경험했다. 이 중 가장 큰 변화를 겪은 제도가 미국 의회와 정당이었다. 소위 션샤인 법들(Sunshine Laws)을 통해 위원회 활동과 의원들 개개인의 투표기록이 대중에게 공개되었다. 정당의 경우 1960년대 중반 이후 프라이머리(direct primary)에 의한 후보의 선출이 다른 대통령 후보 선출방식을 대체했다. 이러한 제도적 변화는 참여민주주의를 심화하기보다는 인위적인 정치적 양극화와 이익집단의 정치적 영향력 확대로 귀결되었다. 정치과정이 공개되면서 이익집단은 효과적으로 정치인들을 감시하고 통제할 수 있었다.

이 결과 정치인들은 이익집단의 이해를 충실히 반영하는 정치행위를 하지 않을 수 없었고, 비생산적 재분배 정치가 강화되었다. 또한 프라이머리 제도로 인해 후보 선출에 대한 당의 통제가 극히 약화되었고, 대다수 국민에 비해 극단적 견해를 견지하고 있는 소위 활동가(activists)의 정치적 영향력이 확대되었다(Zakaria 2004). 최근 클린턴이나 부시의 예에서 알 수 있듯이 당 정책은 대통령 후보 및 당선자의 정책노선에 좌지우지되었다. 후보들은 정치적 성공을 위해 활동가들이 제기하는 양극적 문제—동성애, 낙태, 종교 등—에서 극단적인 정책입장을 견지하여 미국 사회를 인위적 양극화로 이끌었다. 소위 다수결주의제와 양당제 하에서 정치경쟁은 온건 중립노선을 선점하기 위한 경쟁이라는 명제에 반하는 현상이 발생하고 있다.

이러한 변화로 말미암아 소수의 사회세력의 그물망이 미국 민주주의를 포섭했다. 미국 민주주의는 고전적 자유민주주의의 전형이었다. 권력분립과 견제와 균형, 강력한 사법부의 헌법해석권, 상원에 강력한 헌법적 권한을 부여한 양원제 등은 일반 국민의 다수의지를 제어하도록 고안되었다. 이러한 헌정질서를 통해 정치 엘리트는 일반 국민의 민주적 압력과 통제로부터 자율성을 유지했다. 하지만 이러한 미국의 헌정질서는 위에서 언급한 제도적 변화를 경험하면서 극단적 견해를 견지한 순수주의자(purists)의 대결적 정치행동 혹은 강력한 이익집단의 재분배 요구로 오염되었다(Fiorina 2005). 이러한 사태발전은 수평적 책임성을 조장하는 메디슨적 헌정질서가 이중민주주의론에서 예상하듯이 인민을 숙고의 장으로 초대할지, 아니면 이들을 정치로부터 소외시킬지는 정당, 이익집단 등 다른 여타 정치조직 및 제도와 맞물려 있음을 보여주고 있다.

Ⅳ. 결론

이상의 논의를 종합하면 미국 최고재판소는 민주주의의 이중구조를 유지하는 데 기여했다. 최고재판소는 일상정치 시기 정치인이 과거 인민의 목소리를 담은 헌법에 위배된 행위를 감시하면서 민주주의 대원칙인 인민의 지배를 보호한다. 이들의 헌법수호에 반대하는 세력은 다양한 정치적 동원을 통해 새로운 인민의 합의를 이끌려고 노력한다. 반대세력의 노력은 대부분 실패하지만, 드물게 성공적인 동원을 통해 심사숙고된 인민의 의사를 도출할 경우 기존의 법적 제약을 넘어서 새로운 헌법적 합의가 성립한다. 그리고 최고재판소는 다시 이러한 합의를 바탕으로 또 다시 일상정치에서 정치인들의 입법행위를 감시한다.

메디슨적 헌정질서에 대한 부정적 평가의 핵심은 이 헌정질서가 다수의 의지행사에 인위적인 장애를 설정한다는 점이다. 하지만 이러한 인위적 장애는 민주주의의 미명 하에 행해지는 정치가의 기회주의적 행태를 제어한다. 무엇보다도 입법의 이중구조를 이해할 경우, 메디슨적 헌정질서가 법의 정치적 정당성의 원천을 인민의 민주적 결정이라고 보는 인민민주주의자들의 원칙에 어긋나지 않는다는 점을 확인할 수 있다. 만약 법의 정치적 정당성이 보다 많은 인민의 강력한 지지를 요구한다고 할 때, 오히려 다수제 기관이 손쉬운 주요 법개정을 막고 제도적으로 초과반수의 동의를 요구하는 헌정질서가 민주적 정당성 규정에 더욱 부합한다고 할 수 있다.

애커만의 대의제 민주주의의 이중구조에 대한 통찰은 수평적 책임성과 수직적 책임성 사이의 상보관계에 주요한 함의를 지니고 있다. 기존의 민주주의론은 수평적 책임성 혹은 수직적 책임성 중 하나만 강조하면서 둘 사이의 상보적 관계에 대해 간과한다. 이중민주주의론은 수평적 책임성과 수직적 책임성이 갈등이 아닌 상보관계를 가질 수 있다는 점을 분명히 보여준다. 수평적 책임성은 제한된 정치적 자원을 지닌 인민의 효과적 정치참여를 도와준다. 입법부와 최고재판소의 갈등은 인민에게 현재 무엇이 과거의 민주적 결정과 부합하지 않는가를 보여준다. 수평적 책임성의 강화 혹은 최고재판소의 기능 강화가 수직적 책임성의 약화와 인민의 정치참여의 무력화를 가져올 것이라는 불안과 비판은 대의제 민주주의의 이중구조를 제대로 직시하지 못한 데 있다.

메디슨적 헌정질서에 대한 긍정적 평가에도 불구하고 몇 가지 문제점은 지적할 만하다. 헌법의 이중구조에서 헌법개정 절차에 대한 불분명성, 최고재판소의 헌법 보존 기능을 넘어서는 경향 등은 앞으로 해결되어야 할 과제로 여겨진다.

곽준혁. 2005. "헌정체제의 두 가지 원칙 : 민주주의와 공화주의." 『한국정치학회보』 39집 3호.

박성우. 2006. "민주주의와 헌정주의의 갈등과 조화 : 미국헌법 해석에 있어서 원본주의 논쟁의 의미와 역할." 『한국정치학회보』 40집 3호.

로버트 A. 달. 김용호 역. 1990. 『민주주의이론서설 : 미국 민주주의의 원리』. 서울 : 법문사.

최장집. 2002. 『민주화 이후의 민주주의』. 서울 : 후마니타스.

최장집. 2004. "민주주의와 헌정주의 : 미국과 한국. " Robert Dahl. 박상훈 박수형 역. 『미국 헌법과 민주주의』. 서울 : 후마니타스.

Ackerman, Bruce. 1991, *We the People : Foundations. Vol. 1*. Cambridge : Harvard University Press.

Ackerman, Bruce. 1998. *We the People. Transformations*. Cambridge : Harvard University Press.

Dahl, Robert A. 1998. *On Democracy*. New Haven : Yale University Press.

Dahl, Robert A. 2002. *How Democratic Is the American Constitution?* New Haven : Yale University Press.

Hartz, Louis. 1991. *The Liberal Tradition in America*. San Diego : Harcourt Brace & Company.

Elster, Jon. 2000. *Ulysses Unbound: Studies in Rationality, Precommitment, and Constraints*. New York : Cambridge University Press.

Fiorina, Morris P. 2004. *Culture War? : The Myth of a Polarized America*. London : Longman.

Gargarella, Roberto. 2003. "The Majoritarian Reading of the Rule of Law." in Maravall, Jose and Adam Przeworski, eds. *Democracy and the Rule of Law.* Cambridge : Cambridge University Press.

Hamilton, Alexander, James Madison, and John Jay. 2003. *The Federalist Papers.* New York : A Signet Classic.

Holmes, Stephen. 2003. "Lineages of the Rule of Law." in Maravall, Jose and Adam Przeworski, eds. *Democracy and the Rule of Law.* Cambridge University Press.

Kramer, Larry. 2005. *The People Themselves : Popular Constitutionalism and Judicial Review.* Cambridge : Oxford University Press.

Lijphart, Arend. 1999. *Patterns of Democracy.* New Haven : Yale University Press.

Maravall, Jose and Adam Przeworski, eds. 2003. *Democracy and the Rule of Law.* Cambridge : Cambridge University Press.

Olson, Mancur. 1993. "Dictatorship, Democracy, and Development." *American Political Science Review* 87 *(3) : 567–76.*

Przeworski, Adam. 1991. *Democracy and the Market : Political and Economic Reforms in Eastern Europe and Latin America.* Cambridge : Cambridge University Press.

Robertson, David Brian. 2005. "Madison's Opponents and Constitutional Design." *American Political Science Review* 99 (2 May) : 225–43.

Sanchez–Cuenca, Ignacio. 2003. "Power, Rules, and Compliance." in Maravall, Jose and Adam Przeworski, eds. *Democracy and the Rule of Law.* Cambridge : Cambridge University Press.

Shapiro, Martin. 1995. "The United States." in C. Neal Tate and Torbjorn Vallinder, eds. *The Global Expansion of Judicial Power.* New York : New York University Press.

Tsebellis, George. 2002. *Veto Players: How Political Institutions Work.* Princeton : Princeton University Press.

Weingast, Barry R. 1997. "The Political Foundations of Democracy and the Rule of Law." *American Political Science Review* 91 (2 June) : 245 – 63.

Whittington, Keith E. 2005. "Interpose Your Friendly Hand: Political Supports for the Exercise of Judical Review by the United States Supreme Court."

American Political Science Review 99 (4 November) : 583 – 96.

Zakaria, Fareed. 2004. *The Future of Freedom : Illiberal Democracy at Home and Abroad*. New York : Norton Press.

제2장

민주주의와 헌정주의의 갈등과 조화 : 미국 헌법 해석에 있어서 원본주의(Originalism) 논쟁의 의미와 역할*

박성우(중앙대학교 정외과)

Ⅰ. 서론 : 민주주의와 헌정주의 그리고 미국적 맥락

근현대 정치사를 돌아볼 때 헌정(입헌)주의(constitutionalism)[1]와 민

* 이 논문은 2006년 가을 『한국정치학회보』 40집 3호에 게재된 바 있음.

1) Constitutionalism을 헌정주의로 번역할 것인지 입헌주의로 번역할 것인지는 여전히 논쟁의 여지가 있다. 입헌주의라 하면 과거 입헌군주제의 경험 등으로 반민주적인 이미지를 내포하는 듯하여 최근의 한국 학계는 헌정주의라는 용어를 선호하는 경향이 있다. 그러나 용어선택과 관련해 보다 심각한 문제는 한국 학계에서 학자들마다 조금씩 다른 가치들을 헌정주의라는 용어 속에 채워넣고 있어 의사소통을 더욱 어렵게 한다는 데 있다. 최근 박명림은 헌법주의라는 용어를 사용하며 Constitutionalism의 한국적 특수성을 설명하는 성과를 보였지만 개념적으로는 혼란을 초래하는 문제가 있다(박명림 2005). 필자는 논문에서 한국 학계의 일반적인 분위기를 반영하여 헌정주의라는 용어를 선택했지만, 이 용어가 한국적 맥락의 특수성을 담고 있다는 전제를 받아들인 것은 아니다. 본 논문

주주의는 공히 시민들의 오랜 염원과 투쟁의 결과로 얻어진 성과물인 동시에 앞으로도 우리가 소중하게 지켜나가야 할 정치원리임에 틀림없다. 어느 누구도 이 두 정치원리 각각의 가치를 의심하지 않는다. 반면, 헌정주의와 민주주의 양자의 관계에 대한 이해는 종종 각각의 입장에 따라 극단적인 대조를 보이는 경향이 있다.[2] 우선 양자를 대립적인 관계로 이해하는 사람들이 있다. 이들에게 헌정(입헌)민주주의(constitutional democracy)란 용어는 모순어법에 불과하다. 적어도 표면적으로 헌정주의는 "권력의 분립과 제한"을 의미하는 반면, 민주주의는 그 권력이 민주적인 한, "권력의 집중과 무제한성"을 지향하기 때문이다(Wolin 1989, 8).[3] 이들은 민주주의가 "인민의 지배(rule of people)"를 의미하는 한, 인민이 원할 때는 언제든지 게임의 규칙을 바꿀 수 있으며, 헌법을 포함해서 기존의 어떤 제도에 의해서도 인민의 의사가 제한되어서는 안 된다

에서 사용하고 있는 헌정주의라는 용어는 전통적이고 일반적으로 정의되어 온 법치(rule of law)의 원리를 담고 있는 입헌주의에 오히려 가깝다. 서구적 맥락에서 헌정주의의 일반적 정의에 대해서는 알렉산더(Alexander 1998)와 마라벌(Maravall & Przeworski 2003) 참고. 헌정주의의 정치사상적 맥락의 이해를 위해서는 김성호(2004), 곽준혁(2005)을 참고.

2) 서구의 입헌민주주의(constitutional democracy)의 전통에서 헌정(입헌)주의와 민주주의는 대체로 상호 의존적인 관계로 이해되어 왔다. 민주적 의지가 헌정주의를 통해 보장될 수 있다는 것이다. 하지만 최근 한국의 탄핵 사례와 미국의 2000년 대선의 경험을 통해서 양자의 갈등적 관계에 대한 인식이 확산되었다(최장집 2004 ; 박명림 2005). 양자의 관계가 개념적으로 그리고 사상사적으로 잠재적인 갈등관계에 있음을 확인하는 있는 연구로 하버마스(Habermas 1995 ; 2001)와 박성우(2005)를 참고.

3) 민주주의와 헌정주의의 관계에 관련된 다양한 논의에 대해서는 엘스터(Elster & Slagstad 1988)를 참고. 특히 헌정주의에 의한 민주주의의 한계를 지적한 연구로는 위일(Weale 1989)을 참고.

고 주장하면서 민주주의에 우선적 가치를 부여하고 있다. 이와는 대조적으로 헌정주의와 민주주의의 관계를 상호 보완적이고 조화로운 것으로 보는 사람들이 있다. 이들은 헌정민주주의를 동어반복적인 표현으로 간주한다. 헌법은 민주적 게임의 규칙 예컨대 "누가, 언제, 어떻게 왜 투표하는가?"를 성문화한 것이므로 헌정주의와 민주주의는 거의 동일한 것으로 취급해야 한다는 것이다. 이들은 민주주의의 본질적 가치를 실현하기 위해서는 다수결과 같은 단순한 형식적 민주주의로부터 "진정한" 민주주의를 보호해야 하고, 바로 이런 기능을 헌법이 담당해야 한다고 주장하면서 민주주의보다는 헌정주의에 우선적 가치를 둔다.

헌정주의와 민주주의의 관계는 이론적 지형에서 뿐만 아니라 역사적으로도 상호 보완과 대립의 관계를 반복적으로 보여왔다. 우선 20세기 이후 대부분의 헌법은 민주적 형식과 절차를 통해 제정되었고 헌법의 정당성도 헌법제정 과정의 민주성 여부에 의해 결정되어 왔다는 점에서 양자는 상호 보완적이라고 볼 수 있다. 그러나 이러한 상호 보완적 관계의 이면에는 대립적 관계의 단초 역시 발견된다. 양자의 대립의 단초는, 만약 헌법이 그저 민주주의의 후속조치로 만들어진 인공물에 불과한 것이라면 이 헌법은 민주적 의사에 반하는 어떠한 독자적인 지위도 누려서는 안 된다는 인식에서 발견된다. 이런 관점에서 보면 헌정주의라는 이름으로 헌법이 인민의 의사를 제한하는 것은 민주주의에 대한 심각한 위협으로 간주될 수밖에 없다. 이 점이 바로 민주주의자들이 지적하고 있는 헌정주의의 한계와 문제점이다. 반면, 헌정주의적 관점에서 보면 민주주의가 그 자체의 형식적 원칙 때문에 그 본질적 가치를 스스로 저해하는 것 역시 심각한 자기 모순으로 비춰진다. 이들은 민주주의의 본질은 개인의 자율성이나 평등과 같은 민주적 가치의 실질적 보호에 의해서 실현된다고 보고, 이러한 민주적 가치의 실질적 보장은 오직 헌법의 수호를 통해서 가능하다고 본다. 따라서 헌법적 권위는 일시적인 인민의 의사를—그것이 아무리 "민주적"으로 표출된 것이라고 하더라도—초월해서 존재해야 한다고 이들은 주장한다.

이렇게 민주주의와 헌정주의는 이론적으로나 역사적으로나 여전히 평행선을 달리고 있다. 그럼 민주주의와 헌정주의가 엮어놓은 고르디우스의 매듭을 어떻게 풀 수 있을까? 이에 대한 해답의 실마리를 찾기 위한 한 노력으로 본 논문은 미국적 맥락에서 민주주의와 헌정주의의 동학을 검토하고자 한다. 미국적 맥락에서도 헌정주의와 민주주의 관계는 오랫동안 중요한 주제로 자리 잡아 왔다.[4] 최근 로버트 달은 『미국 헌법과 민주주의』라는 책을 출판하면서 헌정주의 혹은 헌정적 제약(constitutional constraint)이 얼마나 미국인들의 실질적인 민주적 의사로부터 괴리되어 왔는가를 비판한 바 있다.[5] 달에게 있어서 미국 헌법은 미국 민주주의의 발목을 잡는 장애요인이므로 가능하면 미국 정치는 헌정적 제약으로부터 벗어나 미국민들의 민주적 의사를 확인하고 배양할 필요가 있다는 것이다. 미국적 맥락에서 헌정주의에 대한 민주주의의 일방적 우선성을 주장하는 입장이다. 그러나 민주주의라는 이름으로 행해지는 다수의 횡포로부터 개인의 권리를 보호하기 위해 헌법적 권위가 필요하다는 인식 또한 널리 자리 잡고 있다.[6] 적어도 이론적으로 민주주의와 헌정주의는 미국적 맥락에서도 예외 없이 갈등적 관계에 놓여 있

4) 가장 대표적으로 다음과 같은 연구들이 있다. Elster and Slagstad 1988 ; Murphy 1993 ; MacCormick 1993 ; Elkin & Soltan 1993 ; Dworkin 1995 ; Habermas 1995 ; 2001 ; Bellamy 1996.

5) 원제는 *How Democratic Is the American Constitution?*(New Haven : Yale University Press, 2001).

6) 이는 미국 건국의 아버지들로부터 현대 미국 정치이론가들에 이르기까지 널리

음을 알 수 있다.

경험적인 관찰을 통해서도 양자가 갈등관계에 놓여 있다는 사실은 쉽게 확인된다. 무엇보다도 2000년 미국 대통령 선거 결과로 빚어진 민주주의와 헌정주의의 원칙이 대립한 사건을 빼놓을 수 없다.[7] 사실 2000년 미국 대선을 거치면서 미국 헌법의 비민주적 요소는 다양한 차원에서—예컨대 당파적 · 사회적 · 이론적 · 철학적 차원—지적된 바 있다. 그런데 이런 미국적 맥락에서 특기할 만한 것은 이런 사정에도 불구하고 헌정주의의 원칙이 변함 없이 존중되고 있다는 사실이다. 2000년 대선을 둘러싼 헌정주의와 민주주의의 갈등의 불씨는 결국 대법원의 최종판결에 의해서 진화되었다. 다시 말해 민주주의와 헌정주의는 미국적 맥락에서 심각한 갈등적 요소를 안고 있음에도 불구하고 파국으로 흐르지 않았다는 것이다. 왜 이런 상대적인 안정성이 유지되는 것일까? 필자는 그 이유 중의 하나를 미국의 헌정주의 논의구조의 특수성에서 찾고자 한다.

사실 미국의 헌정주의는 2000년 대선의 극적인 사건에서 뿐만 아니라 다양한 쟁점영역에서 민주주의와 갈등의 소지를 갖고 있다. 시민권의 확대, 인종이나 성(gender)에 의한 차별 금지, 낙태와 프라버시권, 동성결혼(same-sex marriage), 안전을 위한 총기휴대 금지와 기본권, 9 ·

공유되고 있는 입장이라고 볼 수 있다(Madison 1987[1788] ; Tocqueville 2000). 벨라미와 카스티글리온은 민주주의에 헌정적 제한에 대한 네 가지 근거[공적 영역과 사적 영역의 구분, 사전서약(pre-commitment) ; 함구령(gag rule) ; 민주적 절차와 형식성]를 잘 정리하여 소개하고 있다(Bellamy & Castiglione 1997). 민주주의와의 관계에서 미국 헌정사를 조망한 최근의 연구로 아마르(Amar 2006)와 존슨(Johnson 2006)이 있다.

7) 이와 관련한 국내 연구로는 손병권 외(2001)를 참고.

11테러 이후의 대통령의 비상권한 확대, 환경보호를 위한 연방정부의 강제와 주정부의 자치 등과 같은 쟁점들은 모두 민주적 의사의 존중과 헌법적 제한의 정당성을 둘러싼 논쟁들로 구성되어 있다. 재미있는 것은 극히 제한된 경우를 제외하고는 어떤 이슈도 헌법의 권위를 존중하는 헌정주의 원칙 자체를 부정하지 않는다는 사실이다. 이렇게 민주주의와 헌정주의가 직접적으로 대립하지 않는 현상은 사법심사(judicial review) 자체를 문제삼기보다는 사법심사가 어떤 원칙으로 실현되어야 하느냐가 논의의 초점이 되어온 미국 헌정주의의 특수성과 깊은 연관이 있다고 본다. 다시 말해 사회적 논쟁의 초점이 사법심사의 정당성이나 그 주체와 관련된 시비가 아니라, 사법심사의 최종적 근거가 되는 헌법을 어떻게 해석할 것이냐에 맞춰져 있음으로 해서 헌정주의는 독자적 영역을 구축할 수 있었고, 민주주의와 헌정주의가 상대적인 안정성을 확보할 수 있다는 것이다.

이렇게 미국 헌정주의의 특수성을 대변할 수 있는 논쟁의 한복판에 1970년대부터 제기되기 시작한 원본주의(originalism)와 "살아 있는 헌법(living constitution)" 이론이 있다.[8] 다음 장부터 본격적으로 논의되겠지만, 간단히 말해 원본주의는 최초의 헌법 초안자들의 원본적 의도와 텍스트에만 의존해서 헌법을 해석해야 한다는 이론이며, "살아 있는 헌법" 이론은 헌법을 살아 있는 유기체로 간주하고 헌법 조문의 진화된 의미에 늘 주목해야 한다는 이론이다.[9] 이 두 입장의 대립이 지금까지 사실

8) 원본주의(originalism)이란 말을 처음 쓰기 시작한 사람은 다음 장에서 자세히 설명하겠지만 이 입장을 비난할 목적으로 사용한 폴 브레스트였다(Brest 1980). 물론 그레이와 일라이는 원본주의와 비슷한 의미로 이미 해석주의(interpretivism)란 용어를 써왔다(Grey 1975; Ely 1980).

상 미국 헌법 해석 논쟁의 핵심을 이루고 있다고 봐도 과언이 아니다. 이 논쟁은 주로 연방 대법원 판사가 어떤 기준으로 사법심사를 해야 하느냐와 관련된 문제이므로 한동안 대중적 관심을 끌지 못했다.

그러나 1980년대 중반 이후 몇 차례에 걸쳐 상원에서 대법원 판사의 임명 동의안을 심의하는 과정에서 원본주의에 대한 후보자의 입장이 중요한 심사기준으로 대두되면서 원본주의는 학문적 논쟁의 대상이 됨은 물론 대중적 관심의 초점이 되었다.[10] 본 논문은 다음 두 장에서 원본주의 논쟁의 등장배경과 진화과정(Ⅱ절), 그리고 사상적 토대와 비판(Ⅲ절)을 본격적으로 검토할 것이다. 이러한 원본주의에 대한 검토는 헌정주의와 민주주의의 양자관계에 있어서 미국적 특수성을 발견하는 계기가 될 것이며, 왜 미국적 맥락에서 양자관계가 상대적으로 안정적인 모습을 보이고 있는지에 대한 하나의 설명을 제공하게 될 것이다.

---

9) 헌법 텍스트의 원본적 의미가 무엇인지, 헌법이 살아서 진화한다는 것이 무엇인지는 2장과 3장에서 차차 밝혀질 것이다.

10) 1985년 미상원에서 보크 판사의 임명동의안 부결, 그리고 토마스의 대법원 판사의 임명, 2005년 로버츠와 알리토 판사의 임명 가결에서 모두 이들 후보들의 원본주의에 대한 입장이 직간접적으로 중요한 쟁점이 되었다.

Ⅱ. 원본주의의 등장배경과 진화 : "살아 있는 헌법" 이론과의 대화

원본주의의 등장배경을 설명하기 위해서는 우선 미국의 사회, 정치, 문화의 총체적인 변혁을 초래했던 미국의 "60년대" 상황을 상기할 필요가 있다.[11] 바로 이 시기에 시민권 운동이 시작되었고, 신좌파(New Left)가 등장하였으며, 케네디의 암살이 있었고, 히피의 반(反)문화운동과 샌프란시스코의 "신세대"가 나타났다. 기존의 권위에 도전하는 세력과 전통적 가치를 고수하고자 하는 세력의 심각한 다툼으로 사회는 소위 "문화전쟁"을 치르고 있었고, 어떤 방식으로 또 얼마만큼 새로운 가치를 수용할 것인지를 놓고 심각한 사회적 갈등과 마찰이 있었다. 이 사회적 갈등의 한가운데 연방 대법원이 있었다. 연방 대법원은 헌법적 권위를 빌려 인종차별, 범죄인의 인권, 종교, 성생활과 프라이버시권 등과 관련된 "60년대"의 뜨거운 쟁점들에 있어서 각 주들(states)이 새로운 가치들을 얼마나 수용해야 하는지를 결정하는 중대한 역할을 담당해야 했기 때문이다.

미국 헌법에 따르면 각 주들은 대내적으로 절대적인 경찰력을 행사할 수 있다. 적어도 원칙상으로는 연방정부는 "미국 헌법이 명시적으로 혹은 암시적으로 인정한 경우"를 제외하고는 아무 것도 할 수 없고, 반

11) "60년대"에 인용부호를 붙인 이유는 미국 정치에서 1960년대는 단지 연대적 의미보다는 문화적인 의미로서의 상징이 크기 때문이다. 미국 정치, 사회, 문화에서 60년대에 대한 최근의 평가에 대해서는 기틀린(Gitlin 1996)을 참고.

면 각 주들은 "미국 헌법이 명시적으로 혹은 암시적으로 금지한 경우"를 제외하고는 모든 것을 할 수 있다. 따라서 헌법적 권리를 넓게 해석하면, 연방 대법원의 개입과 주 경찰력에 대한 연방정부의 제한을 광범위하게 인정하는 것이 되고, 반대로 헌법적 권리를 좁게 해석하면, 주 경찰력에 대한 연방정부의 제한범위도 축소되고 결과적으로 연방 대법원의 개입도 줄어든다. 이런 맥락에서 보면 "60년대"의 변혁과 자유화가 가능할 수 있었던 것은 전통적인 사회적 가치를 고수하려는 각 주들의 절대적인 권력을 연방 대법원이 헌법의 이름으로 적절하게 제한할 수 있었기 때문이라고 볼 수 있다. 최초의 원본주의는 이렇게 정치적 의도가 농후한 연방 대법원의 사법결정에 제동을 거는 것으로부터 시작했다. 다시 말해, 원본주의는 연방 대법원이 "60년대"의 사회적 분위기에 힘입어 이후 각 주들에 꾸준히 가해왔던 헌법적 제한을 완화하고, 결과적으로 전통적인 사회가치를 재건하고자 하는 시도에서 태동했음을 기억할 필요가 있다.[12)]

이제 우리에게 다소 생소한 개념인 원본주의의 의미에 접근해 가기 위해서 이와 개념적으로 대척점에 있는 "살아 있는 헌법(living constitution)" 이론의 내용과 두 이론의 진화과정을 살펴본다. 헌법은 끊임없이 변화하는 사회에 적절히 대응할 수 있도록 변화해야 한다는 "살아 있는 헌법" 이론은 뉴딜 시대의 국가의 역할과 기능을 새롭게 정의하고 이를 정당화하는 데 기여한 바 있다. 자유주의 법관들은 뉴딜에 의해서 실

12) 이런 맥락에서 원본주의가 초기 레이건 시대의 보수적인 정치 이데올로기와 깊이 연관되어 있다고 보는 것은 그리 놀라운 일이 아니다. 그러나 다음 장에서 보다 본격적으로 논의되겠지만, 원본주의는 보수적 정치 이데올로기 이상의 사상적 기초와 쟁점을 담고 있다.

행된 구조적-정책적 변화가 행정적·법률적 권위에 의해서 유효하게 적용된 것이기 때문에 헌법의 가치와 원칙을 충실히 이행한 것이라고 이해하고 있었다. 뉴딜은 국민에 의해서 승인된 것이므로 일차적으로 정치적 정당성을 갖고 있으며, 동시에 사법심사를 통과함으로써 헌법적으로도 정당성을 획득했다는 것이다. 따라서 뉴딜이 미국 정부의 목적과 역할 그리고 절차에 대한 급격한 변화를 가져왔다고 하더라도, 이는 미국의 근본법과 일치하는 헌법적 혁명(constitutional revolution)으로 간주될 일이지 헌법의 파괴라고 볼 수 없다고 자유주의 법률가들은 평가한다.

뉴딜의 공공 철학은 입법과 행정을 포괄적으로 통제하는 근거를 민주적 다수결주의(democratic majoritarianism)에서 찾는다. 이 철학은 실용적 자유주의(pragmatic liberalism)를 지향하는 현대 대통령직의 기반이 되었는데, 1937년 루즈벨트 대통령이 자신의 정책집행에 유리하도록 대법관을 임명하고자 한 계획도 자신의 정책을 지지하는 민주적 다수를 기반으로 정치권이 헌법구성의 참여를 적극적으로 확대한 것이라고 해석할 수 있다. 1940년대와 1950년대는 사법적 절제(judicial self-restraint)라는 구호가 있었음에도 불구하고 역설적으로 대법원에서 시민의 권리와 자유와 관련된 소송들이 늘어나면서 사법적 자유주의(judicial liberalism)는 점차 정책결정적 기능을 확대해 나갔고, 아울러 "살아 있는 헌법" 이론도 힘을 얻게 되는 계기가 되었다. 이런 맥락에서 공립학교의 인종분리가 위헌이라는 판결을 내린 브라운 대 교육위원회(Brown v. Board of Education, 347US483[1954])의 판결은 사법적 자유주의와 "살아 있는 헌법" 이론이 비약할 수 있었던 지렛대였다.[13] 이후 1960년대의 워렌 법정

13) 수정주의적 견해는 Brown V. Board of Education의 가치를 높이 평가하고 있지 않다(cf. Rosenberg 1991).

(Warren Court)은 사법부의 정책결정적 의지를 확고하게 보임으로써 내용적으로는 사법적 자유주의를 형식적으로는 사법적 적극주의(judicial activism)를 채택하면서 "살아 있는 헌법" 이론을 보다 구체화시켰다.

1970년대로 접어들면서 사법적 자유주의와 "살아 있는 헌법" 이론은 개인의 권리의 영역에서 지대한 영향을 미치게 되는 새로운 국면을 맞게 된다. 1970년대 초반 적법한 절차(due process)와 관련된 두 개의 실질적인 판결이 연이어 나왔기 때문이다. 아이젠슈타트 대 베어드(Eisenstadt v. Baird, 405US438[1972]) 판결에서 대법원은 6대 1의 다수 의견으로(William J. Brennan 판사 작성) 피임약 배분에 있어서 미혼과 기혼 커플을 차별하는 정책은 혼외 성행위와 부부 간 성행위에 대해 도덕적 차별성을 두는 정당한 목적에 부응한다고 본 국가의 주장이 근거 없다고 부정했다. 대법원이 국가의 도덕적 선택은 개인의 프라버시 영역의 비이성적인 침해라는 견해를 확실히 밝힌 셈이다(Powell 1993, 173-77). 1973년의 로우 대 웨이드(Roe v. Wade, 410US113[1973]) 판결은 보다 큰 대중적인 논쟁을 불러일으켰는데, 법원은 여성의 낙태권은 수정헌법 14조의 "적법한 절차" 조항에 명시적으로 기술되지 않았지만 여전히 프라이버시 권리에 속한다고 판결하였다.

"살아 있는 헌법" 개념은 이렇게 뉴딜 이래로 끊임없이 사법적 자유주의의 발전을 이끌어 왔지만 성문헌법주의에 의존하면서 제한된 정부를 주장해 온 보수주의자들에게는 성문헌법이 이제 아무런 권위도 갖지 못하는 양피지로 전락하는 것이 아닌가 하는 두려움을 갖게 하는 위험한 이론으로 비춰졌다. 1977년 법역사학자 라오울 버거는 드디어 성문헌법의 가치를 되살리려는 원본주의적 입장을 학문적으로 전개하기 시작한다. 버거는 자신의 책에서 사법심사는 원본적인 헌법구상(original constitutional design) 안에 속해 있지만, "살아 있는 헌법"의 개념에 입각한 사법적 적극주의는 헌법 초안자들의 의도로부터 완전히 떠난 것이라고 비난하면서 성문헌법의 기초를 되살리자고 주장한다(Berger 1977). 사법적 적극주의를 비난하는 버거의 입장을 추종하는 많은 학자들은 이때부터 자신들을 원본주의자(originalist)로 부르면서 이 헌법 이론이 미국의 도덕성과 정치의 기초가 되어야 한다고 주장하고 나섰다.

사실 워렌 법정(Warren Court)과 그 법리학적 유산 이래로 미국 헌법학계는 이후 약 50년 동안 원본주의를 주요한 쟁점으로 삼아왔다고 해도 과언이 아니다. 원본주의란 간단히 말하자면 미국 연방 대법관들은 미국 헌법의 초안자들의 의도를 정확하게 해석해서 헌법심판을 내려야 한다는 이론이다(Maltz 1987). 이런 원본주의에 관한 학문적인 토론은 앞서 지적한 바와 같이 1970년대 시작되었지만, 원본주의에 대한 관심은 1980년대 레이건 행정부가 대표적인 원본주의자 로버트 보크 판사를 연방 대법원 대법관으로 지명했다가 상원의 부결로 임명에 실패한 과정을 거치면서 대중적으로 확산되는 계기를 마련하였다.[14] 보크 판사의 대법관 임명이 무위로 돌아감에 따라 원본주의 논쟁은 한동안 대중

14) 이 당시 레이건 행정부의 법무부 Office of Legal Policy의 1987년 보고서는, "헌법학자들과 법률가들이 현재 직면하고 있는 가장 근원적인 쟁점은 연방대법원이 원본적인 의미에 입각해서 헌법을 해석하고 적용해야 하는가 하는 문제이다"라고 말하고 있다. 보크의 대법원 판사 임명을 둘러싼 미국 사회의 논쟁에 대해서는 보크 자신의 책(Bork 1990)을 참고. 보크의 입장에 대한 개괄적인 파악을 위해서는 드워킨을 참고[Dworkin 1987(August 13), 3-10 ; Dworkin 1987(October 8), 59-61]. 보크는 자신의 책에서 대법원은 Marbury v. Madison 이후로 결정적인 오류의 길을 걷고 있으며, 뉴딜을 거치고 Roe v. Wade에 이르러 민주적 폐단이 정점에 이르렀다고 주장한다(Bork 1990, 22-3, 42-3, 44, 46, 61, 116). 이후 이 논쟁의 보다 체계적인 연구로 브라너(Bronner 1989)와 맥기간(McGuigan & Weyrich 1990)을 참고.

의 시야에서 벗어나 있었지만, 이 원본주의 논쟁은 대법관 지명에 대한 심사가 진행될 때마다 늘 미국 헌법 해석에 대한 근본적 의문을 제기해 왔다.[15)]

자유주의적 판결의 원칙과 의제는 1980년대 접어들면서 자유주의의 쇠퇴와 미국 국내정치의 보수주의의 등장의 결과로 변화를 겪을 수밖에 없었다. 그러나 "살아 있는 헌법" 이론에 저항하는 원본주의적 도전은 자유주의 이론가들이 그들의 이론을 보다 세련시킬 수 있는 계기를 마련하였고, 특히 워렌 법정의 적극적인 사법주의에 의해서 노정되기 시작한 반(反)다수결주의의 난제(countermajoritarian difficulty)[16)]를 해결하기 위한 이론적 발전을 모색하게 되었다.

이 이론적 발전의 흐름은 크게 두 가지 종류가 있는데, 첫 번째는 반(反)다수결주의적 난제 자체를 아예 부정하는 논지가 있다. 사법부를 통해 사실상의 정책결정(judicial policy making) 효과를 얻으려는 시도는 일견 절차적으로는 비민주적으로 보일 수 있을지 모르지만, 그 목적과 효과에 있어서는 결국 민주적 의사와 일치하기 때문에 헌법적으로 정당하다는 주장이다. 이런 입장을 취하는 자유주의자들은 사법적 지배

---

15) 1990년대 이후 원본주의에 관한 논쟁에 대해서는 스칼리아(Scalia 1996 ; 1997a ; 1997b ; 1998)를 참고. 최근 부시 행정부의 The Federalist Society는 2002년 심포지움("Panel II : Originalism and Historical Truth" in "Law and Truth : The Twenty-First Annual National Student Federalist Society Symposium on Law and Public Policy")에서 원본주의를 중심주제로 다룬 바 있다. 일부 논문은 *Harvard Journal of Law and Public Policy* 26(2003)에 실려 있다.

16) 이것은 "선출되지 않은 판사들(nonelective judges)"에 의한 정책과 "선출된 입법의원(elective lawmakers)"에 의한 정책 간의 명백한 모순이 발생한다는 것이다. 흔히 "반(反)다수결주의적 난제(countermajoritarianism difficulty)"로 불리는 이 문제는 1970년대 자유주의 법학자들이 풀어야 하는 숙제로 남아 있었다.

(government by judiciary)의 정당성을 공개적으로 지지한다. 자유주의자들의 또 다른 이론적 모색은 미국 헌법을 불문관습법(unwritten common law)과 동일시하는 견해이다. 이들은 미국 헌법은 본래 불문헌법적 성격이 강하게 있으므로 법정은 정책결정 기능을 수행하면서 헌법의 의미를 채워나가야 한다고 주장하면서 원본주의에 대해 정면으로 도전한다.

예컨대 토머스 그레이는 1975년 미국 헌법학계를 논쟁의 소용돌이로 몰아넣는 획기적인 논문을 발표하였는데, 여기서 그레이는 사법심사의 과정에서 과연 대법관들은 법률과 성문헌법이 마찰하는 것을 고려해야 하는가라는 문제를 제기한다(Grey 1975, 703-18). 이어서 그레이는 대법관들이 자유와 정의의 원칙을, 그것들의 규범적인 내용이 성문헌법의 텍스트에서 발견되지 않는다고 하더라도, 사회규범 속에 강제해야 한다고 주장한다. 헌법의 초안자들은 불문의 상위의 원칙으로서 사법부에게 그러한 권한을 부여했으며, 법관들은 오히려 성문화되지 않은 자연법의 원칙들을 밝혀낼 의무가 있다는 것이다. 이런 주장은 사실 미국 헌법이 불문헌법에 근원을 두고 있다는 이론적인 가정이 전제될 때 가능하다(Grey 1975, 703-9).

그레이는 미국 헌법이 불문헌법이라는 이론적 가정을 세울 뿐만 아니라, 대법원 판결에 대한 경험적인 관찰도 이를 뒷받침한다고 주장한다. 대법원의 판결이 실제로 헌법 텍스트의 해석에 의존하면서 이루어지는 것이 아니라고 주장하기 때문이다. 헌법 문서들은 법관들에게 언어학적인 참고를 제공할 뿐, 대부분의 경우에 법관들이 헌법 판결을 내릴 때 사용되는 가치와 원칙의 원천이 되지 못한다는 것이다. 따라서 그레이에게 헌법 텍스트란 공유된 국가적 가치를 설명하고 발전시키는 데 정당성을 획득하기 위한 상징적인 기능만을 수행하고 있다. 따라서 헌법에 대한 보다 적절한 태도는 정부구조와 기능, 그리고 개인의 자연권의 기본적인 개념들의 변화를 제대로 반영할 수 있는 "살아 있는 헌법" 이론에서 발견될 수 있다는 것이다.

이후 1970년대와 1980년대에 사법적 자유주의는 헌법 판결에 있어서 헌법 텍스트의 해석이 사실상 필요 없다는 과격한 입장을 취하기도 하였다. 형식적인 헌법은 헌법의 본래의 취지를 강제하기 위한 유일한 근거가 되지 못한다는 것이다. 이 이론은 이때부터 "비해석적 사법심사(non – interpretive judicial review)" 혹은 "비해석주의(non – interpretivism)"라고 불리기 시작했다. 대법관 얼 워렌의 조수로 일한 경력이 있는 일라이는 이 비해석주의가 많은 자유주의 재판관들에 의해서 지지되고 있음을 확인하면서, 헌법의 근원적 원칙과 가치에 의해서가 아니라 법관의 주관적인 가치에 근거한 판결이 횡행했다는 비난으로부터 워렌 법정을 변호한다. 일라이는 일단 과격한 비해석주의가 입헌민주주의에 위배된다는 점은 인정한다. 그러나 그는 원본주의에 대해서도 역시 비판적인 태도를 취한다. 결국 일라이는 원본주의와 비해석주의를 모두 비판하면서 대신 헌법 해석의 대안으로서 대표–강제적 사법심사(representation – reinforcing judicial review)를 주장한다. 이는 대법원의 판결은 사법적 해석이 필요하지만, 그 해석은 텍스트에 기반을 둔 것이 아니라 헌법에 포함되어 있다고 전제되는 정치적 대표성의 구조적 – 절차적 가치에 의존하고 있어야 한다는 주장이다.[17] 역시 사법적 적극주의를 변호하기 위한 이론적 우회 혹은 절충이라고 볼 수 있다.

1980년 폴 브레스트는 원본주의적 해석주의(originalist interpretivism)

17) 일라이에 따르면, 이러한 대표성–강제적 사법심사는 워렌 법정에서 캐롤린 프로덕트(Carolene Products) 판결의 주석에 잘 나타나 있다고 주장한다(Ely 1980, 12).

에 대한 사법적 자유주의의 최종적이고 종합적인 비판을 내놓았다. 브레스트는 우선 헌법 판결의 시금석으로서 헌법 텍스트에 대한 원본적 이해의 신빙성을 부정한다. 브레스트는 20세기의 진보주의적-자유주의적 법치주의를 강조하면서 사법적으로 조성된 불문헌법의 정당성을 주장한다. 또한 브레스트는 후세의 사람들은 헌법 텍스트가 최초로 만들어질 당시의 의도에 결코 완벽하게 도달할 수 없다는 역사지식의 인식론적 한계를 지적하면서 이를 이해하지 못하는 원본주의자들을 비난한다. 정치사상사에서 흔히 스키너에 의해 대표되는 맥락주의(con-textualism)를 언급하면서, 브레스트는 역사가들조차도 특정한 맥락의 정치 텍스트의 원본적 이해와 의도를 결코 완벽하게 파악할 수 없다는 점을 인정하고 있다고 지적한다(Brest 1980, 204-38). 따라서 성문헌법이 근본법으로서 갖게 되는 어떤 정당성도 사실은 헌법 초안자들의 권위로부터 나오는 것이 아니라, 정부기구의 관행과 결정에 대한 후속 세대들의 용인으로부터 나와야 한다는 것이다.

원본주의적 해석과 비판에 관한 이런 논쟁은 1985년 에드윈 미즈 법무장관에 의해서 학문적인 논쟁에서 대중적 차원의 정치논쟁으로 전이되었다. 미즈 장관은 1985년 7월에 워싱턴에서 있었던 전미 변호사 협회(American Bar Association)의 연설에서 자신이 조사한 바에 따르면 1984년부터 1985년 사이 연방주의와 형법, 종교와 관련해 내려진 연방대법원의 판결은 어떤 일관성도 갖추고 있지 못하다고 선언했다. 적어도 이 기간 동안의 모든 대법원 판결은 법리적 원칙에 의해서가 아니라 대법관의 정책적 선호에 의해서 내려졌다는 것이다. "살아 있는 헌법" 이론을 바탕으로 꾸준히 확대되어 온 사법적 자유주의에 대한 원본주의의 일침이었다. 당시 가장 자유주의적인 대법관으로 알려진 윌리엄 브레난은 미즈 법무장관의 원본주의적 도전에 대응하면서, 브레스트의 비원본주의(non-originalism)가 결국 자신이 신봉하는 헌법 판결의 기초라는 점을 명확히 하였다.[18)]

그러나 브레난 대법관은 헌법 텍스트의 최종적인 권위를 부정하거나 원본적 이해 자체를 근본적으로 부정할 수는 없었다. 브레난은 브레스트보다는 어느 정도 융통성을 보이면서 적어도 형식적으로는 헌법 문서를 헌법 판결의 근거로 인정한다. 다만, 헌법 텍스트가 현실에서 고정된 의미로 해석되어야 한다는 점을 부정한다. 브레난은 텍스트로서의 성문헌법의 해석이 새로운 가치에 대한 사회적 염원(aspiration)과 근본 원칙(fundamental principles)의 준수라는 두 가지 원리에 바탕을 두어야 함을 지적한다. 우선 헌법은 "이 나라의 존립을 가능하게 한 사회정의, 동포애, 그리고 인간 존엄에 대한 염원을 체현한 것이어야 한다"고 말한다. 미국이라는 나라는 이러한 사회적 염원을 현실화시킴으로써 건설된 국가임을 알아야 한다는 것이다. 두 번째로 근본 원칙과 관련해서도 브레난은 헌법 텍스트가 사회의 근본 원칙을 포함하고 있는 것은 사실이지만, 그 원칙은 헌법 초안자들의 의도에 근거하는 것이 아니라 미국 사회의 염원에 담겨져 있어야 한다고 주장한다. 따라서 브레난은 원본주의적 의도에 기초한 판결은 오히려 기만적이고 경솔한 역사주의의 오류에 빠져 있으며, 결국 헌법적 권리를 부정하는 핑계밖에 되지 못한다고 원본주의자들을 강하게 비난한다. 브레난에게 있어서 중요한 것은 "텍스트의 단어들이 현재 우리에게 어떤 의미가 있는가?"이지 "텍스트가 원래 어떤 의미를 갖고 있었는가?"가 결코 아니기 때문이다.

---

18) 윌리엄 J. 브레난 대법관의 입장은 조지타운 대학에서 열린 The Text and Teaching Symposium(12 October, 1985)에서 행한 그의 연설을 참고(Meese 1987, 11-15).

이런 원본주의에 대한 강렬한 비판이 1980년대 중반을 휩쓸었을 때, 1987년 레이건 행정부가 로버트 보크 판사를 대법관으로 지명함으로써 또다시 원본주의는 뜨거운 사회적 논쟁을 불러일으켰다. 보크는 대법관들에게 헌법을 만들거나 개정할 수 있는 권한이 있는 것이 아니라, 단지 헌법을 본래의 입법취지에 맞게 해석할 권한만 있다는 원본주의의 기본 입장을 반복한다(Bork 1990, 300). 그런데 이런 보크의 입장이 미 상원의회에서 정당한 것으로 받아들여지지 않았다. 미 상원의회는 결국 58대 42의 투표로 보크의 대법관 임명동의안을 기각함으로써 사법적 적극주의(judicial activism)의 손을 들어주는 결과를 낳았다. 보크 판사의 대법관 임명 기각 건은 대법관 임명이 지나치게 정치화되고 헌법 해석의 방향을 결정하는 데 상원의 역할 증가가 합리적인 수준을 넘어서고 있음을 대중에게 보여주는 예가 되었다. 아이러니하게도 철저한 원본주의자였던 보크 판사의 대법관 임명 실패로 원본주의에 대한 관심은 더욱 커졌고, 대법관 임명의 정치화를 우려하는 사람들은 원본주의를 점차 긍정적으로 평가하는 경향이 생겨났다.[19] 원본주의는 적어도 헌법을 자의적으로 해석할 수 없도록 제한하므로 대법원이 지나치게 정치화되는 추세를 막을 수 있다고 생각했기 때문이다.

1990년대로 접어들면서 원본주의와 반원본주의의 대립은 어느 정도 완화되는 것처럼 보였다. 소위 "헌법적 충실성(fidelity in constitution)" 논쟁으로 원본주의와 반원본주의의 주장이 수렴되는 듯한 경향이 있기

19) 1987년 보크 판사의 임명 실패에 이어, 1991년 클레런스 토머스 판사의 대법관 임명이 정치적 결정이었다는 사회적 여론과 함께 미국 대법관 임명과정에 대한 논란이 학계에서 뜨겁게 제기된 바 있다. 특히 상원 비준을 둘러싼 문제를 다룬 것으로 카터(Carter 1994)와 모리슨(Morrison 1992)이 있다.

때문이다. 사법적 적극주의자들이나 자유주의자들은 원본주의만이 헌법에 충실한 것처럼 보이는 것에 반대하면서 자신들도 헌법의 근본 질서 위에 군림하고자 하는 것이 아니라, 단지 정적이고 죽어 있는 헌법 텍스트의 지배로부터 벗어나고자 할 뿐이라는 주장을 편다(Chemerinsky 1989). 1997년에는 "헌법 이론에 있어서 충실성(fidelity in constitutional theory)"이란 주제로 심포지엄을 열기도 하였는데, 이를 통해 자유주의자들도 어느 정도 해석주의의 중요성을 인정하고 있고, 적어도 헌법적 충실성의 필요를 인정한다는 사실이 밝혀졌다(Fleming 1997).

자유주의자들에 따르면, 보수주의자들은 법조문 텍스트의 의미만을 고수함으로써 지나치게 좁은 의미의 헌법적 충실성에 의존하고 있으나, 자신들은 정치철학이나 도덕철학에 바탕을 둔 헌법 해석을 통해 광범위하고 규범적인 의미의 헌법적 충실성에 의존한다는 것이다. 예컨대, 드워킨과 같은 정치이론가는 헌법적 충실성은 물론 헌법의 텍스트와 구조를 고려해야 하지만, 동시에 과거의 헌법 관행과 도덕철학에 의존해야 한다고 주장함으로써 원본주의와 비원본주의적 특성을 혼합한다. 드워킨은 또한 넓은 의미의 헌법적 충실성은 궁극적으로 도덕기준에 부합하는 헌법이 되도록 사법적 책임을 다하는 것이라고 주장한다(Dworkin 1997). 따라서 헌법 초안자들의 도덕기준을 알 수 있는 예컨대 수정헌법 제8조에서 "잔인하고 비통상적인 처벌"의 의미와 같은 의미론적 의도(semantic intention)를 추적하는 것은 합당하지만, 초안자들의 정치적 의도를 추적하는 것은 불합리하다고 주장한다.[20)]

20) 이렇게 1990년대에 자유주의자들이 원본주의적 해석주의를 어느 정도 받아들이는 듯한 인상을 주는 것은 사실 안토닌 스칼리아 (Antonin Scalia) 법관 같은 원본주의자들을 설득시킬 유일한 방법이 원본주의적인 이론틀을 유지하는 것

지금까지 뉴딜 이후 1990년대까지 원본주의와 살아 있는 헌법 이론이 미국 헌정주의의 독특한 특징을 구성하며 어떤 진화과정을 겪어왔는가를 살펴보았다. 이제 다음 절에서는 논쟁의 핵심인 원본주의가 어떤 사상적 기초와 쟁점을 갖고 있으며, 궁극적으로 헌정주의와 민주주의의 미국적 특수성을 형성하는 데 어떤 영향을 미치고 있는가를 살펴볼 것이다.

Ⅲ. 원본주의의 사상적 기초와 비판

원본주의의 가장 핵심적인 정의는 사법심사시 연방 대법원 판사는 헌법에 대한 원본적 해석에 의존해야 한다는 것인데, 원본적 이해란 다름 아닌 헌법 초안사들의 의도를 말한다. 헌법의 원본적 이해를 헌법 초안자들의 의도에만 국한시키는 것을 경성 원본주의(hard originalism)라 부르고, 각 주의 최초 비준자들의 의도까지 고려해야 한다는 입장을 연성 원본주의(soft originalism)로 부르기도 한다(Goldford 2005, 9). 이들이 공유하고 있는 가장 근본적인 원칙은 헌법 해석의 기초는 특정한 조문

이기 때문이라는 지적도 있다. 자유주의자들은 원본주의 대법관들이 보다 자유주의적인 헌법 판결을 내리도록 하기 위해 사법적 자유주의의 내용을 원본주의적 이론틀 속에 담아냈다는 것이다. 이들은 소위 "연성" 원본주의자(soft originalist)들로 불리면서 원본주의의 틀 안에서 자신들의 목적을 관철시키길 원한다. 이런 맥락에서 1990년대에는 대부분의 헌법 이론가들이 원본주의자들로 불리면서 원본주의의 다양한 형태와 변형을 구분해야 할 필요가 생기게 되었다(Farber 1989 ; Bassham 1992 ; Gerber 1995).

을 작성하고 비준한 사람들의 이해에 달려 있지, 이후 세대들의 이해에 달려 있지 않다는 것이다. 다시 말해, 헌법조문의 해석에 있어서 논란이 되는 경우에는 언제든지 헌법 초안자들이나 비준자들의 의도를 물어야지, 헌법의 현재적 의미를 추론해서는 안 된다는 것이다.

이런 주장에 대한 사상적 검토에 앞서 우선 이 원본주의자들의 논리가 자기 모순적인 측면이 있다는 사실을 지적해 둘 필요가 있다. 헌정주의와 법치주의의 가치를 받아들이는 한 법조문의 구속력을 인정하는 것은 당연한 전제이다. 그런데 원본주의자들은 여기서 사실상 중대한 전환을 시도하고 있는 셈이다. 즉 "헌법 해석에 있어서 우리는 헌법 텍스트의 조문에 구속받아야 한다"는 주장이 "헌법 해석에 있어서 원본적 이해가 어떤 다른 해석보다도 우선해야 한다"는 것으로 전환되고 있기 때문이다. 원본주의자들이 주장하고 있는 원본적 이해란 초안자들과 비준자들의 의도와 일치하는 것이라 했으니, 결과적으로 "헌법 해석에 있어서 우리는 헌법 초안자들과 비준자들의 의도에 의해 구속받아야 한다"는 원칙이 생긴다. 그렇다면 원본주의자들은 헌법의 구속력을 텍스트 자체에서 찾는 것이 아니라, 실상은 초안자들과 비준자들이 속해 있는 구체적인 역사적인 맥락에서 찾고 있다고 볼 수 있다. 헌법 텍스트 자체에만 구속받아야 한다는 원본주의자들의 주장은 결국 텍스트의 범위를 벗어나게 되는 모순에 빠지게 된다.

그러나 이런 원본주의의 논리적 자기 모순을 차치하고라도 원본주의는 보다 실질적인 사상적 쟁점을 갖고 있다. 원본주의와 관련된 첫 번째 큰 쟁점은 무엇보다도 이 원본주의적 헌법 해석이 민주주의 원칙과 심각하게 대립하는 것처럼 보인다는 데 있다. 두 세기 전의 헌법 초안자들의 의도가 현재의 인민을 구속한다는 것은 죽은 자가 산 자를 지배하게 되는 모순과 같다는 것이다. 원본주의가 안고 있는 두 번째 큰 쟁점은 설령 원본주의적 가정을 받아들인다고 하더라도 어떻게 200년 전의 초안자들과 비준자들의 의도를 알 수 있느냐 하는 기술적인 문제이다. 역사적으로나 인식론적으로 과거의 초안자들의 의도를 완벽하게 파악한다는 것이 객관적으로 증명가능한 시도인가 하는 점이다. 이제 원본주의와 관련된 이 두 가지 큰 쟁점을 차례로 검토해 보자.

먼저 원본주의가 심각하게 민주주의적 원칙에 반(反)할 수 있다는 쟁점부터 검토해 보자. 재미있는 것은 바로 원본주의자 자신들이 원본주의의 정당성을 그것의 민주적 특성에서 찾고 있다는 점이다. 원본주의자들에 따르면, "살아 있는 헌법" 이론에 비해 원본주의가 훨씬 더 민주주의 원칙에 충실하다는 것이다. 벨츠의 다음과 같은 주장은 원본주의의 이런 입장을 잘 대변해 준다. "헌법 판결에 있어서 대법관은 헌법 초안자들의 의도를 해석해야 하느냐, 아니면 민주적으로 선출되지 않은 임명된 연방 대법원 판사의 개인적인 견해에 기대어 헌법을 해석할 것이냐 하는 문제에 직면한다. 당연히 전자가 민주적인 정당성을 갖고 있고, 후자는 민주적이지 못하다"(Belz 1998, 228). 벨츠의 이 구절에서도 드러나듯이, 아마도 원본주의자들이 가장 우려하는 것은 헌법조문의 해석이 원본적 이해에 의해 엄격히 규율되지 않는 한, 모든 해석자들이 각각 자신이 원하는 대로 헌법을 해석하게 되는 상황일 것이다. 그럼에도 불구하고 민주주의를 실현하기 위해서 굳이 200년 이상 묵은 성문헌법만 의존해야 하는지, 과거의 헌법조문이 현재의 인민을 구속한다는 것이 과연 합리적인 생각인지 등의 문제가 제기될 수 있다. 다시 말해 원본주의가 민주적이냐 반민주적이냐를 논하기 위해서는 두 가지 문제를 따져봐야 하는데, 하나는 미국 헌법의 성문성 문제이고, 두 번째는 미국 헌법의 미래 구속력(capacity to bind future generation)과 사전서약(pre-commitment)의 타당성 문제이다.

첫 번째 쟁점은 미국 헌법은 과연 모든 경우에 성문헌법으로만 간주되어야 하는가의 문제이다. 원본주의는 미국 헌법 텍스트에 성문법적 권위를 부여하면서 성문법적 요건을 벗어나는 어떤 것도 헌법적 지위를 인정하지 않는다. 불문헌법을 주장하는 것은 자의적인 가치를 헌법 체계 속에 끌어들이려는 의도가 있는 것이며, 결국 법의 지배가 아닌 사람의 지배를 초래하므로 민주주의를 위협한다는 것이다. 대표적인 원본주의자인 보크 판사는 "우리들 미국인은 이 사회를 구성하는 근원적인 텍스트에 충성을 맹세할 것을 요구받았다. 미국이 하나의 사회로 결속될 수 있는 것은 인종이나 언어, 종교가 아니라 바로 헌법이라는 문서이다. 우리 미국인들은 문서에 의존해 생활을 영위하는 국민이다(Americans are a people who live textually)라고 말하며 미국 헌법의 성문성을 강조한 바 있다(Bork 1990). 그러므로 원본주의자들에게 헌법이란 오래된 죽은 문서가 아니라 현재의 사회현실(social reality)을 포함하고 있는 살아 있는 텍스트이다. 이 헌법을 통해서 "우리들 자신이 누구인가", "우리는 어떤 국민인가"를 확인할 수 있다는 것이다. 이렇게 성문헌법의 원칙에 호소하고 있는 원본주의자들은 헌법의 의의는 정부와 정치의 역할을 제한하는 불변의 기능을 수행하는 데 있으므로 헌법은 고정된 성문법적 특성을 가져야 한다고 주장한다. 나아가 헌법의 성문법적 특성을 제대로 유지하기 위해서는 최초의 헌법 텍스트의 원본적 의미를 따지는 것이 필수적이라는 것이다.[21)]

원본주의와 민주주의의 연관성을 둘러싼 두 번째 문제는 과거에 작

21) 길만은 이제 미국 헌법 역사에서 헌법 해석에 관한 원본주의적 접근은 거의 당연한 것으로 받아들여지고 있다고 평가한다(Gilman 1997, 191-247, 특히 197-213).

성된 헌법이 어떤 근거로 미래 구속력(capacity to bind the future)을 갖게 되느냐 하는 것이다. 우선, 원본주의자들은 헌법적 구속력의 근거를 인민 전체(we the people)가 헌법적 구속에 동의했다는 동의 이론(consent theory)에서 찾는다.[22] 이 동의 이론을 보다 구체적으로 뒷받침하는 이론으로 사전서약(pre-commitment) 이론이 있는데, 이 사전서약의 가정을 받아들이면, 적어도 형식적으로는 개인의 자유에 대한 헌정적 제약은 민주적 원칙과 직접적인 모순을 낳지 않는다(Holmes 1988a). 인민의 구성원들은 그들의 이성적 판단이 제대로 작동한 시기에 앞으로 생길 비이성적 상황에서의 실수를 방지하기 위해 스스로를 구속한다는 것이다. 이는 마치 알코올 중독자가 앞으로 자신이 술을 마시고자 하면 자신을 강제 격리시키라고 사전에 동의하는 자기-구속(self-constraint)과 같다는 것이다.

따라서 이 이론에 따르면, 헌법의 미래 구속력은 자치(self-governmcnt, autonomy)의 원칙과 결코 배치되지 않는다. 그러나 이런 유추는 사실 심각한 문제를 안고 있다. 물론 다수의 횡포에 대한 두려움이나 민주사회에서 대중의 비합리적인 행동에 대한 우려가 여전히 남아 있긴 하지만, 이런 가능성 때문에 민주사회에서 게임의 규칙이나 제도를 민주적 경로를 통해서 변경할 수 있는 근거를 포괄적으로 배제하는 것은 심

22) 이 동의 이론은 로크의 사회계약론까지 거슬러 올라간다. 로크의 사회계약론적 관점에서 보면, 미국 국민들(we the people)은 미국독립선언문을 통해서 시민사회를 형성하는 1차 계약을 한 셈이고, 1878년 미국 헌법을 초안하고 각 주가 다수결의 원칙으로 비준함으로써 정부형태를 결정하는 2차 계약을 했다는 것이다. 미국 건국의 토대에서 로크 사상의 영향력을 확인하는 연구들은 셀 수 없이 많으나, 비교적 최근에는 로크의 자유주의 사상 이외의 공화주의적 영향력에 주목하는 경향이 있다(Zuckert 1994 ; Pangle 1988). cf. Gibson 2000.

각하게 위험한 결과는 낳을 수 있기 때문이다.

사전서약적 자기 구속 이론의 문제점은 일찍이 토마스 제퍼슨에 의해서 제기된 바 있다. 제퍼슨은 이 사전서약은 무엇보다도 구속을 하는 사람들과 구속을 받는 사람들 간의 괴리가 있다는 사실을 심각한 문제로 간주했다. 소위 죽은 사람들에 의해서 산 사람들이 구속받는다는 것에 대한 정당성 문제를 제기한 것이다. 인민의 집합적인 자율성 (collective autonomy)은 각각의 세대가 이전 세대가 결정한 정부의 형태나 행복을 추구하는 방법과는 다른 독자적인 결정을 내릴 수 있는 권리에 기반하고 있다고 제퍼슨은 보고 있다.[23] 원본주의자들은 이에 대해, 만약 각 세대별로 개별적인 동의(consent)가 필요하다고 인정하게 되면, 실제로 동의과정에 참여하지 않는 사람들도 암묵적 동의를 통해 구속력을 가질 수 있다는 전제가 흐려지게 되고, 결국 세대별 개별적 동의의 문제를 넘어 헌법적 구속력 자체가 약화된다고 본다. 이는 법의 지배의 원칙에 심각한 문제를 초래하는 일이다.

원본주의자들은 미국 헌법의 모든 법조문의 근저에는 이미 미래 구속력 가정이 폭넓게 깔려 있다고 본다. 사실 모든 법률은 어느 정도 미래 구속력을 가정할 수밖에 없지만, 원본주의는 이 구속력 개념을 더욱 강하게 적용시키고 있다. 미국 헌법의 경우에 구속력 개념은 애초부터 미

23) T. Jefferson, Letter to Samuel Kercheval (12 July 1816) (Peterson 1975, 560). 이런 문제는 보다 일반적으로는 동의에 기초한 모든 사회계약론에 심각한 의문을 제기하는 것이다. 주지하다시피 홉스, 로크, 루소의 근대적 사회계약론자들은 시민사회 전체가 국가와 주권자 설립에 대해 적어도 암묵적으로 동의한 바 있다고 주장하지만, 나의 조상의 동의가 나의 동의와 일치하는가라는 근본적인 문제가 있다.

국 헌법을 성문화한 근본적인 이유가 되었기 때문이다.[24] 헌법의 미래 구속력의 첫 번째 의의는 국가 통치구조를 자의적으로 변형시킬 수 없다는 것이다. 이 헌법의 미래 구속력 덕분에 연방주의 원칙이나 권력분립의 원칙은 과거부터 지금까지 심각한 도전 없이 유지될 수 있었다는 것이다. 헌법의 미래 구속력의 또 다른 의의는 다수의 횡포로부터 개인의 권리를 보호할 수 있다는 것이다. 개인의 권리와 사회적 이익이 갈등할 때 다수의 지배(majority rule) 원칙을 따를 것이냐, 개인의 권리(individual rights)를 존중할 것이냐를 판단해야 하는데, 헌법의 미래 구속력 개념은 어떠한 경우에도 존중되어야 할 개인의 권리를 보장해 줄 수 있다는 의의가 있다. 미래 구속력을 통해서 헌법은 현재의 다수에게 다수결의 원칙이 적용되어서는 안 되는 영역을 존중하도록 강제한다는 것이다. 그런데 여기서 문제는 로버트 보크가 "메디슨의 딜레마"로 표현한 바 있듯이 이 두 영역의 구분이 명확하게 이루어지지 않는다는 데 있다. 보크는 다음과 같이 말한다.

> 미국은 메디슨적인 시스템에 기초하고 있는데, 이 시스템은 두 개의 상반된 원칙이 끊임없이 타협점을 찾음으로써 유지된다. 첫 번째 원칙은 자치(self-government)의 원칙으로서, 대부분의 삶의 영역에서 다수는 단지 다수라는 이유만으로 지배한다. 두 번째 원칙은 어떤 삶의 영역에서는 다수가 결코 소수의 자유를 침해해서는 안 된다는 것이다. 딜레마는 다수나 소수 어느 누구도 (다수의 지배를 원칙으로 하는) 민주적 권

24) 해밀턴은 「연방주의자들」 78에서 이미 "인민이 숭고하고 권위 있는 행위로 기왕의 헌법형태를 변경하거나 소멸시키지 않는 한 이 헌법은 인민 자신을 집합적으로 그리고 개인적으로 구속 한다"라고 말해 헌법의 미래 구속력을 명시한 바 있다.

> 위의 영역과 (소수의 보호를 원칙으로 하는) 개인의 자유의 영역을 명확하게 규정할 수 없다는 데 있다. 따라서 우리는 소수자의 자유와 다수의 지배라는 원칙의 타협점을 정의하는 기능을 비정치적 기구, 즉 미 연방 대법원에 이 기능을 위임했다(Bork 1990, 139).

따라서 헌법의 미래 구속력은 다수의 지배로부터 소수 개인의 자유를 보호할 수 있도록 연방 대법원에 헌법의 해석권한을 부여한 것이라고 볼 수 있다. 이런 원칙이 제대로 보장되기 위해서라도 헌법은 시대에 따라서 다른 해석이 내려질 수 있는 "백지수표"가 되어서는 안 된다고 원본주의자들은 주장한다.[25] 헌법 해석이 입법 초안자들의 의도에서 벗어나 자유롭게 해석된다면 소수 개인의 자유가 위협당할 수밖에 없다. 원본주의자들은 이런 의미에서 헌법적 구속을 단지 죽은 자의 지배로 취급되어서는 안 되고, 헌법의 원본적 의미를 되새기는 것이 민주성을 확보하는 길이라고 주장한다. 다시 말해, 원본주의자들은 헌법조항을 최초로 기초하고 또 그것을 비준한 사람들의 의도에 충실하게 따르는 것이 헌법의 취지에 가장 근접할 수 있는 길이며 동시에 민주적 가치의 실현이라고 보고 있다.

지금까지 원본주의와 민주주의의 관련성을 검토하기 위해 미국 헌법의 성문성 문제와 사전동의로서의 사전서약, 그리고 헌법의 미래 구속력의 근거에 대해 살펴보았다. 이제 원본주의와 관련된 두 번째 큰 쟁

25) 제퍼슨도 헌법이 미래 구속력을 상실했을 때 초래하게 될 위험성을 경고하고 있다 : "우리의 특별한 안전은 성문헌법 안에 보장되어 있다. 따라서 헌법의 조작을 통해서 헌법을 백지수표로 만들어서는 안 된다"(Berger 1977, 364에서 재인용).

점으로 "과연 원본주의적 해석이란 가능한 시도인가"라는 문제를 다루어 보고자 한다. 이 문제는, 원본주의적 해석의 정당성을 인정한다고 하더라도, 어떻게 초안자들과 최초의 비준자들의 의도를 파악할 수 있느냐라는 기술적인 문제와 관련이 있다. 초안자들의 의도를 알아내기 위해서는 방대한 역사적인 자료들에 대한 해석과 평가가 선행되어야 할 것이다. 어찌 보면 원본주의적 헌법 해석을 위해서는 법률가가 아니라 역사가기 되어야 할지도 모른다. 헌법 제정과 개정과 관련된 방대한 자료들과 모든 주들에서 행해진 비준과 관련된 토론자료들를 섭렵해야 할 뿐만 아니라, 그 자료들의 신빙성 문제를 역사적으로 검토해야 하고, 당시의 정치적 · 사회적 · 지적 분위기에 익숙해야 하며, 초안자들과 비준자들의 신념이나 철학, 선입견까지도 참고해야 하기 때문이다(Scalia 1989). 원본주의자들은 초안자들과 비준자들이 공유하는 역사적 현실(reality of historical intent)로서 집단적 마인드가 있다고 가정하고, 현재의 학자들이나 법관들이 이런 집단적 마인드에 역사적 자료를 통해서 접근할 수 있다고 본다(Simon 1985, 603).

그러나 여기에는 심각한 역사기술적(historiographical) 한계가 있다. 우선 누구를 초안자의 범주에 포함시키고 무엇을 그들의 의도로 간주할 것인가라는 가장 초보적이지만 근본적인 문제가 있다. 초안자들이란 1787년 필라델피아 회의에 참석한 사람들인가? 아니면 구체적으로 연차회의(proceedings)에 참여했던 사람들을 의미하나? 초안자들은 모든 세션에 참여한 사람들이어야 하는가? 아니면 회의에서 발언하고 조인한 사람들은 모두 다 동등한 지위를 갖는가? 실제로 초안 작성 위원회(The Committee of Style)에서 최종안을 작성한 사람들은 특별한 지위를 갖는가? 초안자들이 포함될 수 있는 시기는 언제부터인가 1787년 5월? 대타협안(Great Compromise)이 채택된 1787년 7월 16일? 존 마샬 대법관이 죽은 1834년인가? 이와 같이 초안자들이 누구를 의미하느냐 하는 문제는 끝이 없는 역사기술적인 어려움을 동반하게 된다. 초안자들 뿐만 아니라 최초의 비준자들까지 원본적 의도의 원천으로 간주한다면 문제가 훨씬 복잡해지는 것은 두말할 나위 없다. 원본적 의도의 주체의 문제가 해결되더라도 초안자들이나 비준자들의 의도가 무엇이었는가를 구별해내는 것도 쉽지 않은 작업이다. 예컨대, 무엇을 하지 못하도록 의도하는 것과 무엇을 하도록 의지하지 않는 것의 차이, 구체화와 추상화의 정도 차이는 특정한 입장을 원본적 의도라고 주장하기 곤란한 측면이 있다. 드워킨의 주장대로 어쩌면 초안자들의 의도란 발견되는 것이 아니라 창조되는 것에 가까울 수도 있다(Dworkin 1985, 39).

마이클 페리는 원본주의자들의 이러한 한계를 극복하기 위해 원본주의자들과 비원본주의자들의 입장을 어느 정도 절충하며 구성적(constitutive) 입장을 채택한다(Perry 1991, 669-673). 구성적 헌법해석은 일단 원본주의적 전통 내에서만 가능하다는 점에서 사법적 자유주의의 입장과는 구별된다. 그러나 구성적 해석은 또한 기왕의 전통적 원본주의자들과도 구별된다. 기왕의 원본주의자들이 근대적 가정에 근거해 헌법텍스트의 실증주의적 해석을 시도하고 있는 반면, 구성주의적 해석은 근대적 실증주의의 가정을 의심하면서 초안자의 의도가 전적으로 해석자의 상상에만 달려 있다고 보지 않는 균형적 시각을 갖고 있다. 헌법 초안자들의 의도를 정확하게 살려낼 수 있는 것은 아니지만, 그렇다고 해석자들에 의해서 의도가 "조작"되거나 "창조"될 수 있는 것은 아니라는 것이다.

페리와 같은 구성적 헌법 해석은 원본주의에 가해지는 역사기술적인 비판에 대한 하나의 대안일 수 있다. 하지만 주류 원본주의자들은 여전히 헌법의 초안자들이 후세에 대한 법적 구속력을 갖고 있다고 본다.

따라서 이들에게 헌법의 의미는 1787년에 고정되어 있고, 이후에 시간이 지남에 따라 사회가 변했다고 해서 헌법의 내용이 진화하는 것은 아니라고 본다(Maltz 1994, 26-7). 마지막으로 월터 베른스의 다음과 같은 지적은 원본주의적 헌법 해석의 변하지 않은 원칙을 표명한 것으로 주목할 만한 가치가 있다. "미국의 헌법 초안자들은 대법원이 다음과 같은 직무를 수행하기를 기대하면서 헌법을 기초했다. 즉 헌법을 그 시대상황에 맞춰서 조정하는 것이 아니라, 가능하면 변화하는 시대상황을 헌법에 조율하도록 말이다"(Berns 1987, 236).[26]

이상에서 살펴본 바와 같이 원본주의자들은 원본주의야말로 민주주의와 헌정주의 모두 다 보존할 수 있는 헌법 해석이라는 입장을 견지하고 있다. 이런 원본주의자들의 주장에도 불구하고 원본주의는 그 민주성의 측면에서, 그리고 역사기술적 측면에서 모두 문제를 안고 있다는 점을 지적하였다. 그러나 이러한 원본주의에 대한 비판이 곧바로 원본주의의 정당성을 송두리째 무너뜨리는 것은 아니다. 원본주의자들은 원본주의에 대한 도전에 적절히 대응하면서 어느 정도 그 이론적 타당성을 유지하고 있다. 한 가지 잊지 말아야 할 것은 원본주의는 법치를 민주주의의 근간으로 간주한다는 사실이다. 법치를 민주주의의 근간으로 간주하는 한, 다수결에 의한 민주주의는 헌법의 미래 구속력을 확보하기 위해 희생될 수밖에 없다. 원본주의가 헌법의 미래 구속력을 강조하면서 민주

26) 비슷한 취지로 레빈슨은 다음과 같이 말한다 : "헌법은 기념비적인 문서에 녹아 있는 언어의 견고함을 통해서 시대의 변화를 동결시키는 효력을 갖고 있어야 한다. 이러한 문서는 과거의 헌법 초안자들의 견해를 흔들림 없이 지켜낼 수 있는 힘을 갖고 있어야 하며, 해석자들은 암호 해독의 역할을 수행하는 것과 같다"(Levinson 1982, 373).

주의적 가치를 어느 정도 희생하는 것이라면, 비원본주의는 과거의 죽은 자의 손이 현재를 지배할 수 없다는 논리를 갖고서 다수의 지배를 전제로 한 민주주의 원칙을 강조하면서 헌법의 미래 구속력을 약화시키는 경향이 있다. 결국 민주주의를 어떻게 정의하느냐에 달려 있지만, 원본주의자들은 여전히 원본주의가 민주적 원칙을 지키면서 헌법적 구속력을 확보할 수 있다는 수사적(rhetorical) 완곡어법을 사용하고 있다. 그럼에도 불구하고 다수의 지배가 헌법적 구속력을 갈등하는 경우에 원본주의자들은 서슴없이 후자에 우선순위를 둘 것이다.

Ⅳ. 결론 : 원본주의, 그리고 민주주의와 헌정주의

미국 헌법 해석에 있어서 원본주의와 관련된 논쟁은 분명히 미국의 헌정주의와 민주주의의 갈등과 연루되어 있지만 민주주의와 헌정주의의 직접적인 대립과는 구별된다. 원본주의와 "살아 있는 헌법" 이론의 대립은 적어도 이론적으로는 민주주의와 헌정주의를 대립적인 관계로 파악하지 않는다. 표면적으로는 두 이론 모두 어떻게 하면 헌법 해석을 보다 민주적으로 할 수 있느냐를 따져 묻기 때문이다. 양 이론은 연방 대법원의 판사가 어떤 기준으로 헌법을 해석하느냐에 대립적인 입장을 보이지만, 연방 대법원이 최종적인 사법심사의 주체가 되어야 한다는 사실에는 의문을 제기하지 않는다. 다시 말해 원본주의나 "살아 있는 헌법" 이론이나 할 것 없이 민주주의 원칙과 구별되는 헌정주의 원칙의 독자성을 기정사실화하고 있다. 민주주의가 헌정주의와 정면으로 충돌하고 헌법적 구속력을 단지 민주주의 실현의 보완적 수단으로 간주하는 입장과는 큰 대조를 보이는 것이다. 이런 미국적 맥락의 특수성은 미국의 민주주의와 헌정주의가 원칙적으로는 잠재적인 갈등관계에 놓여 있음에도 불구하고, 극단적인 대립을 보이지 않고 있는 것을 어느 정도 설명해 준다.

2000년 대선을 포함해서 미국 역사상 몇 차례의 대통령 선거에서 다수 득표를 한 후보가 선거인단식 선거제도로 인하여 대통령으로 당선되지 못했음에 불구하고 심각한 헌정주의에 대한 도전은 없었다. 또 인종차별이나 성차별, 낙태, 동성결혼 등과 같은 사회적 갈등을 수반하는 이슈들에 접근할 때에도 민주적 다수가 합의했다는 것만으로 새로운 가치를 사회에 이식할 수 있다고 보지 않는다. 새로운 가치의 수용을 위해서는 민주적 합의뿐만 아니라, 새로운 헌법 해석이라는 헌정주의적 가치와의 조화를 전제로 하고 있기 때문이다. 이런 맥락에서 원본주의의 존재는 그것이 갖는 이론적 약점에도 불구하고 분명히 헌정주의의 독자성을 강화함과 동시에 민주주의와 헌정주의의 잠재적 갈등을 완화시키는 효과를 발휘했다고 볼 수 있다.

이렇게 미국적 맥락에서 민주주의와 헌정주의의 갈등이 원본주의 논쟁을 통해서 어느 정도 완화되고 있는 현상은 대법원 판사의 임명과정에서 원본주의에 대한 후보의 입장을 검증하는 과정을 보면 보다 현실적으로 확인할 수 있다. 앞에서 언급했던 보크 판사의 경우뿐만 아니라, 2005년 말 매스컴과 대중적 관심을 불러일으킨 바 있는 로버츠 판사, 알리토 판사의 경우에도 이들이 원본주의에 대해 어떤 견해를 갖고 있는가가 중요한 정치적 이슈로 대두되었다. 대중적인 관심은 역시 그 후보가 얼마나 "민주적인" 결정을 내릴 수 있느냐 하는 점이다. 그러나 대중이 정의하는 민주주의는 종종 단편적이고 즉흥적인 경우가 많다. 로버츠 판사에 대한 청문회가 열리고 그의 보수성향에 대한 반대 여론이 일 때쯤 로버츠 판사는 그가 원본주의자가 아님을 적절하게 선전했고, 이는 그에 대한 여론의 향배를 바꾸는 긍정적일 결과를 가져왔다. 앞절에서 보았듯이 원본주의자가 아니라고 해서 보다 민주적이라고 확정할 수 없고, 더욱이 원본주의자가 아니라고 선전 내지 선언한다고 해서 보다 민주적이거나 진보적이라고 단정할 수 없다.[27] 연방 대법관을 임명하는 과정에서 원본주의가 민주주의 원칙이나 민주적 여론과 대립하는 듯이 보이지만, 원본주의 논쟁은 사실 헌정주의와 민주주의의 대립에 하나의 완충막을 제공하는 역할을 했다. 원본주의 논쟁은 대립지점을 민주주의와 헌정주의에서 헌정주의 안에서의 헌법의 민주적 해석에 관한 논쟁으로 옮겨놓음으로써 헌정주의의 독자적인 영역을 확보하는 역할을 수행한 셈이다. 판사의 헌법 해석의 민주적 성향을 문제 삼는 것이지 헌법의 이념에 대한 최종적인 판단을 대법원이 해야 한다는 사실에 이의를 제기하는 것은 아니기 때문이다.

미국적 맥락에서 원본주의 논쟁이 있었기 때문에 민주주의와 헌정주의의 갈등이 어느 정도 완화될 수 있는지, 아니면 이미 헌정주의의 독자적 영역이 확고히 자리 잡혔고, 민주주의와 헌정주의의 갈등이 심각하지 않았기 때문에 원본주의 논쟁이 허용될 수 있었는지를 경험적으로 규명하는 것은 이 논문의 범위를 뛰어넘는다. 다만 확실한 것은 원본주

27) 드워킨은 최근 로버츠 판사의 대법관 임명과정에서 그가 원본주의자가 아니라고 선언했음에도 불구하고 모든 영역에서 그가 진보적인 성향을 가진 것으로 아니라고 본다. 드워킨은 로버츠가 특정 영역에서 예컨대 대통령의 비상대권의 확대에서는 지극히 보수적인 성향을 띠고 있음을 경계하고 있다(Dworkin 2005).

의 논쟁이라는 헌법 해석의 독특한 입장은 그것의 논리적 · 민주적 · 역사적 정당성 획득 여부와 상관없이 미국의 헌정주의를 공고히 하는 데 크게 기여하고 있으며, 민주주의와의 직접적인 마찰을 줄이는 역할을 하였다는 것이다. 이런 맥락에서 헌법의 최종적 해석을 책임지고 있는 자의 헌법성(constitutionality)을 사전에 검증하는 것은 그들이 이미 내린 헌법 해석을 사후적에 비민주적이라고 비판하는 것보다 훨씬 중요한 의미를 갖는다고 볼 수 있다.

곽준혁. 2005. "민주주의와 공화주의 : 헌정체제의 두 가지 원칙." 『한국정치학회보』 39집 3호.

김성호. 2004. "권력구조와 민주주의." 진영재 편. 『한국권력구조의 이해』. 나남.

박명림. 2005. "헌법, 헌법주의, 그리구 한국민주주의." 『한국정치하회보』 39집 1호.

박성우. 2005. "민주주의와 헌정주의의 갈등과 조화 : 고대 그리스적 맥락에서의 세 가지 대안의 검토." 『사회세계연구』 제21집.

손병권 외 3인. 『2001. 2000년 미국대선 : 민주주의의 위기인가』. 오름.

최장집. 2004. "민주주의와 헌정주의 : 미국과 한국." 로버트 달. 박상훈 · 박수형 옮김. 『미국헌법과 민주주의』. 후마니타스.

Alexander, Larry. 1998. *Constitutionalism : Philosophical Foundations.* Cambridge : Cambridge University Press.

Amar, Akhil Reed. 2006. *America's Constitution : A Biography.* NY : Random House.

Arthur, John. 1995. *Words that Bind : Judicial and the Grounds of Modern Constitutional Theory.* Boulder : Westview Press.

Bassham, Gregory. 1992. *Original Intent and the Constitution.* Lanham : Rowman & Littlefield.

Bellamy, R. ed. 1996. *Constitutionalism, Democracy and Sovereignty : American and European Perspective.* Aldershot, Hants. : Avebury.

Bellamy, Richard & Dario Castiglione. 1997. "Review Article : Constitutionalism and Democracy–Political Theory and the American Constitution." *British Journal of Politcial Science* 27, No. 4.

Belz, Herman. 1998. *A Living Constitution or Fundamental Law? : American*

Constitutionalism in Historical Perspective. Lanham : Rowman & Littlefield.

Berger, Raoul. 1969. *Congress v. The Supreme Court.* Cambridge : Harvard University Press.

_____. 1977. *Government by Judiciary : The Transformation of the Fourteenth Amendment.* Cambridge : Harvard University Press.

Berns, Walter. 1987. *Taking the Constitution Seriously.* NY : Simon & Schuster.

Bork, Robert H. 1990. *The Tempting of America : The Political Seduction of the Law.* New York : Simon & Schuster.

Brest, Paul. 1980. "The Misconceived Quest for the Original Understanding." *Boston University Law Review* 60, 204–38.

Bronner, Ethan. 1989. *Battle of Justice : How the Bork Nomination Shook America.* New York : W. W. Norton and Company.

Carter, Stephen L. 1994. *The Confirmation Mess : Cleaning Up the Federal Appointments Process.* New York : Basic Books.

Chemerinsky, Erwin. 1989. "The Constitution is not 'Hard Law' : The Bork Rejection and the Future of Constitutional Jurisprudence." *Constitutional Commentary* 6, 29–38.

Danforth, John C. 1994. *Resurrection : The Confirmation of Clarence Thomas.* NY : Viking.

Dworkin, R. 1985. *Matter of Principle.* Cambridge : Harvard University Press.

_____. 1987. "The Bork Nomination." *The New York Review of Books* (August 13, 1987), 3–10 ; "The Bork Nomination: An Exchange" (October 8, 1987), 59–61.

_____. 1995. "Constitutionalism and Democracy." *European Journal of Philosophy* 3.

_____. 1997. "The Arduous Virtue of Fidelity : Originalism, Scalia, Tribe and Nerve." *Fordham Law Review* 65, 1249–68.

_____. 2005. "Judge Roberts on Trial." *The New York Review of Books* 52(16).

Elkin, S. L. & K. E. Soltan, eds. 1993. *A New Constitutionalism : Designing Political Instittions for a Good Society.* Chicago : The University of Chicago Press.

Elster, J. & R. Slagstad, eds. 1988. *Constitutionalism and Democracy.* Cambridge : Cambridge University Press.

Ely, John Hart. 1980. *Democracy and Distrust : Theory of Judicial Review.* Cambridge : Harvard University Press.

Farber, Daniel A. 1989. "The Originalism Debate : A Guide for the Perplexed." *Ohio State Law Journal* 49.

Fleming, James E. 1997. "Fidelity to Our Imperfect Constitution." *Fordham Law Review* 65, 1335－55.

Gerber, Scott Douglas. 1995. *To Secure These Rights.* NY : New York University Press.

Gibon, Alan. 2000. "Ancients, Moderns and Americans : The Republican－Liberalism Debate Revisited." *History of Political Thought* 21(2).

Gilman, Howard. 1997. "The Collapse of Constitutional Originalism and the Rise of Notion of the 'Living Constitution' in the Course of American State－Building." *Studies in American Political Development* 11(Fall).

Gitlin, Todd. 1996. "Straight from the Sixties : What Conservatives Owe the Decade They Hate." *The American Prospect*(May－June).

Grey, Thomas C. 1975. "Do we have an unwritten constitution?" *Standford Law Review* 27, 703－18.

_____. 1978. "Origins of the Unwritten Constitution : Fundamental Law in American Revolutionary Thought." *Standford Law Review* 30, 843－94.

Habermas, J. 1995. "On the Internal Relation between the rule of law and Democracy." *European Journal of Philosophy* 3.

Habermas, J. 2001. "Constitutional Democracy : A Paradoxical Union of Contradictory Principles?" *Political Theory* 29(6).

Harrison, John. 1992. "Reconstructing the Privileges or Immunities Clause." *Yale Law Journal* 101.

Holmes, S. 1988a. "Precommitment and the Paradox of Democracy." Elster and Slagstad, eds. *Constitutionalism and Democracy.*

_____. 1988b. "Gag Rules or the Politics of Omission." Elster and Slagstad, eds, *Constitutionalism and Democracy.*

Johnson, Calvin H. 2006. *Righteous Anger at the Wicked States : the Meaning of the Founders' Constitution.* Cambridge University Press.

Levinson, Sanford. 1982. "Law as Literature." Texas Law Review 60.

MacCormick, N. 1993. "Constitutionalism and Democracy." in R. Belamy, ed. *Theories and Concepts of Politics.* Manchester : Manchester University Press.

Madison, James, Alexander Hamilton & John Jay. 1987(1788). *Federalist Papers.* Isaac Kramnick. ed. Harmondsworth : Penguin.

Maltz, Earl M. 1994. *Rethinking Constitutional Law : Originalism, Interventionism, and the Politics of Judicial Review.* Lawrence : University Press of Kansas.

Maltz, Earl. 1987. "Forward : The Appeal of Originalism." *Utah Law Review* 1987, 773–805.

Maravall, Jose Maria & Adam Przeworski. eds. 2003. *Democracy and the Rule of Law.* Cambridge : Cambridge University Press.

Mayer, Jane & Jill Abramson. 1994. *Strange Justice : The Selling of Clarence Thomas.* Boston : Houghton Mifflin.

McConnell, Michael W. 1995. "Originalism and the Desegregation Decisions." *Virginia Law Review* 81.

McGuigan, Patrick B. & Dawn M. Weyrich. 1990. *Ninth Justice : The Fight for Bork.* Washington, DC . Free Congress Research and Education Foundation.

Meese, Edwin III. et al. 1986. *The Great Debate : Interpreting Our Written Constitution : Speeches.* Washington D.C: Federalist Society.

Morrison, Toni. ed. 1992. *Race–ing Justice, En–gendering Power : Essays on Anita Hill, Clarence Thomas, and the Construction of Social Reality.* New York : Pantheon Books.

Murphy, W. F. 1993. "Constitutions, Constitutionalism and Democracy." in D. Greenberg, S. N. Katz, M. B. Oliviero and S. C. Wheatley. eds. *Constitutionalism and Democracy : Transitions in the Contemporary World.* NY : Oxford University Press.

Pangle, Thomas. 1988. *The Spirit of Modern Republicanism : The Moral Vision of the American Founders and the Philosophers of Locke.* Chicago : University of Chicago Press.

Perry, Michael J. 1987. "Book Review." *Columbia Law Review,* 678–705.

_____. 1991. "The Legitimacy of Particular Conceptions of Constitutional

Interpretation." 77 *Virginia Law Review* 77.

Peterson, M. D. Peterson. ed. 1975. *The Portable Thomas Jefferson.* NY : Viking Press.

Powell, H. Jefferson. 1993. *The Moral Tradition of American Constitutionalism : A Theological Interpretation.* Durham : Duke University Press.

Rosenberg, Gerald N. 1991. *The Hollow Hope : Can Courts Bring About Social Change?* Chicago : University of Chicago Press.

Scalia, Antonin. 1989. "Originalism : The Lesser Evil." *University of Cincinnati Law* Review 57.

_____. 1996. "Originalism, Democracy, and the Constitution." *Harvard Journal of Law & Public Policy* 19, 237–531.

_____. 1997a. *A Matter of Interpretation : Federal Courts and the Law.* Princeton : Princeton University Press.

_____. 1997b. "Fidelity in Constitutional Theory." *Fordham Law Review* 65, 1247–1818.

_____. 1998. "Textualism and the Constitution." *George Washington Law Review* 66, 1081–1394.

Simon, Larry. 1985. "The Authority of the Constitution and its Meaning : A Preface to a Theory of Constitutional Interpretation." *Southern California Law Review* 58, 603.

Sunstein, C. R. 1988. "Constitutions and Democracies : An Epilogue." Elster and Slagstad. eds. *Constitutionalism and Democracy.*

Tocqueville, Alexis de. 2000. *Democracy in America.* Harvey Mansfield & Delba Winthrop trans. Chicago : University of Chicago Press.

Weale, A. 1989. "The Limit of Democracy." A. Hamlin and P. Pettit. eds. *The Good Polity : Normative Analysis of the State.* Oxford : Basil Blackwell.

Wolin, Sheldon. 1989. "Collective Identity and Constitutional Power." *The Presence of the Past : Essays on the State and the Constitution.* Baltimore : The Johns Hopkins University Press.

Zuckert, Michael P. 1994. *Natural Rights and the New Republicanism.* Princeton : Princeton University Press.

제3장

일본의 헌정주의와 민주주의

이경주(인하대학교)

Ⅰ. 들어가는 말

지난 2004년의 대통령 탄핵사건과 신행정수도 특별법 위헌결정을 계기로 한국 사회에서는 헌법을 동원해 민주주의를 공격하려는 경향이 노골화되었다. 민주주의를 규범적으로 뒷받침하고 있다고 생각되었던 헌법이 오히려 민주주의를 규제하기도 하며, 헌재를 포함한 사법권력(헌정주의)이 민주적으로 선출된 권력을 압도하는 전례없는 헌법현상이 전개되었던 것이다. 헌법재판소에 물어보는 정치, 사법과두제라는 신조어도 등장하게 되었다.

이러한 일련의 헌법현상을 계기로 헌법학은 물론 정치학의 영역에 이르기까지 광범위하게 헌법과 사법부의 역할, 나아가 헌정주의와 민주주의의 관계를 어떻게 이해할 것인가 하는 문제는 더 이상 회피될 수 없는 한국 민주주의의 중심 문제로 떠오르고 있다.[1)]

사실 헌정주의와 민주주의의 관계에 대한 선구적 논의의 본고장은 미국이다. 미국의 경우 위헌법률심사와 같은 헌법제도화된 형식성의 존중, 즉 헌정주의가 민주주의와의 관계에서 정당성을 갖는 것인지의 여부에 대한 문제가 일찍이 많은 학자들의 관심을 모았다. 헌정주의와 민주주의의 문제는 1962년 알렉산더 빅켈(Alexander M. Bickel)이 "사법심사는 미국의 민주주의로부터 일탈한 제도"라고 일갈하고 "사법심사가 미국 시스템에 있어서 반다수결주의적인 세력이다"고 주장한 이래 과연 사법심사는 반다수결적인가(countermajoritarian difficulty)라는 정식 하에 시작되었다. 그리고 이 문제만큼 다채로운 논쟁이 전개된 논점은 없었다고 할 정도이다.

그후 국민에 대하여 정치 책임을 지지 않는 사법권이 국민의 대표기관인 의회 제정법인 법률을 심사하고 위헌이라고 할 수 있는 제도, 즉 위헌법률심사제도가 민주주의에 반하는가 하는 문제로 전개되어 오늘날에 있어서는 사법심사를 민주주의와 조화롭게 사고할 수 있는 가능성이 있는가의 문제로 다양하게 전개되고 있는 실정이다.[2]

한편, 헌법문제를 둘러싼 사법부의 역할과 관련한 문제가 미국의 경우 판례 중심의 헌법연구에 대한 반성과 반작용에서 비롯하여 거대담론의 차원에서 폭넓게 논하여졌다고 한다면, 일본의 경우는 전후 민주주의 운동을 규범적으로 뒷받침하기 위한 차원에서 논란이 되었다. 이러한 일본의 위헌법률심사제도[3]의 가능성과 민주주의와의 관계에 대한

1) 최장집, "민주주의와 헌정주의," 『미국 헌법과 헌정주의』(후마니타스, 2005), p. 13.

2) 阪口正一郎, 『立憲主義 民主主義』(日本評論社, 2001) 참조.

3) 일반법원형 위헌심사제와 특별법원형 위헌심사제가 있는데, 미국과 일본의 경

논의의 뿌리는 1947년 헌법제정시에까지 이른다. 1947년 신헌법, 즉 일본국 헌법의 제정 당시의 사법과두제에 대한 논란, 1960년대 이후에는 헌법의 평화주의를 둘러싼 민주주의 운동과정에서 사법부의 역할 등의 문제로 폭넓게 전개된 바 있다.

따라서 본 논문에서는 헌정주의와 민주주의에 대한 논란의 보편성과 특수성에 대한 고찰이라는 전략적 시야를 염두에 두고 일본의 헌정주의와 민주주의의 문제를 제헌과정과 그후의 민주주의 운동과정을 통하여 살펴보고자 한다. 또한 이러한 고찰을 통하여 일본형 위헌심사제의 기능을 민주주의 발전과의 관계 속에서 살펴봄으로써 한국 사회의 민주주의와 헌정주의 동학에 대한 일단의 시사점을 찾아보는 것을 목적으로 하고자 한다.

Ⅱ. 전후 민주주의 구상과 헌법제도화

1. 비군사화를 위한 민주주의

1) 비군사화

일본의 패전은 일본 정부가 1945년 8월 14일 포츠담선언을 수락하

우 일반법원이 위헌심사를 담당하므로 전자에 해당하며, 독일의 경우 헌법재판소라는 별도의 법원이 위헌심사를 담당하는 바 후자에 해당한다.

여 연합국에 무조건 항복을 하면서 시작되었다. 따라서 일본을 점령한 미군의 점령정책의 목적은 일본이 다시금 세계를 위협하는 일이 없도록 하려는 것이었다. 이와 같은 점령정책은 일본의 무장을 해제하고 군국주의의 토양을 없애기 위한 각종 민주화 조치를 취하는 것으로 구체화하였다.

비무장화를 위한 선행적인 조치는 제국군대를 해체하는 것이었다. 괴멸적 타격을 입었던 독일군대와 달리 패전 당시의 일본 제국군대는 일본 본토에 219만, 한반도를 비롯한 외지에 368만 합계 587만 명의 군대가 잔존하고 있었다.[4] 따라서 제국군대의 해체는 점령정책을 본격적으로 실시하기 위한 긴급한 과제이기도 하였다.

일본 항복 후의 정책에 관한 기본 방침을 정한 '초기대일정책'에서는 다음과 같이 제국군대의 해체를 통한 비군사화 정책의 의의를 서술하고 있다. 즉 "일본은 완전히 무장해제되어야 하며 비군국주의화되어야 한다. 군국주의자의 권력과 군국주의의 영향력은 정치, 경제, 사회 모든 영역에서 일소되어야 하며, 군국주의 및 침략정신을 나타내는 제도는 폐지되어야 한다 … 무장해제와 비군국주의화는 군사점령의 주요 임무이며, 즉각적이고 단호하게 실시되어야 한다."[5]

이와 같은 방침을 구체화하기 위하여 앞의 '초기대일정책'은 군대해체의 구체적인 내용도 덧붙이고 있다. "일본은 육해공군, 비밀경찰조직 또는 어떠한 형태의 민간 항공이든 이를 보유할 수 없다. 일본의 해상, 항공 및 해군병력은 무장을 해제하고 해체되어야 한다. 일본 대본영,

4) 荒敬, 『日本占領史硏究序說』(柏書房, 1994), p. 17.

5) SWNCC-150 "U.S. Initial Post-Surrender Policy to Japan," 外務省特別資料部 編, 『日本占領管理及び重要文書集』 제1권, p. 91.

참모본부 및 비밀경찰조직은 해체되어야 하며, 육해군의 자재, 육해군 함선, 해군시설 및 육해군 및 민간 항공기는 최고사령관의 지시에 따라 처분되어야 한다."[6] 그리고 이러한 '초기대일정책'에서의 비군사화 정책은 1945년 9월 2일의 연합군 지령 제1호(SCAPIN 제1호)에 의해 본격적으로 실시되었다.

2) 비군사화를 위한 방편으로서의 민주화

한편 연합군 총사령부는 일본의 비군사화 정책을 철저히 하기 위한 방편으로 민주화 정책을 추진하였다. 민주적 토양의 부족으로 군국주의 정치문화가 태어났다고 보고 반군국주의 세력의 양성을 위하여 메이지 헌법 하의 반민주적인 법제도에 대한 개혁적인 조치를 취하였다. 이를 위하여 총사령부는 1945년 10월 새로이 출범한 시데하라 기쥬로(幣原喜重郎) 내각에 대하여 민주화를 위한 5대 개혁지령을 내렸다. 5대 개혁지령이란 여성해방, 노동조합의 결성, 교육의 자유주의화, 억압적 법제도의 철폐, 경제민주화를 내용으로 하였다.

경제민주화의 중심과제는 군국주의의 기반이라고 생각되던 재벌과 기생지주제의 해체였다. 1945년 11월 총사령부는 미쓰비시(三菱), 미쓰이(三井) 등 15개 재벌의 자산을 동결하고 재벌해체를 명하였다. 1946년에는 지주(持株)회사정리위원회가 발족하여 지정된 지주회사나 재벌가족이 소유하는 유가증권의 양도를 받아 처리하는 등 이른바 주식시장의 민주화가 추진되었다. 그리고 1947년에는 독점금지법, 과도경제력집중배제법에 따라 거대 독점기업의 분할이 이루어지고 유력기업의

6) 같은 자료집, p. 92.

임원들도 추방되었다.

노동정책도 총사령부에 의하여 적극적으로 추진되었다. 1945년 노동조합법이 제정되고 노동자의 단결권, 단체교섭권, 단체행동권이 보장되었으며, 군국주의 시대에 40만에 불과하던 노동조합원의 수가 660만에 이르렀다. 교육제도도 민주화 정책의 일환으로 개혁되었다. 총사령부에 의해 일본 역사, 지리 등의 교육은 일시 금지되고 1947년에는 새로운 교육이념에 따른 교육기본법이 제정되었다.

치안유지법 등 억압적 법제도가 철폐되면서 일본공산당, 사회당, 일본자유당 등 각종 정당이 부활하거나 탄생하였다. 여성들은 1945년 12월의 새로운 선거법에 따라 보통선거권을 획득하였다.

2. 민주화와 헌법을 통한 제도화

1) 국민주권과 상징천황제

총사령부의 민주화 정책은 메이지 시대의 반민주정책을 폐지하는 것에 그치지 않고 민주주의를 제도화하기 위한 헌법개정에까지 이어졌다. 이를 위하여 일본 점령군 사령관 맥아더는 일본 점령 초기부터 일본 정부에 메이지 헌법의 개정을 촉구하였다.

그러나 마쓰모토 죠지(松本 烝治) 국무대신이 이끄는 헌법문제위원회의 작업은 진척이 느릴 뿐만 아니라, 이른바 갑안(甲案)이나 을안(乙案)과 같은 일본 정부측의 개정 초안[7]들은 모두가 점령군이 동의할 수

7) 佐藤達夫編, 『日本國憲法成立史』 제1권(有斐閣, 1962), p. 373.

있는 수준과는 너무나도 동떨어진 것이었다. 두 개의 초안 모두가 결국은 일왕을 패전전과 같은 형태로 온존시키는 데 급급했지, 미국이 생각했던 어느 정도 설득력을 갖는 수준의 헌법개정, 즉 왕제(天皇制)에 대한 과감한 손질과는 거리가 먼 것이었다.

그래서 연합국 최고사령부(이하 GHQ[8]로 통칭)는 1946년 2월 13일 헌법초안(이른바 맥아더 헌법초안, 이하 GHQ초안으로 통칭)을 제시하고 이것을 일본 정부안으로 공표하도록 하였는데,[9] 그 골자는 일왕을 정치적 실권이 없는 상징적 존재로 하고 국민이 주권자임을 명시하였다.

2) 의회제 민주주의와 양원제도

1946년 11월 3일 제정공포되고 1947년 5월 3일부터 시행된 신헌법, 일본국 헌법은 메이지 헌법과 달리 의회제도를 정상화하였다. 메이지헌법 하의 의회는 국민의 대표기구가 아니라 천황의 협찬기관에 불과하였다.

반면에 신헌법은 국민주권을 구체적으로 보장하기 위해 여성에 이르기까지 보통선거권을 확대 인정하였다. 의회는 국민이 직접 선출한 대표에 의해 구성하고 의회가 중심이 되어 정치를 운용하는 의회제 민주주의를 채용하였다. 국민이 주권자임을 확보하기 위해 국민이 직접 선출한 의원에 의해 구성된 국회가 '국권의 최고기관'이며 '유일한 입법기관'(41조)이라고 명기하였다. 이는 천황을 국가의 최고기관에 놓고 의회제정법을 능가하는 칙령을 발하는 권한을 천황에 부여하였던 메이지 헌법을 부정하는 규정이었다.

8) 정식명칭은 General Headquaters/Supreme Commander for the Alied Powers.

9) 古關彰一, 『新憲法の制定』(中央公論社, 1989), p. 96 이하.

국회는 중의원과 참의원으로 구성되었다. 원래 양원제는 절대왕제 하에서는 국민을 대표하는 하원을 견제하기 위하여 귀족원으로 구성되는 것에 기원을 갖으며, 메이지 헌법 하에서의 귀족원도 그러한 역할을 담당하였다.

그러나 신헌법에서는 양원제가 의회제 민주주의의 방해물이 되지 않도록 두 가지 조치를 취하고 있다. 첫째, 조약의 승인, 총리대신의 지명, 예산의 의결 등 국회의 중요한 사항에 대한 양원의 일치가 없을 때는 중의원 의결이 우선하도록 하였다. 법률에 대해서는 참의원이 부결하더라도 중의원이 재차 2/3 이상의 다수결로 정하면 성립하도록 하는 등 중의원의 우위를 인정하였다. 이는 국민대표부인 하원의 의사가 상원에 의해 방해받지 않도록 배려한 것이었다.

둘째, 중의원뿐만 아니라 참의원 의원도 국민의 직접선거에 뽑히도록 하였다. 이 결과 메이지 헌법 하의 헌정과 달리 특권계급이 선거를 거치지 않고 의원이 되는 길을 차단하였다.

양원을 통하여 이루어지는 정치는 정당정치를 통해 뒷받침되었다. 패전 전의 보수 양당제와는 달리 신헌법 하에서는 다수당체제였다. 치안유지법 등 정당정치를 규제하였던 악법의 폐지에 힘입은 바도 컸지만, 중선거구제라는 일본 특유의 선거제도도 이러한 다수당 체제에 일조하였다.

아무튼 전후 일본 정치는 천황중심주의로부터 의회중심주의로 변화하였다. 즉 국민의 대표기관에 의한 법률제정과 이를 통한 정치체제 또는 의회의 다수파가 정국을 주도하는 정치체제로 변화하였다.

3) 평화주의 원리의 명문화

비군사화를 명문화하고 민주주의의 공적(公敵)인 군국주의를 추방

하기 위하여 비무장평화주의 원리를 제9조에 규정하였다. 제1항에서는 "일본 국민은 정의와 질서를 기조로 하는 국제평화주의를 성실히 희구하고, 국가권력의 발동에 의한 전쟁과 무력에 의한 위협 또는 무력의 행사는, 국제분쟁의 해결수단으로서는, 이를 영구히 포기한다"고 규정하고 있으며, 제2항에서는 "전항의 목적을 달성하기 위하여 육해공군 그 밖의 전력(戰力)은 이를 보유하지 않는다. 국가의 교전권은 인정하지 않는다"고 규정하고 있다.

이에 대한 통설의 입장은 다음과 같다. 즉 첫째는 전쟁을 부인한다는 뜻이고, 침략전쟁뿐만 아니라 자위전쟁도 포기한다는 뜻이다. 둘째는 무력의 행사나 위협도 포기한다는 뜻이다. 셋째는 군비를 철폐한다는 뜻이다."[10][11]

이와 같은 통설의 견해를 최고재판소는 적극적으로 받아들이고 있지는 않다.[12] 하지만 지방법원 차원에서는 이와 같은 통설의 견해를 받아들여 보다 적극적인 사법적 판단을 시도한 바 있다. 예를 들어 나가누마(長沼) 사건에 대한 삿포로 지방법원의 판결[13]이 그것이다. 삿포로 지방법원은 다음과 같이 통설의 견해를 비교적 흔쾌하게 수용하고 있다.

헌법 제9조 제2항에서 모든 '전력(戰力)'을 보유하지 않는다고 한

10) 法學協會, 『註解日本國憲法 · 上卷』(有斐閣, 1953), p. 187 이하 ; 桶口=佐藤=中村=浦部, 『註解日本國憲法 · 上卷』(青林書院, 1984), p. 164 이하 ; 杉原泰雄, 『憲法 II』(有斐閣, 1987), p. 93.

11) 宮澤俊義, 『あたらしい憲法のはなし』(朝日新聞社, 1947), p. 61 이하.

12) 最判 1982.9.9. 民集 36券 9號.

13) 방위청이 홋가이도(北海道)의 나가누마라는 지역에 항공자위대의 지대공 미사일기지를 건설하기 위해 보안림 지정을 해제한 것에 대하여 지역주민들이 반발하여 보안림 지정 해제처분의 취소를 청구한 소송.

이상 군대 그밖의 전력에 의한 자위전쟁·제재를 위한 전쟁도 사실상 행할 수 없게 되었다. 일본국의 자위권 행사에는 외교교섭, 경찰력, 군민봉기, 침략국 국민의 재산몰수, 국외 추방 등이 생각될 수 있을 뿐이다. 자위대의 편성·규모·장비·능력을 살펴보건대 자위대는 명백히 '외적에 대한 실력적 전투행위를 목적으로 하는 인적·물적 수단으로서의 조직체', 즉 군대이며, 제9조가 이를 금지하고 있는 '육해공군'이라는 '전력'에 해당한다.[14)]

3. 사법심사제의 도입

1) 각종 헌법초안과 사법심사제

일본 정부의 헌법초안에서는 위에서 살펴본 바와 같이 군주주권을 부정하고 국민주권을 규정하였고, 대의제에 기초하면서도 민주주의를 수용한 헌정제도를 명문화하였다. 하지만, 의회중심의 다수에 의한 민주주의를 기본으로 하면서도 다음과 같이 다수의 횡포에 대한 견제장치로서의 위헌법률심사제도 빠트리지 않았다.

> 제81조 : 최고재판소는 일체의 법률, 명령, 규칙 또는 처분이 헌법에 적합한가를 결정할 권한을 갖는 종심재판소이다.

위헌심사제는 GHQ와 일본 정부의 초안이 만들어지기 이전의 단

14) 判例時報 712號(1973年 9月 7日).

계에서부터 이미 구상되었던 것이기도 하다. 당시 일본 정부 사법성 국장으로서 후일 일본 정부의 헌법문제조사위원회에 참가하였던 오쿠노 켄이찌(奧野建一)는 일찍이 '재판소에 법률심사권을 부여할 필요성을 제기한 바 있었고, 코노에 후미마로(近衛文麿)[15] 등 메이지 헌법 소폭 개정론자들조차도 헌법재판소와 같은 위헌심사제를 도입한 헌법개정안을 만들었다.

위헌심사제 도입의 필요성은 일본국 헌법초안을 만든 GHQ의 스탭들 사이에서도 상당히 공통적인 인식이 있었다. 특히 GHQ초안 작성에 관여하여 사법부에 관한 부분을 담당하였던 라우엘(Milo E. Rowell) 육군 중령은 다수자에 대한 견제장치 마련의 필요성을 역설하였다. 그는 "국회가 제정하는 법률 및 내각이 발하는 명령을 위헌으로 선언하는 권한을 재판소에 부여하는 명시의 규정이 존재하지 않는다. 다수결을 남용하여 이루어지는 다수자에 의한 침해로부터 개인을 충분히 옹호하기 위해서는 이 권한을 재판소에 부여하는 것이 대단히 바람직하다"고 생각하였다. 그래서 그는 미국에서 헌법관습으로 오랫동안 실행하고 있는 미국식의 사법심사제를 일본 헌법에 명문으로 규정하자고 주장하였다.

2) GHQ초안과 사법심사제 신중론

그러나 이러한 헌법초안이 나오기까지는 실로 많은 우여곡절을 거쳐야 했다. 마쓰모토 죠지를 위원장으로 하는 시데하라 내각의 헌법문

15) 1891. 10. 12일 출생, 1945. 12. 16 사망, 1937년 수상 역임하면서 국가총동원법 제정, 패전 후 히가시구니노(東久邇) 내각의 국무상 역임. 이때 맥아더로부터 헌법개정을 시사 받아 헌법개정을 위한 조사를 담당하였다.

제조사위원회에서는 위에서 언급한 오쿠노를 제외하면 대체로 사법심사제에 대하여 소극적이었다. 왜냐하면 유럽 등 당시의 외국 사례를 비교헌법적으로 보더라도 헌법재판소 등 사법심사제가 실적이 좋지 않았으며 제도로 작용할 것 같지도 않다는 것이 그 이유였다. 그래서 헌법문제조사위원회에서는 '법령심사권에 대해서는 특별히 규정할 필요 없음' 을 다수의견의로 채택하였다.

또한 GHQ초안[16] 작성에 관여하였던 스탭들 사이에서도 논란이 있었다. 그것은 주로 위헌심사제의 도입 자체에 대한 반대보다는 미국과 정치상황이 다른 일본에 어떠한 형태의 사법심사제가 적합한가에 대한 논란이 주된 것이었다. 그리고 그러한 논란은 본국 미국의 사법심사제에 대한 평가와 의견 차이를 반영하는 것이기도 하였다.

라우엘 중령이 위헌심사제의 전면적이고 적극적인 도입을 주장한 반면, 케디스 (kades) 대령 등은 의회중심주의에 기초한 일본 점령정책에 반하는 것 아니냐고 난색을 표명하였다. SWNCC[17] 228[18]에 따르면

16) 맥아더 사령부는 극동위원회 등 일본의 헌정체제에 관한 연합국의 위원회가 본격적 활동을 하기 전 일본의 헌정체제를 개편하려 하였으며, 이를 위하여 국무상 고노에 후미마로를 통하여 일본 정부에 메이지 헌법의 발본 개혁을 시사하였으나 별다른 성과가 없었다. 이에 맥아더는 1946년 2월 3일, 상징천황제, 전쟁포기, 봉건제 폐지를 내용으로 하는 맥아더 3원칙을 수립하고, 이에 기초하여 최고사령부GHQ) 내부의 민정국에 헌법초안 작성을 위한 Task Force를 구성하였다. 이 헌법초안작성반은 입법권, 행정권, 사법권, 인권, 지방행정, 재정, 천황에 관한 규정위원회 등 9개의 소위원회로 구성되었다.

17) 1944년 12월 국무성(State), 육군성(War), 해군성(Navy) 간의 의견조정을 위하여 만들어진 삼성 간의 조정위원회(Coordinating Committee).

18) 1946년 1월 11일 맥아더에게 보내진 삼성 간 조정위원회의 문서로서 문서의 정식명칭은 '일본의 통치제제의 개혁.' 일본의 최종적인 정치형태는 일본 국

입법부가 승인한 입법조치에 대해서는 어떤 기관도 거부할 수 없으며, 거부하더라도 잠정적인 거부권밖에 인정하지 않는다고 하였기 때문이다. 사실 케디스에 있어서 근본적인 고민은 사법부에 위헌심사권을 부여함으로써 사법과두제가 대두될 가능성에 대한 우려가 강하였다. 왜냐하면 GHQ의 헌법초안의 원안에 따르면 재판관은 종신으로 임명되며, 사법부 스스로의 규율 이외에는 일체의 규율로부터 독립해 있었기 때문이다.

이에 대하여 헤시(Hessy) 해군중령과 라우엘 중령 등은 SWNCC228에서 언급하는 거부권 제한규정은 입법적 거부권에 대한 것이고 헌법해석의 문제에 대한 것이 아니라고 강하게 반발하였다. 헤시는 인권보장기구로서의 사법부의 역할을 중요하게 생각하였기 때문이다. 그렇다고 하여 헤시와 라우엘이 미국의 위헌심사제를 무비판적으로 도입할 것을 주장한 것은 아니었다. 그들은 뉴딜 입법에 대하여 미국의 사법부가 반대하는 등 보수적 기능을 했던 점을 감안하되 사법부의 인권보장 기능을 활성화시키기 위하여 인권침해적인 입법에 대한 위헌심사권만을 규정하려고 하였다.

헤시가 작성하고 라우엘이 감수했다고 보여지는 GHQ 민정국의 '사법권에 관한 소위원회' 의 제1차 원안의 다음과 같은 제한적 사법심사 구상은 이를 잘 나타내고 있는 사료이기도 하다.

'최고재판소는 종심재판소이다. 법률, 명령, 규칙 또는 처분의 합헌성이 문제가 되는 경우에 최고재판소 판결이 인권규정의 장에서 발생한

민이 자유롭게 표명한 의사에 따라 결정되어야 하며, 천황을 현재와 같은 형태로 유지하는 것은 군사지배의 부활을 저지하기 위한 정치개혁의 일반적 목적과 합치하지 않는다는 것을 주된 내용으로 하였다.

사건일 때는 그 판결은 최종적이다. 그러나 법률, 명령, 규칙 또는 처분의 합헌성이 문제가 되는 경우라 하더라도 최고재판소의 판결이 그(인권규정) 이외의 사건에 대하여 이루어진 경우 그 판결은 국회의 심사에 따라야 한다. 심사대상이 된 최고재판소의 판결은 국회 총의원 2/3 이상의 찬성표가 있을 때 번복할 수 있다.

결국 케디스 등의 우려에도 불구하고 헤시와 라우엘의 구상에 따라 제한적인 위헌심사가 GHQ의 최종안에 도입되었다. "법률, 명령, 규칙 또는 처분의 합헌성이 문제가 된 경우에 최고재판소의 판결이 인권규정의 장 하에서 발생한 사건 또는 동장에 관련된 사건에 대해 행해진 경우에는 그 판결은 최종적이다"고 규정하였다. 다시 말해 인권규정 관련 사건에 대해서만 위헌법률심사를 인정하였던 것이다. 나아가 인권규정 관련 이외의 위헌법령 문제에 대해서는 국회에 재심사를 인정하는 취지를 규정하는 등 미국의 사법심사와도 다른 독창적인 것이었다.

또한 인권에 관한 제한적 위헌심사라 하더라도 '최고재판소가 구체적인 쟁송을 기다리지 않고 입법을 위헌이라 하여 거부할 권한을 갖도록 하는 것(추상적 규범통제)'도 제한하여 구체적 사건에서 헌법 해석 문제가 발생할 때에만 입법에 대해서 완전한 심사권을 갖도록 할 수 있다(구체적 규범통제)'는 합의에 이르렀다. 그 결과 구체적 규범통제[19]만을 인정하되 그런 가운데서도 위헌법률심사를 매우 제한적으로 인정하는 초안이 완성되었다.

19) 구체적 규범통제란 어떤 법률이 재판의 전제가 되었을 경우에만 위헌심사를 하는 것을 의미하며, 추상적 규범통제란 재판의 전제가 되지 않더라도 특정 법률의 위헌 여부를 심사하는 제도를 의미한다.

3) 제한적 위헌심사권자로서의 최고재판소

미국 본토의 사법심사제에 대한 평가에 기초하여 제한적인 사법심사제를 구상하였던 GHQ의 스탭들, 그리고 유럽 등 이렇다 할 실적이 없는 외국 사례에 대한 분석에 기초하여 위헌심사제에 소극적이었던 고노에 후미마로가 이끄는 헌법문제조사위원회와는 달리, 일본 정부의 다수는 오히려 사법심사제에 적극적이었다. 물론 사법심사제에 대한 운영경험이 없어 두려움도 앞섰지만, 사회당과 공산당 등 좌파가 다수를 차지하여 의회를 좌지우지할 것에 대한 견제책으로서 일본정부는 사법심사제에 적극적이었다. 1946년 3월 초 일본 정부는 총사령부 헌법안 작성을 주도한 민정국에 왜 꼭 제한적인 형태의 사법심사제를 도입해야 하는가, 삼권분립의 취지에 따른다면 전면적인 사법심사제를 도입해야 하는 것은 아니가 하고 질의를 하였다.

그 결과 인권규정에 한하여 구체적 규범통제만을 인정했던 위헌심사권 관련 규정이 개정되어 인권 관련 법령에 한정하지 않고 일체의 법률, 명령, 규칙 또는 처분이 헌법 적합성 여부를 결정할 권한을 갖는다고 바뀌었다. 그리고 같은 해 4월 17일에는 '최고재판소는 종심재판소이다' 라는 규정이 첨가되었다.

일본 정부의 헌법초안은 제90회 제국의회에서 심의되었는데, 이 과정에서는 사법심사권에 대한 여러 가지 불명확한 점이 논란이 되었다. 첫째, 민주적 정당성을 갖는 의회제정법을 민주적 정당성을 갖지 못한 사법부가 견제하는 것이 타당한가하는 것이었다. 둘째, 하급재판소도 법령심사권을 갖는가 하는 것이었다.

이에 대하여 일본 정부는 위헌심사권은 구체적인 사건이 일어났을 때 그 사건에 적용하는 법률의 위헌여부를 판단하는 것일 뿐 재판이 전제되지 않는 법령에 대한 추상적 규범통제를 내용으로 하지 않으므로 의회의 입법권을 침해하는 것은 아니라고 답변하였다.

다만, 하급심의 위헌법령심사권한 여부에 대해서는 정부의 의견이 일관되지 않았다. 당시의 카네모리(金森) 대신은 8월 21일의 개헌특별위원회에서는 위헌심사권은 최고재판소에만 인정되는 특권이라고 하였다가 8월 24일의 중의원 본회의에서는 헌법 해석상 하급재판소에 위헌심사권을 부여하는 것도 가능하다고 답변하였다.[20]

Ⅲ. 위헌심사제와 일본의 민주주의 운동[21]

1. 위헌심사제의 형성기(1947－1960년대 초반)

위헌심사제를 어떻게 운용할 것인가를 놓고 법조계는 물론 정부당

---

20) 岡田亥之三郎 編,『日本國憲法審議要綠』(盛文社, 1947), p. 467 참조.

21) 일본 사법심사제의 시기구분에 대해서는 다양한 의견이 존재한다. 일본 사법심사제의 역사에 정통한 헌법학자 오쿠다이라 야스히로(奧平康弘)는 1947－1959년을 활주기, 1959－1965년을 이륙기, 1966－1979년을 수평비행기, 1980년 이후를 현재로 분류하였다. 일본의 헌정사의 탁월한 분석가인 와타나베 오사무(渡辺治)의 경우 개헌사의 관점에서 1955－1959년을 복고적 개헌좌절기, 1960－1964년 개헌소극정책전환기, 1965－1979년 해석개헌기, 1980년대 이후의 명문개헌과 해석개헌의 경합기로 분류한다. 여기에서의 시기구분은 대체로 와타타베의 개헌사의 시기구분을 따르되 오쿠다이라의 사법심사제상의 시기구분을 보완적으로 받아들여 정리한 것이다.

국자도 연구자도 매우 초조함과 혼란을 겪었다. 절대군주에게 권력을 집중하였던 메이지 헌법과는 견제와 균형의 원리에 입각하여 입법권을 사법부에서 견제할 수 있도록 설계하여 놓은 일본국 헌법에서 과연 이를 어떻게 운용할 것인가는 쉽지 않은 문제였다.

게다가 메이지 헌법과 다르다고 하는 것은 단순히 없던 규정이 하나 새로 생겼다고 하는 것 이상의 의미를 지니고 있었다. 미국형 위헌심사에는 헌법이 국민의 자유와 권리를 직접적으로 보장하는 것이며, 국가기관과 국민의 대립관계에 적용된다는 자유주의적 헌법관이 전제되어 있다. 그러나 메이지 헌법 하에서의 국민은 국가기관, 즉 절대군주의 신민에 불과하였기 때문이다. 심지어는 일반법원형 헌법재판제도 구상을 구체화한 신헌법에도 불구하고 이를 유럽에서와 같은 특별법원형 헌법재판제도로 이해하는 경향마저 나타났다.

결국 일본국 헌법 81조를 중심으로 하는 헌법소송에 관한 조항을 미국형 사법심사, 즉 일반법원형 사법심사로 학계와 실무계가 명확히 이해하기 시작한 것은 1950년대 초반이었다.

1) 토마베치 판결

안보조약 반대 등 민주주의 운동을 파괴활동방지법으로 규제하려던 요시다내각은 동법안의 국회통과에 실패하자 1952년 8월 28일 헌법 7조를 근거로 국회를 해산하였다. 이때 중의원 자격을 상실한 토마베치 기조(苫米地 義三 : 1880−1959)는 중의원 해산이 헌법 7조[22]의 요건을 충

22) 제7조 : 천황은 내각의 조언과 승인에 의해 국민을 위해 다음의 국사행위를 한다. 1. 헌법개정, 법률, 정령 및 조약의 공포, 2. 국회를 소집하는 것, 3. 중의원을 해산하는 것 등.

족하지 못한 위헌무효 결정이라고 하면서 의원자격의 확인 및 임기만료 시까지의 세비청구의 소송을 제기하였다.

이 판결에서 1심 동경지방재판소는 헌법 7조에 따르면 국회를 해산하기 위해서는 내각의 조언과 승인을 얻어 천황의 이름으로 해산하도록 되어 있는데 내각 각료들의 일치된 의견이 없는 채 이루어진 바 위헌무효라고 결정하였다. 그리고 재판소는 모든 법률상의 쟁송에 있어서 헌법상 특별한 규정이 없는 한 모든 행위의 합헌성 판단을 할 권한이 있다고 덧붙였다.

2심 동경고등법원에서는 내각의 조언과 승인이 있었음을 이유로 원심을 파기환송하였다. 원고의 상고에 대하여 최고재판소는 1960년 6월 8일 상고를 기각하는 판결을 내렸다. 최고재판소는 모든 국사행위(國事行爲)가 위헌심사의 대상이 될 수는 없으며, 고도의 정치성을 띤 국가행위가 법률상 쟁송의 대상이 되더라도 이는 사법부가 판단할 일이 아니라 국회와 같은 정치부분에 맡길 일이라는 것이었다.

후술하는 스나가와(砂川) 사건에서도 통치행위 이론을 취하였으나 이때는 '누가 보더라도 명확한 위헌'이 아니면 정치부문에 관여하여 위헌판단을 내릴 수 없다는 태도였다. 그러나 토마베치 판결에서는 정치부분의 판단에 대하여 '무조건 관여하면 안 된다'는 태도를 취하였다.

2) 경찰법 개정 무효 사건

패전 후 민주화 개혁의 일환으로 중앙집권적인 경찰제도가 폐지되고 지방자치단체별 자치경찰제도가 도입되었는데, 1954년 국회에서는 기초자치단체별 경찰제도를 광역자치단체별 제도로 변경하는 경찰법 개악이 시도되었다. 결국 야당의 강력한 반발로 급기야 의사장이 난투장으로 변하였으나 여당의 회기연장 등 강공책에 밀려 6월 7일 참의원에서 개악된 경찰법의 개정이 가결되었다. 이에 기초하여 오오사카(大阪) 의회는 도지사가 제안한 경찰법 개정안 시행을 위한 경찰비 9억 6천만엥을 포함한 추가예산을 가결하였다.

이에 대하여 오오사카 주민들은 개정경찰법은 헌법에 보장된 지방자치를 무시한 위헌법률이며 절차적으로도 난투장화된 참의원에서 무리하게 가결한 것이기 때문에 무효이며, 이러한 무효한 개정경찰법 시행을 위한 경찰비 지출은 위법이라고 주장하였다. 그리고 이에 근거하여 오사카 부지사를 상대로 하여 경찰비 지출금지 주민소송을 제기한 사건이다.

이에 대하여 오오사카 지방법원 및 고등법원 그리고 최고재판소는 모두 이 사건을 이유없다고 기각하였다. 지방자치법에 규정된 주민소송은 감독위원회의 권한 내의 사상에 대해서는 소를 제기할 수 있지만 권한 밖의 사항에 대해서는 주민소송을 제기할 수 없으며, 나아가 의회가 가결한 경찰비에 대하여 주민소송을 제기할 수 없다는 것이었다. 국회의 의결절차가 반민주적일 경우 이를 재판소가 심사할 수 있다는 의견은 일체 존재하지 않았다.

이러한 일련의 과정을 통하여 일본형 사법심사제의 특징이 형성되었다. 토마베치 판결, 그리고 경찰법 개정 무효 사건 모두 의회민주주의와 같은 헌법원리를 실현하고 경찰제도 개악을 저지하기 위한 능동적인 활동이었다는 점에서 민주주의 운동의 일환으로 위치지울 수 있을 것인데, 이러한 민주주의 운동에 사법권이 오히려 침묵함으로써 의회 다수파의 횡포를 용인하고, 결과적으로 민주주의 운동에 대한 규제에 일조하는 역할을 담당하였음을 알 수 있다. 결국 입법부나 행정부의 정책결정을 존중하는 태도, 즉 사법소극주의를 취하는 척하면서 실질적으로는 정치권의 반민주주의적 흐름을 용인하는 일본형 사법소극주의가 형성되었다.

이러한 사법부의 보수적 태도는 일본 정부의 개헌정책에도 커다란 영향을 미쳤다. 즉 복고적 형태의 명문개헌에 대한 전국민적 저항에 부딪혀 고심하던 일본 정부로서는 위험부담이 큰 명문개헌을 시도하기보다는 사법부의 보수적 태도에 기대어 헌법에 반하는 재군비정책을 추진하였던 시기이기도 하였기 때문이다. 사법부의 사법소극주의적 태도가 헌법체계를 가장한 반민주적 지배정책을 야기한 것이다.

2. 위헌심사제의 활성화기(1960년대 중반-1970년대 후반)

일본형 위헌심사제의 원형이 1950년대에 형성되었음에도 불구하고 1960년대에는 헌법을 둘러싼 정치지형이 크게 변화한 시기이다. 1947년 헌법시행과 더불어 커다란 역할이 기대되었음에도 불구하고 이렇다할 기능을 하지 못하였던 국가기구 내의 제도들, 예를 들면 위헌심사제, 지방자치제와 같은 제도들이 1960년대 들어서는 자기 역할을 확대하기 시작하였기 때문이다.

이러한 역할 확대의 원동력은 아래로부터의 민주주의 운동의 활성화였다. 평화운동, 노동운동 등 일련의 민주화운동의 영향 아래 위헌판결이 나타나는 위헌심사제가 활성화되는 시기를 맞이하였다.

1) 스나가와(砂川) 판결

아래로부터의 민주화와 평화운동의 영향력을 확실히 보여주기 시작한 사건은 1959년의 스나가와 사건에 대한 재판소의 판결이었다. 스나가와 사건이란 미일안보조약에 따라 일본에 주둔하고 있던 미공군부대 중 동경 서부 스나가와(砂川)에 있던 미공군 비행장의 활주로를 확장하기 위하여 일본 정부가 일반인의 농지를 수용하려고 하였고 현지 주민들이 이에 항거한 사건이다.

항의 도중 일부 주민들이 미군기지의 철책선을 뚫고 미군부대에 침입하는 일이 발생하였는데, 이러한 행위를 일본 정부가 미일안보조약에 기초한 주둔군 지위협정과 형사특별법 위반혐의로 기소한 데서 비롯되었다. 1심재판부는 비무장평화주의를 규정한 일본국 헌법 제9조에도 불구하고 미군주둔을 용인하고 있는 미일안보조약은 헌법에 위반한다고 판결하였다.

이에 대하여 일본정부는 비약상고를 하였고, 최고재판소는 합헌판결을 내린 바 있다. 이때 최고재판소는 미일안보조약 체결과 같은 고도의 정치적 판단행위에 대하여 사법심사를 할 수 없다는 논리로 합헌판결을 내린 것이다. '순사법적 판단만을 하는 사법부로서는 정치적 판단, 즉 통치행위에 대하여 위헌판단을 할 수 없다'는 이른바 통치행위론에 근거한 것이었다.

비록 재판에서는 졌지만 이후 스나가와 미군기지 확장 반대투쟁은 때마침 활발해져 가고 있던 전국 각지의 베트남 반전운동과 맞물려 더욱더 공감대를 확산하였다. 결국 1968년 12월 19일 미공군사령부는 다치가와(立川) 시의 미군기지를 스나가와 지역으로 확장하려던 계획을 전면 중지하였다. 그후 1977년에는 확장하려던 다치가와 시의 미군기지마저도 일본 정부에 반환하게 되었다.

2) 1966년 전국체신노조 동경중앙우체국 판결

스나가와 사건이 1심에서의 획기적인 위헌판결이 위헌심사제도 활성화의 전조에 불과하였다고 한다면 1966년 전국체신노조 동경중앙우체국 판결은 위헌심사 활성화에 박차를 가한 사건이었다.

전국체신노조 동경중앙우체국 사건이란 1958년 노동조합들의 춘투기에 전국체신노조의 간부가 동경중앙우체국 직원에 대하여 근무시간 내에 직장집회에 참가할 것을 요청하자 검찰이 이를 우편법 79조의 우편물 불취급죄를 교사하였다고 하여 기소한 사건이다.

제1심 동경지방재판소는 근무시간대에 집회에 참석하는 공공기업체 직원 등의 쟁의행위는 이를 금지하고 있는 공공기업체 등 노동관계법 17조 위반이기는 하지만, 이러한 금지규정은 헌법상 보장된 노동자의 권리에 대하여 공공의 복지를 유지하기 위한 어쩔 수 없는 규제에 불과하다고 전제하고, 노동관계법 제17조를 적용할 때는 매우 신중하고 제한적으로 해석해야 하며, 마구잡이식으로 적용하는 것은 문제라고 판결하였다.

이러한 제한적 해석에 기초한다면 직장 내 집회 참가행위는 해고나 민사책임의 대상(동법 18조)일 뿐이며, 제17조를 적용하여 형사제재를 가하는 것은 노동기본권의 취지에 어긋난다는 것이다. 공공의 복지를 이유로 안이하게 형사제재를 인정하는 종래의 판례에 비하여 동경지방재판소의 판결은 대단히 중요한 의미를 갖게 되었다. 이에 대하여 고등재판소는 1심판결을 뒤집어 파기환송하였으나 1966년 최고재판소는 1심의 취지에 따라 공공기업체의 직원에 대한 노동기본권의 제약은 한정 축소하여야 하며 형사벌을 과하는 것은 위헌이라고 판결하였다.

3) 1976년 의원정수 위헌 판결

의원정수 불균형이 평등선거의 원칙에 반한다는 소송이 1960년대 이후 줄을 이었으나 최고재판소는 1964년 이러한 일련의 소송에 대하여 '입법정책의 문제'이기 때문에 사법심사의 대상이 되지 않는다는 태도를 취하여 왔다. 그러나 1976년 의원정수 위헌 판결에서는 종래의 태도를 뒤집고 평등선거의 원칙에 반한다는 판결을 내렸다.

1945년과 1947년의 중의원 선거법, 참의원 선거법, 1950년의 공직선거법 등 패전 후 만들어진 일련의 선거법에서는 의원정수가 각 선거구의 인구에 기초하여 배분되었으며, 격차가 있더라도 대체로 1대 2 미만이었다. 그러나 도시로의 인구집중 현상 등의 원인에 의해 선거구 간 의원정수와 인구 간에 불균등이 현저하게 발생하기 시작하였다. 1962년 선거무효 소송이 제기된 이래 최고재판소는 사법소극주의적인 태도로 일관하면서 아예 사법심사의 대상으로 삼지 않았다.

그런데 1972년에는 중의원 선거 당시의 공직선거법 제13조 및 별표(別表)에 따른 각 선거구 간 의원 1인당 선거인수의 최대 격차가 1대 5에 이르게 되었다. 이에 치바(千葉) 1구의 선거인이 이러한 투표가치의 불평등은 헌법 14조 1항 평등의 원칙에 반한다고 선거무효 소송을 제기하였다.

1심에서는 청구를 기각하였으나 최고재판소는 이를 위헌이라고 선언하고, 다만 구체적으로 몇 대 몇까지가 평등원칙에 반하지 않는가에 대해서는 명확한 기준을 제시하지 않았다. 결국 1983년의 의원정수 불균형 판결에서 1대 3.94의 불균형은 위헌상태라고 판결하고 1대 2.92에 대해서는 합헌판단을 하였던바, 1대 3이 위헌판단의 기준이 되는 것으로 추정되게 되었다.[23)]

23) 헌법학계의 통설은 1대 2이다.

3. 위헌심사제의 보수화기(1980년대 이후)

1960년대 후반으로부터 1970년대 중반에 걸친 활발한 위헌판결은 보수지배층의 위기감을 불러일으켰다. 이러한 위기감은 1970년대의 사법반동으로 이어졌고, 이러한 사법반동의 여파로 일본의 위헌심사제는 1980년대 이래 기나긴 보수화의 길에 접어들어서 있다.

보수화의 시발점은 1969년부터 시작된 보수언론에 의한 이른바 '편향재판' 캠페인이었다. 보수층은 노동사건에 있어서 노동자의 자유를 옹호하는 판결, 공공부문의 노동기본권을 인정하는 판결들을 '편향재판'이라고 몰아붙이고 이를 재판의 위기로 규정하였다. 이처럼 언론에서 시작된 사법부 때리기는 최고재판소 내부로 이어져 1971년에는 6명의 사법연수원생을 청년법률가협회[24) 멤버라는 이유만으로 임관 거부하는 사태로 전개되었다. 자민당 또한 위헌심사권을 최고재판소의 대법정에 한정할 것, 법정질서를 위한 제재를 강화할 것, 사법연수생에 대한 지휘감독을 강화할 것, 재판제도를 개혁할 것 등을 골자로 하는 '편향재판' 방지대책에 부심하였다. 결국 이러한 일련의 사법파동을 거쳐

24) 청년법률가협회는 1954년 약 100여 명의 학자 변호사들이 중심이 되어 일본국 헌법의 평화주의와 인권 등의 가치를 옹호하기 위한 민주주의 지향의 법률가 단체로 출범하였다. 그후 사법연수생부, 판사부 등 회원의 범위가 확장되었으며, 청년법률가협회의 회원이면서 스나가와 사건의 1심 재판관이었던 다테(伊達) 판사는 주일미군이 비무장 평화주의를 규정한 일본국 헌법에 반한다고 판시한 바 있다. 1970년대의 사법반동기에는 사법부의 독립을 위한 투쟁을 전개한 단체로 유명하며, 현재에도 약 1500여 명의 회원을 가지고 있다. 青年法律家協會 編, 『青法協9.5』(日本評論社, 1990) 등 참조.

1980년대 이후의 최고재판소 판결은 유권자의 인권을 옹호하는 기관이라기보다는 국민이 재판을 통해서 행정 내지 입법의 개혁에 관여하려는 것을 거부하는 보루가 되었다.

1) 오오사카 공항 소송

1981년 최고재판소에 의한 오오사카 공항 소송 최종 판결은 이러한 보수화 경향을 상징적으로 보여준 판결이었다. 1958년 미군이 반환한 이래 국제공항으로 설비가 확장된 오오사카 공공 부근에는 제트기의 소음과 배기가스 매연, 그리고 진동 등에 의해 생활환경이 파괴되었고 주민 다수에게 피해가 발생하였다. 때문에 1971년 공항 부근의 토요나카(豊中) 시 등에 거주하는 주민 264명이 공항설비관리자인 국가를 상대로 오후 9시 이후부터 다음날 새벽 7시까지의 공항사용 금지, 과거의 비재산적 손해의 배상, 장래에 대한 배상금 지불 등을 요구하면서 민사소송을 제기하였다.

이에 대하여 오오사카 지방재판소는 항공기 소음 등과 피해의 실태 등에 대한 사실을 인정하고 피고인 국가의 관리행위의 위법성 또한 인정하여 오후 10시부터 다음날 오전 7시까지의 공항사용의 금지를 인정하였다. 또한 과거의 재산적 피해에 대해서는 50만, 30만엥 등 네 개의 등급에 따라 배상금을 지급하도록 명하였다.

그것은 원고가 소음 등으로 인한 피해를 인격권 내지 환경권 침해라고 주장한 것에 대하여 재판소가 인격권침해를 인정하고 이에 기초하여 일정 시간의 비행금지처분 요구를 수용한 것이다. 개인의 생활상의 이익, 즉 인격권은 물권과 마찬가지로 보호할 만한 가치가 있으므로 이 인격권에 대해서는 침해를 배제할 수 있는 권능을 인정한 것이었다.

이에 대한 1975년 11월 27일의 오오사카 고등재판소의 판결은 1심판결을 더욱 진전키켜 손해비상액을 증가시키고 비행금지 시간도 오후7시부터 오전7시까지로 확장하여 원고의 주장을 거의 인정하는 판결을 내렸다.

그러나 최고재판소는 1981년 12월 16일 판결에서 소음 등으로 인한 과거의 피해에 대한 손해배상은 인정하면서도 민사소송의 방식으로 항공행정권에 대한 일정 시간대 항공운행 정지처분을 요구하는 것은 부적합하다고 판결하였다. 최고재판소는 마치 행정소송을 통한다면 일정 시간대의 항공운행 정지처분이 가능할 것처럼 판시하였으나 현실적으로 행정소송의 형태로 제소되더라도 원주민들의 제소와 입증이 곤란하여 이 판결은 사실상 환경권 소송에 대한 정지처분의 길을 봉쇄하는 역할을 하고 말았다. 이후 환경권 소송은 침체를 거듭하고 있다.

2) 재택투표제 폐지 소송

1950년 4월 15일에 제정된 공직선거법은 부재자투표의 일환으로 '질병, 상해 또는 신체장해 때문에 또는 임신으로 인하여 보행이 현저하게 곤란한 선거인에 대한 재택투표제를 채용하고, 우편투표 외에 동거친족에 의한 투표의 제출을 인정하였다. 그런데 같은 해 4월의 통일지방선거에서 재택투표제가 악용된 다수의 선거위반 사례가 발생하였다. 이를 이유로 일본 정부는 1952년 8월 16일 공직선거법 개정을 통하여 재택투표제를 폐지하고 이를 같은 해 9월 1일부터 시행하였다.

이에 눈덮힌 지붕에서 제설작업을 하다 떨어져 일급 신체장애 판정을 받은 원고 사토(佐藤 享如) 씨는 국가배상청구소송을 제기하였다. 1968년 이래 8번에 걸친 선거에서 선거권을 행사할 수 없었다는 것을 이유로 80만엥의 위자료를 지급할 것을 국가에 청구하였던 것이다.

원고는 재택투표의 폐지는 신체장애자 등을 개인으로서 존중하지 않는 국가행위이며, 국민주권 원리에 기초한 선거권 행사를 박탈하는 행위이라고 주장하는 한편, 신체상의 결함 그밖의 불합리한 이유로 투표에 있어서 차별을 하는 것은 평등권 위반이라고 주장하였다. 사토 씨의 주장을 요약하면, 재택투표제를 폐지한 국가의 행위가 헌법 13조(개인의 존중과 행복추구), 15조(공무원 선임권), 14조(법앞의 평등), 47조(선거에 관한 사항의 법률유보) 위반이라는 것이었다.

이에 대하여 1심 삿포로(札幌) 지방재판소 오타루(小樽) 지부는 1974년 12월 9일, 선거권이란 '헌법의 기본원리인 국민주권의 표현이며 국민의 가장 중요한 기본적 권리'라고 전제하고, 입법기관이 선거사항을 정할 때에는 '보통평등선거의 원칙에 적합한 제도를 마련하여야' 한다면서 헌법 47조의 입법재량을 제약하는 논리를 제시하였다. 1심판결은 '민주정체의 근간을 이루는 중요한 기본권으로서의 선거권이야말로 매우 중요하며 실질적 침해가 있어서는 안 된다'고 판시하여 원고의 손을 들어주었다.

이는 선거권이 민주주의에 있어서 매우 중요한 권리이므로 선거권과 관련한 입법은 비록 의회의 재량행위라고 하더라도 필요최소한의 엄격한 심사기준에 따라야 한다고 하면서 입법재량을 제한하는 논지를 전개하였던 것이다.

1978년 5월 24일의 2심에서는 재택투표제를 부활시키지 않은 입법부작위가 헌법에 위반된 것에 분명하지만 국회의원의 고의나 부실이 없었다고 하여 청구를 기각하였다. 이에 대하여 최고재판소는 1985년 11월 21일, 선거에 관한 사항은 국회의 입법재량 사항이므로 국가배상법을 적용할 수 없다고 하여 기각하였다.

재택투표제에 대하여 1심과 최고재판소의 태도는 매우 대조적이었다. 특히 최고재판소는 하급심에서 인정하였던 투표행위의 권리성과 침해에 대한 엄격한 심사기준의 적용을 회피함으로써 인권의 보루로서의 책무를 망각하였다는 비난에 직면하기도 하였다.

이 시기의 최고재판소는 입법부의 결정에 대하여 위헌심사를 실질적으로 행하지 않든가 내지는 극히 유연한 심사만을 실시하여 합헌 판단을 내리고 이러한 사법소극주의적 방법으로 반민주적 정치부문과 밀월 협력관계를 유지하였다.[25)]

Ⅳ. 일본형 위헌심사제 기능과 민주주의

1. 일본형 위헌심사제의 역할과 기능

1) 위헌심사제의 기능부전

일본 헌법에 규정하고 있는 위헌법률심사권에도 불구하고 일본의 최고재판소는 약 60여 년 동안 불과 6건의 위헌판결을 내리는 데 그쳤다. 이러한 기능부전의 원인은 복합적이지만 일본의 헌법 및 정치학계의 다수는 다음과 같이 분석하고 있다.

첫째, 정권교체가 원활하지 않아 최고재판소 구성이 바뀌지 않았기

25) 1980년대 이후 사법부가 보수화로 일관한 것은 아니다. 특히 1995년 5월 28일 최고재판소는 영주자 등 외국인에게 지방자치단체 수준의 선거권을 법개정을 통하여 부여하는 것은 헌법에 금지되어 있지 않다고 판결한 바 있는데, 이처럼 1990년대 중반 이후에는 위헌심사에도 새로운 움직임이 나타나고 있다. 그외에도 1997년 4월 애히메(愛媛) 야스쿠니 소송 등 참조.

때문에 기능부전이 초래되었다. 일본의 최고재판소장은 형식상은 천황이 임명하지만 실질적으로는 내각의 지명에 의해 이루어지고, 그밖의 최고재판관은 내각이 지명하고 직접 임명하고 있다. 게다가 문제는 임명에 이르기까지의 선고과정은 대단히 비밀리에 이루어진다는 것이다.

최고재판소 발족 당시에는 재판관 임명 자문회원회제도가 있었다. 그러나 이 제도마저도 내각의 책임소재가 불분명해진다거나 한두 명의 재판관을 보충하는 경우에는 부적절하다든가 하는 온갖 이유로 1948년에 폐지되었다. 그후 일본 변호사연합회 등이 이 제도의 부활을 위해 적극적으로 움직였지만 실패하였다.[26] 임명제도 개선이 좌절되면서 '헌법의 보루', '인권의 보장자' 역할을 해야 할 최고재판소의 재판관은 그에 걸맞는 식견과 인격의 소지자보다는 최고재판소 사무국 관계자, 검찰이나 법무당국 수뇌부와 OB, 원로 변호사 등의 입김에 의해 비밀리에 이루어졌다.

이러한 상황 하에서는 정치부문의 다양성이라든가 국민의 다양한 헌법의식이 사회학적으로도 반영될 수 없었다. 하물며 외국의 경우처럼 정치부문과 최고재판소의 정치적 경향이 시기별로 엇갈리면서 나름대로 견제와 균형을 갖기도 힘들었다. 나아가 소수의견이라는 형태로나마 다양한 의견이 표출되는 기회도 줄어들어서 정치부문에 대한 동조경향이 뚜렷하게 나타났다.

둘째, 심사기준이 되는 헌법 그 자체가 정치영역에서 논쟁의 대상이 되었다는 점도 위헌심사제의 기능부전에 큰 영향을 미쳤다는 분석이 있다. 1994년부터 몇 년간을 제외하고 자민당은 1955년 이래 일당 장기

26) 1957년 '재판관임명자문심의회' 1975년 최고재판소재판관임명자문위원회 등등 도변양삼, 일본의 재판, p. 173 이하 참조.

독재를 계속하고 있다. 그 집권여당이 정강에 헌법의 '자주적' 개정을 내걸고 있고 일본국 헌법이 강요된 헌법이라는 사관을 가지고 있었기 때문에 위헌심사의 기준이 될 헌법이 규범력을 갖기 힘들었다는 것이다.

물론 자민당 내부에도 논란의 대상이 되고 있는 일본국 헌법에 대한 태도는 다양하다. 명문개헌을 과격하게 주장하는 자가 있는가 하면 명문에 개헌에 반대하는 흐름도 존재한다. 그러나 정쟁을 되풀이할 때마다 이러한 다양한 주장은 분쇄되었다. 미국과 같이 1788년 헌법을 어떻게 받아들일 것인가를 둘러싸고 임신중절 문제와 같은 윤리적 문제로부터 정치적 문제에 이르기까지 논란을 벌이면서도 헌법을 근거로 하여 논쟁을 하자는 절차적 합의에 이른 나라가 있는가 하면, 프랑스와 같이 1789년 인권선언 조항이 200년 후인 오늘날의 위헌법률심사의 기준이 되는 나라도 있는 것에 비하면 일본의 경우는 논쟁이 일어날 때마다 오히려 위헌법률심사에 악영향을 미쳤다고도 할 수 있을 것이다.

셋째, 이상과 같은 위헌심사를 하는 기관구성의 문제, 위헌심사 기준이 되는 헌법에 대한 컨센서스 형성의 위약성 등도 큰 문제이지만, 좀 더 근본적인 문제는 사실은 일본적 법문화도 커다란 기능부전의 요인 중의 하나라는 분석도 있다.

일본의 경우 위헌법률심사제를 설명할 때, 일본은 독일과 달리 헌법재판소제도를 두지 않고 미국과 같이 일반재판소가 위헌법률심사기능을 담당하고 있다고 설명하곤 한다. 그러나 동시에 일본은 미국과 달리 judge－made－law의 국가가 아니라 독일과 같이 제정법주의이기 때문에 재판관은 미국처럼 적극적일 수 없다는 것이다. 즉 제도는 미국식인데 제도를 운영하는 사람은 유럽식이어서 기능부전이 초래되었다고 하는 것이다.

실제 미국에서 위헌법률심사가 활성화되는 것은 statesman으로서의 법률가의 권위와 전통이 있다. 대통령 역임 후에 최고재판소장이 되었던 태프트(William H. Taft)와 같은 인물이 있는가 하면, 아이젠 하워 대통령의 정치적 라이벌이었던 워렌(Earl Warren), 루즈벨트 대통령의 정치고문이었던 프랑크푸르터(Felix Frankfurter)와 같은 최고재판소 판사들의 예도 있다. 국무장관이었던 번스(James Byrnes)와 같이 행정과 외교를 담당했던 인물들도 한두 명이 아니다.

독일의 경우 법학교수의 존재가 압도적으로 커다란 영향을 차지하고 있다. 수적으로도 그렇지만 헌법재판소의 판결의 설득력을 뒷받침하고 있는 실질적인 역할을 하고 있음을 알 수 있다.

2) 일본의 위헌심사제는 과연 기능부전인가

그러나 일본의 위헌심사제는 과연 기능부전일까. 사실 앞의 위헌심사제와 일본의 민주주의 운동에서 집중적으로 언급하였듯이 일본의 최고재판소는 위헌법률심사기능을 가지고 있음에도 불구하고 60년 동안 불과 6건의 위헌판결밖에 내리지 않았다. 1950년대에는 공공의 복지라는 이름으로 사법판단을 피하였다. 특정 법령이 최소한의 합리성만 있으면 공공복지에 반하는 것은 아니라는 명분을 내세워 의회의 다수파를 견제하는 판결을 내리지 않았다. 1960년대와 1970년대에도 토마베치 판결, 스나가와 판결 등에서 알 수 있듯이 통치행위라는 이유로 위헌판결을 내리지 않았다. 1980년대의 재택투표제 폐지 위헌소송에서도 최고재판소는 엄격한 평등심사기준을 적용하여 위헌판단을 회피하는 소극주의적 형태를 보여왔다.

그러나 최고재판소가 판단을 회피한 수많은 인권침해 법률, 반평화주의적 법률들은 결과적으로 면죄부를 받은 셈이 되었다. 공공의 복지에 반하지 않으므로 합헌이라는 면죄부를 받은 법률, 통치행위이므로 위헌이 아니라는 법률들이 횡횡하는 시대가 되었다. 자위대법의 경우 '위헌이지만 합법', 즉 위헌이라는 의심과 논란은 분명 있지만 통치행위이므로 이를 위헌선언할 수 없고 국회에서 다수가 의결한 바 합법적인 법률이다는 궤변이 가능하게 되었다.

특히 비무장 평화주의를 규정한 헌법 제9조에 대한 명문개헌에 좌절한 일본의 보수적 지배계층이 위헌판결에 소극적인 최고재판소에 의지하여 반헌법적인 자위대법 등을 통하여 사실상 개헌의 효과를 거두고 있다는 사실을 상기하여 보면, 일본의 사법심사제는 미국 등과 달리 외형적으로는 사법 소극주의의 형태를 취하고 있으나 실질적으로는 정치부문에 적극적으로 개입하는 기능을 담당하였다는 것을 알 수 있다.

일본의 위헌심사제는 우리가 미국의 뉴딜기 이후의 이른바 루즈벨트 코트에서와 같은 사법소극주의 = 민주주의의 등식으로 평가할 수 없는 독특한 성격의 사법소극주의 형태를 띠고 있다고 할 것이다. 이는 기능부선으로 분석평가하기보다는 일본형 사법심사제[27]로 분류하여야 하며, 민주적 헌법과 일당 장기집권에 의한 반민주적 입법부와 이들의 행태를 통치행위 또는 사법소극주의라는 이름으로 추인하여 사실상 적극적인 기능을 담당하는 사법부의 트라이앵글 체제임을 알 수 있다.

2. 민주적 정당성과 국민심사제

이러한 분석에 기초하여 본다면 위헌결정을 통하여 입법권력을 압

27) 渡辺治,『日本國憲法改正史』(日本評論社, 1987), p. 152 이하 참조.

도하는 형태가 아니라 사법판단을 자제하는 형태로 실질적으로 적극적인 기능을 하고 있는 일본의 사법부에 대해서도 한국사회의 논의와 마찬가지로 이에 대한 민주적 통제의 필요성이 절실하다 할 것이다.

사실 헌법제정 당시에도 민주적 통제에 대한 고민이 전혀 없었던 것은 아니다. 그 결과 일본국 헌법은 미국형 위헌심사제와 달리 국민심사제를 도입하였다. 일본국 헌법 제79조 제2항에 따르면, 임명 후 첫 번째 치러지는 중의원 총선시 국민심사에 부치고, 그후 10년 경과 후 첫 번째 치러지는 중의원 총선에 다시 국민심사에 부치도록 하고 있다.

이러한 독특한 국민심사제 도입의 배경에는 사법과두제에 대한 우려 때문이었다. 일본국 헌법의 기초가 되었던 이른바 GNQ초안 작성에 관여하였던 케디스 대령은 아무런 통제장치 없는 사법부 관련 규정에 대하여 다음과 같이 강력한 문제제기를 하였다.

> 원안에서와 같이 사법부에 위헌법률심사권을 부여하고 법관의 임기를 종신으로 하면 사법과두제가 될 가능성이 크다. (원안에서는) 재판관을 종신관으로 임명하고 사법부의 경우 사법부관련 규율 이외에 일체의 규율로부터 독립적이고, 또한 행정재판소는 금지되어 있으며, 최고재판소에 최고의 규칙제정권을 부여하고 있기 때문이다.[28]

라우엘 중령 등 GHQ초안 작성에 관여했던 이들이 사법부의 권위가 확립되지 않을 것을 우려하였으며, 메이지 헌법 하의 법원이 검찰로부터도 독립하지 못한 위약한 존재였음을 강조하는 바람에 결국 전면적

28) 高柳賢三 外,『日本國憲法制定の經過 I』(有斐閣, 1972), p. 186.

인 국민심사제는 도입되지 않았다. 결국 최고재판소 재판관은 70을 정년으로 하되 임명 후 첫 번째 총선에서, 그리고 그후는 10년 경과 후의 총선에서 국민심사에 부치는 것으로 타협되었다.

이러한 국민심사제는 재판관을 선출하거나 또는 부적격자를 파면하는 해직(recall) 제도는 아니다. 하지만 국민심사를 통한 제척기능을 도입함으로써 민주적 정당성을 보충하는 역할을 하였다.

1972년 12월의 제9회 국민심사시 주미대사로서 미일공동성명(1969년) 및 기형적 오키나와 반환협정에 중요한 역할을 담당하였고, 최고재판소 재판관 취임 후에도 이른바 사법반동의 실세였던 시모다 다케조(下田武三)에 대하여 690만여 명(15.2%)이 파면에 찬성표(可)를 던진 적이 있었다. 그리고 최고재판소 사무총장 재직시 특정 재판관의 청년법률가협회라는 특정 단체로부터의 탈퇴공작에 관여하고 임명거부를 추진하던 기시 모리가즈(岸 盛一) 씨가 663만 표(14.6%)를 얻은 적이 있었다.

그러나 이러한 국민심사제를 통하여 실제 파면에 이른 재판관은 단 한명도 없었다. 여러 가지 원인이 있겠지만, 우선 파면에 찬성하는 사람만 X표를 찍도록 하는 투표방식도 문제였다. 파면해야 될지 안 될지 잘 모르겠다는 사람의 경우와 파면해야 할지 말아야 할지 판단이 서지 않는 사람이 모두 파면에 반대하는 것으로 나타나게 되어 늘 파면해야 한다고 하여 적극적으로 X표를 찍은 사람보다 그렇지 않은 사람의 10%밖에 되지 않았다. 또한 국민심사시 심사에 필요한 심사공보의 내용이 너무 간단하여 판단자료로서의 기능을 하지 못하는 경우도 부지기수였다. 그러한 의미에서 내각에 의한 임명의 문제점을 민주적 사후심사를 통하여 억제하려던 본래적 기능은 발휘되지 못하였다.

3. 개헌론과 위헌심사제

미국형 위헌심사제와 독일형 법제도의 사이에서 기능부전의 원인을 찾는 사람들은 개헌을 하여 차라리 독일형 헌법재판소제도를 도입하자고 주장하기도 한다.

헌법학자이며 최고재판소 재판관 출신인 이토 마사미(伊藤 正己) 교수는 개헌을 통하여 헌법재판소를 신설, 구체적 규범통제와 추상적 규범통제 기능을 부여할 것을 주장하였다. 그는 추상적 규범통제 기능을 부여하더라도 서구 사회에서 보듯이 사법권력이 민주주의를 압도하는 일은 없을 것이라고 전제하고, 헌법문제의 조기 해결과 권리보장의 조속한 해결을 위해 독일과 같은 헌법재판소가 필요하다고 주장하였다.

대표적인 보수신문인 요미우리 신문도 헌법재판소 제도의 도입을 주장하였다. 요미우리의 개헌 구상에 의하면 추상적 규범통제를 무제한적으로 인정할 경우 발생할 수 있는 입법부와 사법부의 대립을 완화하기 위하여 추상적 규범통제의 제소자를 제한하고 있다. 즉 내각이 위헌법률이라고 헌법재판소에 제소하거나 중참의원 1/3 이상이 위헌이라고 제소한 경우에 한정하자는 것이다. 요미우리 개헌안의 재판관 임명방식은 현행 헌법의 최고재판소 재판관 임명방식이 갖는 민주적 정당성 문제를 보완하기 위하여 국회의 지명제도를 도입하였다. 즉 헌법재판소 재판관 9인 중 재판소장은 참의원의 지명에 기초하여 천황이 임명하고, 일반 재판관은 참의원의 지명에 의하여 내각이 임명하는 방식이다.

이들 주장은 최고재판소가 지나치게 사법소극주의적이며, 내각 법제국이 헌법에 대한 유권해석권을 독점하고 있으므로 이를 보완하여야 한다는 것을 명분으로 하고 있으나, 실제는 최고재판소가 정치적 고려

하에 위헌법률 심판을 피하고 있다는 점을 고려하고 있지 않아 헌법9조 개헌을 위한 명분으로 헌법재판소 제도의 도입을 주장하고 있다는 비판에서 자유롭지 못하다.

V. 맺는 말

이상의 고찰을 통하여 일본의 헌정주의와 민주주의와의 관계를 최고재판소의 민주주의 운동에 대한 태도 등을 통하여 살펴보았다. 이에 따르면 일반적으로 사법권력이 법률에 대하여 위헌을 선언하는 사법적 극주의만이 민주주의를 규제하는 것이라는 사고방식과 달리 일본의 경우에는 최고재판소가 위헌법률 심판을 회피함으로써 사실상 민주주의를 규제하는 현상을 살펴볼 수 있었다. 그것은 일본의 최고재판소 재판관을 내각이 임명하고 그 내각의 수장인 총리대신이 장기집권 하의 자민당에 의해 장악되고 있는 정치지형과도 무관하지 않았다. 사법부는 위헌법률심사권에도 불구하고 입법부와 견제 및 균형의 관계에 있는 것이 아니라 입법부와 동조하는 관계에 있었고 의원내각제를 고려한다면 내각과도 동조의 관계에 있다고 할 것이다.

한편, 일본의 경우 국가권력 내부의 견제와 균형의 원리가 실종된 데 비하여 국가권력과 민주주의 운동 사이에는 헌법적 가치를 둘러싼 긴장감이 존재한다. 한국의 경우 보수세력이 헌법적 가치를 이유로 민주적으로 선출된 권력을 압도하거나 민주주의를 규제하는 헌법지형을 보이고 있다면, 일본의 경우 민주주의 운동진영이 민주주의나 평화주의와 같은 제도화된 민주주의 및 헌법적 가치의 실현을 위하여 사법권력을 압박하는 헌법지형을 보여주고 있다. 이러한 일본의 헌정주의와 민주주의의 관계를 고려한다면, 헌정주의와 민주주의는 반드시 모순 대립하는 관계에 있는 것이 아니라 배치할 수도 있고 순치할 수도 있으며, 순치하기 위해서는 사법부의 역할이 중요하다는 것을 일본의 사례를 반면교사로서 알 수 있었다. 결국 헌정주의와 민주주의의 문제는 생래적으로 대립하는 것이 아니라, 헌법실천 주체들의 헌법을 둘러싼 역학관계에 크게 좌우되는 측면도 있다는 것을 알 수 있었다.

그렇다면 헌정주의인가 민주주의인가의 문제가 아니라 헌법으로 제도화된 형식성의 본지를 파악하고 이를 실천하는 주체세력의 형성 여하에 따라서는 헌정주의와 민주주의가 조화하는 민주주의적 헌정주의 또는 헌정주의적 민주주의도 가능하다는 추론도 가능할 것이다.

참고문헌

최장집. 2005. “민주주의와 헌정주의.”『미국 헌법과 헌정주의』. 후마니타스.
阪口正一郎. 2001.『立憲主義 民主主義』. 日本評論社.
荒敬. 1994.『日本占領史研究序說』. 柏書房.
外務省特別資料部編.『日本占領管理及び重要文書集』제1권. 外務省.
佐藤達夫編. 1962.『日本國憲法成立史』제1권. 有斐閣.
古關彰一. 1989.『新憲法の制定』. 中央公論社.
法學協會. 1953.『註解日本國憲法・上卷』. 有斐閣.
樋口=佐藤=中村=浦部. 1984.『註解日本國憲法・上卷』. 青林書院.
杉原泰雄. 1987.『憲法 II』. 有斐閣.
宮澤俊義. 1947.『あたらしい憲法のはなし』. 朝日新聞社.
岡田亥之三郎 編. 1947.『日本國憲法審議要綠』. 盛文社.
青年法律家協會 編. 1990.『青法協』. 日本評論社.
渡辺治. 1987.『日本國憲法改正史』. 日本評論社.
高柳賢三 外. 1972.『日本國憲法制定の經過 I』. 有斐閣.
芦部信喜. 1994.『人権と憲法訴訟』. 有斐閣.
浦部法穂. 1985.『違憲審査の基準』. 勁草書房.
戸松秀典. 1985.『司法審査制』. 勁草書房.
小林直樹. 1977.『憲法判断の原理』. 日本評論社.

제4장

브라질 헌정체제와 불안정한 민주주의

장성훈(중앙선거관리위원회)

Ⅰ. 서론

권위주의 체제, 특히 군부정권의 종식과 함께 민주화를 맞은 후발 민주주의 국가들의 공통적인 특징 중 하나는 권력의 독점을 막고 인민의 지배를 보장하는 민주적인 제도를 마련하고자 하는 노력이었다. 즉 일인 또는 소수의 지배자들에 의한 권력의 독점을 제도적으로 제한하고 인민들의 의사에 의한 통치가 실현되는 민주적인 제도적 장치를 형성하는 것이 당면한 최대 목표였다. 따라서 민주화 이행과정에서 가장 핵심적인 문제는 민주주의의 가치와 규범이 잘 녹아 있는 새로운 헌정질서를 마련하는 것이었다. 새로운 헌정질서의 정립과 민주적 제도의 형성은 각 나라가 경험한 민주화 과정의 특성과 정치·사회적 환경에 따라 상이한 형태를 보이지만, 일반적으로는 전면적인 헌법개정을 통해 새로운 헌정질서를 구축하는 경우와 군부에 의해 개정되거나 일시적으로 교체되었던 구헌법으로 회귀하거나 군부가 마련한 헌법의 일부 조항을 개정하여 계속 유지하는 형태를 보인다.[1] 물론 이 과정에서 선거규정과 같은 하위 수준의 법률의 단순한 개정을 통한 제도 변화들도 빈번하게 발견할 수 있다.

그러나 새로운 헌정질서가 마련되었다고 하더라도 민주주의가 공고화되지 못한 후발 민주주의 국가들에서 민주주의의 원리와 규범이 헌정체제에 의해 규정된 제도들을 통해 조화롭게 실현되는 것은 쉬운 일이 아니며, 오히려 민주적 제도와 규범 사이에 갈등이 심화되는 경향을 보이기도 한다.[2] 물론 민주주의와 헌정체제 사이의 갈등의 문제는 비단 후발 민주주의 국가에서만 나타나는 문제는 아니며, 민주주의가 공고화된 것으로 평가되는 미국의 경우에도 대통령 선출, 연방대법원의 헌법해석 등 여러 가지 측면에서 논쟁이 전개되고 있다. 그러나 본 논문은 민주주의와 헌정체제의 조화와 갈등에 관한 논쟁이 일반적 현상일 수 있다는 점을 전제하고 있지만, 헌정체제가 민주주의를 발전시키는 데 긍정적으로 작용하기보다는 오히려 갈등에 의한 불안정성을 보이는 데 관심의 초점을 두고 있다. 즉 민주화 과정에서 민주주의 가치와 규범을 포

1) 아르헨티나, 우루과이, 볼리비아는 군부정권에 의해 일시적으로 개정되거나 대체되었던 이전 헌법으로 회귀한 대표적인 사례이며, 칠레의 경우에는 피노체트에 의해 부여된 헌법조항을 개정하여 계속 유지한 대표적 사례이다(Javier Martinez-Lara 1996, p. 4). 한편 브라질, 한국과 같은 경우에는 신헌법을 제정하여 새로운 헌정체제를 마련한 대표적 사례로 지적될 수 있다.

2) 최장집은 현실에서 민주주의 체제는 헌법으로 구체화된 제도적 형식성, 즉 헌정주의와 인민의 지배라고 하는 민주적 규범 사이의 긴장과 괴리, 모순과 갈등을 포괄하기 때문에 복잡한 다이나믹스를 창출한다고 지적하고 있다(최장집 2004, 10).

함한 신헌정체제를 마련하고도 민주주의와 충돌하는, 그리고 민주주의의 공고화에 기여하지 못하는 이유가 무엇일까 하는 점에 분석의 초점을 두고자 한다. 한편 이러한 분석을 위해 제3의 민주화 물결을 경험한 라틴아메리카 국가들 중 신헌법제정을 통한 신헌정질서를 마련하고도 여전히 정치 · 사회적으로 불안정한 양상을 보이고 있는 브라질의 사례를 분석대상으로 설정하고자 한다.

브라질은 민주화 이행과정에서 신헌법의 제정을 통해 완전히 새로운 민주적 헌정체제 구축을 시도했던 라틴아메리카의 대표적인 후발 민주주의 국가이다. 브라질은 20여 년간의 군부 통치를 마감하고 재민주화를 시작하면서 1988년 자유주의와 민주주의에 기초한 신헌법을 마련하였다. 브라질 민주주의는 신헌법제정을 통해 상당히 민주적으로 평가될 수 있는 외형적 틀을 마련하였고, 국민의 자유와 권리의 범위를 확대하였다. 민주주의의 재회복과 신헌정체제의 구축은 현존하는 브라질의 문제들을 해결하고 보다 공고화된 민주주의를 가져다 줄 것으로 기대되는 브라질 국민들의 희망이었다. 그러나 이러한 민주주의에 대한 희망과 열망에도 불구하고 브라질의 정치 · 사회 · 경제적 현실은 새로운 헌정질서가 안정적으로 고착될 수 있는 환경을 제공하지 못하였고, 새로운 헌정체제 또한 민주주의의 공고화에 크게 기여하지 못하는 양상을 보였다.

브라질에서 나타나고 있는 헌법개정의 빈도와 지속성은 1988년 신헌법이 마련된 이후 법의 지배(rule by law)로 불리는 소위 헌정주의(constitutionalism)가 안정적으로 제도화되지 못하였음을 반증명하는 것이다. 더불어 권력구조와 정치체제를 구성하는 하위 제도들 또한 지속적으로 개정되어 왔다. 경제위기 극복을 위해 시도되고 있는 신자유주의적 정책을 효율적으로 수행하기 위해 국가권력 관련 부분의 개정(예를 들면 정부 독점권 해제)이 지속되어 온 점은 헌정주의의 제도화 수준이 낮다는 것을 보여주는 부가적 실증들이다.

한편 이러한 지속적인 헌법개정이 과연 브라질 민주주의의 공고화에 얼마나 기여하였는가라는 물음에 긍정적인 대답을 제공할 만한 명백한 근거 또한 제시할 수 없다. 여러 차례의 헌법개정에도 불구하고 브라질 정치는 여전히 불안정하고, 경제위기는 쉽게 극복되지 못하고 있으며, 사회적 갈등과 불평등은 극단적으로 심화되고 있고(윤택동 2003 ; 2004), 정치 · 경제 · 사회적 개혁도 그다지 효율적으로 전개되지 못하고 있는 실정이다. 다시 말하면 브라질 헌법이 초기 민주화 이행과정에서 갈구했던 대통령직선제와 권력분립, 선거권 확대, 개인의 인권신장 등은 제도적으로 보장하고 있지만 현실에서 민주주의의 가치로 구현되는 것은 그다지 능률적이지 못하였다.

물론 모든 국가의 헌법이 절대적으로 민주적일 수는 없으며, 모든 헌정체제가 민주주의를 완벽하게 담보하지도 못한다. 이러한 측면에서 보면 헌정체제와 민주주의의 조화와 갈등은 단지 제도와 규범 그 자체로서 갖는 장단점이 무엇인가에 있는 것이 아니라, 오히려 민주화 이후의 정치현실과 정치세력 간 사회적 힘의 균형이 헌법의 기본구조라고 할 수 있는 삼권분립을 통해 어떻게 표출되고 있는가에 달려 있다(최장집 2004, 47).

따라서 민주주의와 헌정체제와의 조화와 갈등의 문제는 크게 두 가지 측면에 대한 고려를 필요로 한다. 하나는 헌법체제가 과연 민주적인가 하는 근본적인 문제, 다시 말하면 헌법체제가 민주적인 가치와 민주적인 제도를 적절히 담보하고 있는가의 문제이다. 일반적으로 후발 민주주의 국가에서 헌법 개정의 문제가 제기되는 것은 이러한 이유에서 기인된다. 또 다른 하나는 헌정제도를 안정적이고 효율적으로 작동할 수 있게 만드는 정치과정의 민주적 운영과 관련된 문제이다. 아무리 좋은 제도를 마련하고 있어도 그 제도를 민주적이고 효율적으로 운영하지 못하면 헌정체제가 의도한 민주적 원리와 가치를 실현할 수 없다는 것은 자명한 일이다. 따라서 본 논문의 주제가 되는 브라질 헌정체제와 민주주의의 조화와 갈등 또한 이러한 헌정체제의 민주적/비민주적 측면의 존재와 민주적/비민주적 운영의 문제에서 접근하고자 한다.

민주화를 거치면서 1988년 새로이 마련된 브라질 헌정질서가 분명 이전 군사정권의 헌정체제보다 일정 수준의 민주적 제도를 보장하고 있음에도 불구하고 브라질은 여전히 정치 · 경제 · 사회적으로 불안정과 불확실성의 상황이 지속되는 것으로 평가된다. 필자는 브라질 헌정체제가 민주주의와 조화하지 못하는 경향이 강하다는 점을 전제하고 있다. 브라질의 헌정체제와 민주주의가 조화보다는 갈등적 관계를 가진다면 그 이유는 무엇일까?

본 논문은 이러한 물음에 대한 해답을 제공할 수 있는 단초를 마련해 보고자 한다. 이를 위해 우선 1988년 신 헌정체제에 대한 평가, 특히 비판적 논의를 통해 과연 브라질 헌정체제가 민주적인가에 대한 기초적인 고찰을 시도할 것이다. 그러나 보다 관심을 집중하는 문제는 헌정체제의 핵심적인 요소가 되는 권력구조의 문제[3]—특히 대통령과 의회의 관계—와 그 사이의 주요 동인이 되는 정당과 정당체계, 그리고 선거제도의 문제에 두고자 한다.

물론 헌정체제와 민주주의의 조화와 갈등의 문제가 특정 제도 또는

3) 사르토리는 현대 헌법의 핵심적인 요소를 정부구성(구조)으로 인식하고 있다. 하물며 "헌법의 핵심에 정부구조가 자리하지 않는 헌법은 헌법이 아니다"라고 지적하고 있다(Sartori 1997, 196).

제도 간 관계와 같은 일부분의 문제일 수는 없다. 현재 브라질에서 가장 중요하게 제기되는 이슈이자 연구영역은 불평등과 양극화, 경제위기 극복, 그리고 이를 위한 헌법개정과 관련 제도의 개혁이다. 그러나 이러한 경제개혁의 문제 역시 경제정책을 수립하고 결정하는 그리고 집행하는 대통령, 행정부 그리고 의회의 정치적 활동과 각 정부기구의 상호작용의 결과에 달려 있다. 따라서 정치구조, 특히 국가 정책결정을 둘러싼 정치구조 — 대통령, 의회 그리고 정당의 문제 — 는 가장 기초적이면서도 근본적인 문제가 될 수 있으며, 이에 대한 일차적 고찰은 보다 구체적인 영역에 대한 검토를 수행할 수 있는 기초를 제공할 수 있을 것이다.

Ⅱ. 브라질 신헌정체제의 성립과 특징 그리고 한계

1. 신헌정체제의 성립과 민주주의의 회복

브라질 정치에서 지속되어 온 20여 년간의 군부집권은 1985년 대통령 간접선거에서 야당후보 네베스가 당선되면서 민간정부로의 이행을 통해 종식되었다.[4] 장기간의 군부 권위주의 통치를 경험한 브라질 국

4) 브라질 자유화와 민주화는 1974년 감압조치(Distensao)로부터 시작되어 피구에레도 대통령의 개방화(Abertura)에 이르기까지 10여 년에 걸쳐 지속적으로 전개되어 왔다. 브라질 자유화에 대한 간략적 설명은 배성인(1995, 174-179) 참조.

민들의 민주화 열망은 대통령의 임기단축과 직선제 개헌을 중심으로 한 민주적인 제도를 새로이 구성하는 것에 집중되어졌고, 1986년 제헌의회가 결성되어 새 헌법이 논의되기 시작한 후 1988년 브라질의 7번째 헌법이 제정되었다.

절차적 민주주의의 수립으로 특징되는 민주주의의 이행과정이 전개되면서 브라질 신헌법은 이전 헌법과 달라진 자유로운 경쟁과 국민의 공정한 참여를 보장하는 민주적 정치제도와 정치적 권리를 상당 부분 발전시켰다. 국민의 정치적 권리가 강화되면서 국민에게 대통령을 직접 선택할 수 있는 권리가 부여되었고, 18세 이상에게만 주어졌던 투표의 권리도 16세 이상에게까지 확대(18－70세까지는 의무투표, 16－18세 그리고 70세 이상은 선택적 투표)하여 국민의 대표선택과 위임의 권한이 강화되었다. 고도로 중앙집권적이었던 대통령제는 의회의 권한을 강화하면서 권력분립의 원리를 일정 부분 향상시켰다. 그 권한이 매우 제한적이고 입법권이 제약되었던 하원은 강한 감독권과 대통령 거부권을 절대다수의 의결로 번복할 수 있는 권한을 가진 의회로 강화되었다.

엄격했던 정당형성과 조직구성을 자유롭게 함으로써 정치참여의 자유와 활동의 장을 확대하였다. 매우 중앙집권적이었던 연방세수의 분배는 상당히 분권화되었다. 새로운 자치구의 형성을 위해서만 필요했던 국민투표는 삭제되었고, 존재하지 않았던 국민발의권을 신설하여 자치시에서 5% 이상의 유권자들이 자치 시 의회에 법률제안을 할 수 있게 되었으며, 5개 주에서 각각 최소 3% 이상의 유권자가 동의하면 하원에 법률제안을 할 수 있도록 바뀌었다. 신헌법은 이러한 정치제도의 발전적 변화와 정치적 권리의 확장 외에도 인권, 노동권, 복지 등 사회·경제적 권리에 있어서도 상당한 혁신을 이끌어냈다.

헌법은 우리가 보통 헌정주의라고 표현하는 바와 같이 민주주의의 제도화 내지는 그 기본적인 제도적 틀을 의미한다(최장집 2004, 7). 1988년 브라질 신헌법의 제정과 헌법조항들이 여러 면에서 브라질 민주정치의 성장, 특히 제도적 틀을 마련하는 데 있어 상당 부분 기여했다는 점은 의심할 여지가 없다. 극도로 분권화되고 참여적인 특성을 가진 장치를 마련함으로써 새로운 형태의 조직과 사회참여의 출현을 촉진하였다. 입법과정에 있어 모든 사회영역이 직접적으로 참여하는 높은 수준의 정치적 동원은 현대 브라질 역사에서 전례가 없었다. 결국, 이러한 정치적 활동(exercise)은 정치를 결정하는 전통적인 방법을 침식시키는 데 도움을 주는 것만큼이나 민주주의의 발전에도 도움을 주었다(Javier Martinez-Lara 1996, 191). 새로운 헌법조항들은 그 자체로 참여와 토론을 위한 공식적인 제도적 장치와 영역을 상당한 수준에 이를 만큼 증가시켰다.

이러한 헌정체제의 변화는 외형적으로 충분히 민주적인 것으로 인식되었으며, 1989년에는 신헌법에 기초하여 자유롭게 경쟁적으로 대통령 선거가 실시되었으며, 대통령직선제를 중심으로 한 신헌정체제의 출범은 브라질 민주정치의 완전한 회복을 확인하는 듯하였다.

2. 브라질 신헌법의 불안정성 : 반복적인 헌법조문의 수정

"제3의 민주화 물결"을 경험한 국가들, 특히 군부독재로부터 재민주화된 국가들의 경우 군사정권 하에서 억압되었던 정치적 자유의 회복과 정치적 경쟁의 규칙을 새로이 확립하는 것이 중심 과제였다. 즉 민주적 공고화를 위해서는 정치적 경쟁의 자유를 보장함과 동시에 그러한 경쟁이 공정하게 이루어질 수 있는 정치제도적 틀을 갖추는 것이 선결과제로 부각되었다. 이 과정에서 경쟁의 자유만 강조되면 민주화가 혼란으로 이어질 위험이 존재하며, 제도화만 강조되면 민주적 정당성이 위협되는 이중적 측면이 존재하게 된다(정진영 2000, 411). 궁극적으로 이러한 이중적 차원의 조화문제가 재민주화 과정의 핵심에 자리하게 되는 것이다.

이러한 측면에서 본다면 브라질 민주주주의 회복과 신헌법의 제정은 일차적으로 제도적 차원의 절차적 민주주의의 틀을 구성하는 데 있어서는 상당히 발전적 양상을 보였다. 그러나 브라질을 비롯하여 군부독재를 경험한 이후 재민주화 과정에 있는 후발 민주주의 국가들의 민주화 경험에서 이러한 자유에 근거한 민주적 지배와 제도에 근거한 헌정주의적 지배 사이의 조화를 발견하는 것은 쉬운 일이 아니다. 조화보다는 오히려 양자의 갈등에 따른 정치적 혼란과 불안정성이 주요한 특징으로 지적되곤 한다. 이러한 갈등은 헌정구조 또는 헌법을 구성하는 하위 제도들에 대한 지속적인 개헌논의를 전개하게 되고, 한편 실제적인 개헌의 반복을 경험하기도 한다.

브라질 역시 이러한 문제를 여실히 드러내고 있다. 특히 브라질 신헌정체제는 법의 지배(rule of laws)로 정의되는 헌정주의의 불안정성을 확연히 드러내고 있다. 브라질 민주화의 최대 성과물이었던 1988년 신헌법은 제정 이후 20년이 채 되지 않는 기간 동안 지속적인 개정과정을 반복해 왔으며, 2006년 3월을 기준으로 총 52차에 걸친 개정 또는 일부 조문 수정이 이루어졌다. 헌법체계의 가장 핵심을 이루는 권력구조의 문제와 관련된 논쟁이 지속되는 과정에서 대통령제 또는 의원내각제의 선택에 대한 국민투표가 이루어졌고(1993),[5] 대통령 임기조항이 개정되

5) 1993년 대통령제를 의원내각제 또는 이원집정부제로 전환하고자 하는 권력구조 자체의 변경이 시도되었으나 이를 결정짓는 국민투표에서는 대통령제가 선

어 임기가 5년에서 4년으로 축소되었으며(1994), 석유탐사 및 통신 서비스에 대한 국가의 독점권 규정이 해제되었으며(1995), 대통령, 주지사, 시장의 중임금지 조항이 중임가능으로 수정되었다(1997).

보수적 헌정주의의 관점에서 보면 헌법은 국가의 기본 골격을 형성하고 대의제 민주주의를 제도적으로 실현하는 엄격한 규칙이며, 따라서 헌법은 엄격하게 준수되어져야 한다. 국가의 최고법으로 이해되는 헌법은 현실적 차원의 법률과는 상이한 가치를 가진다. 즉 헌법은 다른 법률에 비해 근본적인 성격을 가지며, 따라서 어느 특정 시점에만 적용되는 것이 아니라 시대적 상황과 관계없이 시간의 경계를 넘어 효력을 지니는 항구성을 주요한 특징으로 한다는 점이 다른 하위 법률과 대별되는 주요한 특징이다.[6] 따라서 헌법개정은 헌법의 근본적인 원리와 본질적 의미를 고려하여 단순한 수의 논리가 아니라, 진정한 공동선을 향한 진지한 토의를 통해 설득하고 설득당하는 오랜 과정을 통해 신중하게 이루어져야 한다(임성호 2006, 57). 이러한 헌법적 가치에 기초하여 대부분의 국가에서는 헌법개정이 단순다수에 의해 쉽게 이루어지는 것을 방지하는 헌법적 제약을 마련하고 있다.

택되어 권력구조의 변경의 문제는 일단락되었다. 그러나 여전히 브라질 대통령제가 극단적인 다당제의 정당체계, 연합정권, 후견주의 정치행태 등과 결합하여 정치적 불안정을 야기하고 있다는 비판이 지속되고 있다는 점(정진영 2000 ; 양동훈 1997)을 상기하면 1988년 브라질 헌정체제는 여전히 잠재적 불안정 요소를 내재하고 있는 것으로 평가될 수 있다.

6) 헌법의 항구성이 절대적이라는 것은 아니다. 항구성도 상대적 개념이기는 하지만 그래도 가능한 오랜 기간에 걸쳐 사회적으로 받아들여져야 할 사회규범과 규칙을 담지한다는 의미에서 헌법은 시대상황적 적실성에 민감해야 하는 법률, 행정명령, 조례 등 기타 법체계에 비해 항구성을 본질로 삼는다(임성호 2006, 58).

브라질 헌법 또한 그 조문이 쉽게 개정되지 못하도록 하는 제도적 장치를 마련하고 있다. 브라질에서 헌법개정은 의회의 1/3, 대통령 그리고 주 의회의 1/2 이상에 의해 제안될 수 있다. 또한 실제로 개정이 이루어지기 위해서는 개정 제안에 대해 양원에서 각 2회씩 논의되고 투표되어야 하며, 양원에서 3/5 이상이 동의할 때만 승인될 수 있다. 헌법조항의 개정을 제한하기 위한 몇 가지 개정금지 조항도 헌법으로 규정하고 있다. 첫째, 연방중재(federal intervention) 기간 또는 계엄령(estado de sitio; martial law)이 발생되었을 때에는 헌법개정을 할 수 없다. 둘째, 거부된 제안은 같은 해에 재심의될 수 없다. 또한 연방제, 직접선거, 보통선거와 주기적인 대중선거, 권력분립, 개인의 권리보장과 관련된 원칙과 규범을 제약할 목적을 가진 개정은 헌법으로 금지하고 있다.

이러한 헌법개정 조항은 비교적 엄격하며 이론적으로는 쉽게 변경될 수 없다는 것을 의미한다. 그럼에도 불구하고 개정에 관한 이러한 복잡한 규정은 기본법으로서의 브라질 헌법이 필요로 하는 안정성을 유지하는 데 도움이 되지 못하였다. 오히려 반복적인 개정 때문에 원래 헌법조문이 지속적으로 변경되어 왔으며, 여전히 헌법조문에 대한 개정 논의가 진행되고 있다. 극단적으로 평가하면 브라질에서는 안정적인 헌정주의는 존재하지 않는 듯하다.

3. 브라질 신헌정체제의 한계와 딜레마

신헌법이 제정된 이후 브라질은 정치, 경제, 사회 모든 영역에서 더 많은 어려움을 드러냈고, 불확실성과 불안정의 상태가 지속되어 왔다. 권력구조에 대한 개정 논의와 국민투표가 실시되었고, 반복적으로 헌법조항의 개정이 이루어졌다. 브라질이 직면한 가장 큰 국가적 곤경인 경제위기와 불평등, 그리고 사회적 갈등의 문제도 여전히 논쟁의 대상이 되고 있으며(윤택동 2003 ; 2004 참조), 이를 둘러싼 경제 · 사회영역과 관련된 헌법조항들이 개정의 주요 쟁점으로 부상하고 있다. 브라질 헌정체제가 안정적으로 운영되지 못하고 있다는 것을 여실히 보여주는 대목이다. 이러한 상황에서 일차적인 관심은 1988년 브라질의 신헌법 그 자체에 문제가 있는 것이 아닐까 하는 점이다. 이러한 의문에서 브라질 신헌정체제에 비판적 논의들을 살펴보고자 한다.

헌법은 국가의 의사결정 과정을 구조화하고 질서 있게 하는 양식(forms)이며, 규범이 어떻게 만들어져야 하는가에 대한 방식을 세우는 것이지 규범에 의해서 설립될 것을 결정하는 것이 아니다. 즉 헌법은 무엇보다도 통제된 권력행사를 보장하는 첫 번째 절차이며, 따라서 헌법은 내용 중립적이 되도록 요구받는다(Sartori 1997, 200). 이러한 측면에서 1988년 제정된 브라질 헌법과 관련하여 가장 근본적으로 제기되는 비판은 헌법구성 자체가 너무 방대하고 구체화되어 있다는 점이다.

1988년 브라질 헌법은 가능한 모든 설명을 주입하여 그 규모가 대도시 전화번호부 수준에 달하였다. 이 헌법은 총 245개의 확정조항(firm Articles)과 200개의 잠정조항(transitional items)으로 구성되었으며, 단지 사소한 세부조항의 기술뿐만 아니라 실현 불가능한 조항들로 채워져 있었다. 예를 들어 3항은 정부는 가난을 근절하고 사회적 – 지역적 불평등을 감소시켜야 한다고 규정하고 있으며, 242항은 Rio de Janeiro에 위치한 공립학교는 주정부에 의해 소유되어야만 한다고 규정하고 있다. 또한 연 12% 이상의 이자율 부과를 금하고 있다.[7] 이처럼 실현 불가능한

7) 이자율 상한제의 규정은 세계화된 국제환경에 급속하게 대처하지 못하여 급변

조항이나 하위법이 현실에 맞게 유연하게 규정할 수 있는 사소한 영역에까지 구체적으로 규정하고 있는 프로그램식 헌법은 헌정주의의 정상적인 이념에 대한 엄청난 왜곡을 일으킬 수 있다. "헌법의 수용능력에 대한 일탈과 중첩은 결국 그것이 잘 기능하지 못하도록 한다"는 사르토리의 지적은 되새겨 볼 만한다.

헌법구성이 이처럼 방대하고 구체적인 조항으로 이루어진 것은 당시 정치사회적 환경과 헌법제정 과정에서 그 이유를 찾을 수 있다. 1988년 제정된 헌법은 정치적 이해관계를 달리하는 다양한 집단들의 구체적인 타협의 산물이었다(양동훈 1997, 11). 브라질의 민주화 과정에서 1985년 민정이양은 순수하게 민주세력의 자력에 의해서 이루어진 것이 아니라 중도적인 정치노선을 표방했던 네베스와 군부와의 적절한 협약에 의해서 이루어졌다.[8] 그 결과 브라질 민주체제는 군부의 정치개입을 외형적으로 차단하는 성과를 이루었으나 여전히 기득권 세력의 지위를 보장하고 있었다. 각 헌법조항에 대한 제헌의회의 논의과정에서 이해집단들은 활발한 로비활동을 통하여 자신들의 입장을 관철하려고 적극적으로 개입하였고, 특히 군부는 군 역할 축소 등 군과 관련된 영역뿐만 아니라

하는 경제현실에 부적합하며, 경제회복이 장애로 지적되기도 한다.

8) 헌팅턴은 민주화 이행과정을 주도적 행위자와 정치행위자들의 힘의 관계에 따라 위로부터의 민주화(transformation), 아래로부터의 민주화(replac-ement), 타협적 민주화(transplacement)로 구분하다(Huntington 1991, 109-163). 이러한 헌팅턴의 분류에 따르면 브라질은 타협적 민주화의 유형으로 구분할 수 있다. 타협적 민주화는 지배세력과 반대세력이 대체로 힘의 균형을 이루어 어느 일방이 힘의 우위를 자신할 수 없을 경우 개혁파와 온건파가 각기 자기 진영에서 주도권을 확보하면서 서로 명시적 또는 묵시적 타협을 이루었을 때 일어난다(배성인 1995, 150).

논쟁이 되는 다른 영역에까지 영향력을 행사하였다.[9)]

이와 함께 민주화 과정에서 확산된 국민들의 반권의주의적 저항의지와 브라질에 만연한 극도의 불평등에 대한 반감이 헌법제정 과정에 폭발적으로 표출되었고, 각 계층의 다양한 이익표출이 심화되었다. 그러나 제헌의회는 이러한 다양한 이해와 요구의 갈등 그리고 압력을 적절하게 통제할 능력이 없었고, 헌법제정 과정에서 이러한 방대한 요구를 포괄적으로 수용하는 결과를 가져오게 되었다. 즉 브라질의 새로운 민주체제는 그것을 탄생시킨 정치협약의 보수성과 비대표성으로 인해 체제에 대한 사회의 지지가 취약했을 뿐만 아니라, 정치적 갈등을 온건화하고 사회적 갈등을 관리할 수 있는 안정적이고 대표성 있는 정치체제를 제도화하는 데 실패하였던 것이다(배성인 1995, 185).

이상과 같은 브라질 신헌법의 한계는 지속적인 개정과정으로 이어졌고, 현재에도 정치, 경제, 사회 등 여러 영역에서 헌법개정에 대한 논의가 지속되고 있다. 여전히 국가기구 사이의 권한, 중앙과 지방 사이의 분배문제를 둘러싼 개정 논의가 진행되고 있고, 사회적 불평등 해소와 경제위기 극복을 위한 사회 · 경제영역의 개정문제, 정치적 불안정의 원인으로서 제기되는 선거제도와 정당의 문제 등이 헌법개정 논의의 주요한 영역을 이루고 있다.

브라질 신헌법은 앞서 고찰한 것처럼 헌법제정 과정에서 정치적 이해관계를 달리하는 다양한 집단들의 타협의 산물이었던 이유로 매우 방대하고 구체적이며 긴 문장으로 구성되어 있다. 따라서 헌법적 적용 또

9) 대표적인 사례로 군부는 제헌의회 의견과 상충되는 대통령제 유지와 사르네이 대통령의 5년 임기 보장을 주장하였는데, 제헌의회는 사르네이의 5년 임기 보장과 대통령직선제를 채택하였다.

는 제약의 문제가 대부분의 국가 정책영역과 관련되어 있다. 그 결과 각 영역에서 다양한 가치와 이해관계가 상충되어 갈등이 지속적으로 표출되고 있으며, 그 갈등을 제도적으로 조정하고 통합하는 것은 현실적 한계를 수반할 수밖에 없다. 따라서 급속하게 변화하는 국제정세와 국내적으로 산재한 제 문제들—정치적 불안정, 경제위기와 개혁, 불평등과 빈곤, 인권 등—을 해결하기 위해서는 적절한 헌법조항 개정이 불가피한 측면이 내재되어 있다고 할 수 있다. 그 결과 1988년 신헌법이 제정된 이후 브라질 대통령들은 대부분 헌법개정의 노력을 경주해 왔으며, 현재 룰라 대통령 또한 개혁을 위한 헌법개정의 문제를 지속적으로 제기하고 있다.

그러나 브라질 헌법은 이론적 · 제도적 차원에서 보면 헌법개정이 쉽지 않도록 규정되어 있다.[10] 앞서 살펴본 것처럼 브라질 헌법개정은 양원에서 각 2차례의 논의를 실시해야 하며, 각 3/5 이상의 절대다수의 동의를 요구하고 있으며, 그외에도 몇 가지 개정 제한조항을 두고 있다. 헌법개정과 관련된 이러한 법적 제약과 함께 브라질 정당정치와 의회정치의 현실 또한 원칙적으로 헌법개정을 더욱 어렵게 만드는 조건을 제

10) 헌법개정은 의회에서 개정하는 방법, 국민투표로 개정하는 방법, 연방제국가의 경우 연방단위들의 찬성을 통해 개정하는 방법 등 크게 세 가지 방법이 있다. 이 세 가지 방법 중 하나가 사용되기도 하지만 다수의 국가에서 이 세 가지 방법을 혼용하여 사용한다. 헌법은 개정이 어려운가 쉬운가에 따라 경직성 헌법과 유연성 헌법으로 구분할 수 있는데, 의회의 2/3 이상, 양원 모두에서 다수가 찬성, 연방을 구성하는 단위들의 다수가 찬성, 국민투표 과반수 동의 등이 경직성 헌법의 조건으로 지적될 수 있으며, 이 조건을 복합적으로 요하는 경우 보다 경직성이 강한 헌법이라 할 수 있다(신명순 1999, 66-68). 이러한 측면에서 본다면 양원에서 모두 절대다수를 요하는 브라질의 헌법도 경직성 헌법으로 분류할 수 있다.

공하고 있다. 브라질 정당체계는 극단적으로 파편화된 다당제 형태를 보이고 있으며, 따라서 의회에서 하나의 정당이 절대 다수를 차지하는 것은 거의 불가능하다(이에 관해서는 다음 장에서 보다 자세하게 설명될 것이다). 결국 헌법개정의 제도적 조건과 의회다수 획득의 현실적 어려움은 브라질 헌법개정이 이론적으로는 거의 불가능한 장벽으로 설명될 수 있다.

이상의 상충적 환경에 브라질 헌정체제가 가지는 딜레마가 있다. 사회적 갈등과 민주적 요구를 해결하기 위한 제도적 개혁은 헌법의 방대함과 구체성으로 인해 헌법개정을 필요조건으로 하는 반면, 헌법개정의 조건과 현실적 한계는 그 필요조건을 충족시키는 데 중요한 장벽으로 작용하는 것이다. 전자의 문제는 브라질 국민과 정치인들로 하여금 브라질 헌법에 대한 신뢰와 존중의 상실을 야기하게 되며, 권력남용을 법적으로 보장하지 못하게 된다(Augusto Zimmermann 2005). 한편 후자는 브라질이 처한 현실의 문제를 해결하기 위한 대응과 해결의 무능력을 심화할 수 있으며, 이를 해결하는 과정에서 엘리트 사이의 거래와 타협 그리고 이로 인한 부정과 부패 등 비민주적이며 반민중적 정치행태가 빈번하게 발생할 가능성을 높인다. 이러한 딜레마는 브라질 헌정체제가 불안정하게 작동하는 그리고 민주주의와 갈등하게 하는 한계로 작용하고 있다.

Ⅲ. 브라질 신헌정체제와 민주주의의 불안정성

브라질 신헌법이 가지는 자체적인 한계와 현실적 딜레마는 신헌정체제가 브라질 민주주의를 공고화하는 데 기여하고 있는가 하는 논쟁적인 문제를 제기하고 있다. 다시 말하면 신헌정체제가 민주주의 제도의 기본 원리가 되는 견제와 균형을 통해 권력의 집중을 통제하고 권력분립의 원칙을 잘 수행하고 있는가? 신헌정체제가 마련한 정치제도들은 조화롭게 작동하고 있는가? 그러한 결과 브라질 민주주의는 안정적으로 발전하고 있는가 하는 측면에서 브라질 헌정체제와 민주주의의 상관관계의 문제를 제기하는 것이다. 이와 관련하여 여기서는 헌정체제의 핵심적인 요소가 되는 권력구조의 문제—특히 대통령과 의회의 관계—와 그 사이의 주요 동인이 되는 정당과 선거의 문제를 중심으로 브라질 헌정체제와 민주주의의 안정성 문제를 고찰하고자 한다.

1. 권력분립과 의회-행정부 관계 : 민주적 위임과 입법권 침해 논쟁

현대 민주주의 헌정체제의 근본 원리는 정부를 구성하는 권력기구 사이의 권력분립과 견제와 균형으로 지적된다. 한 정치공동체가 그 유지를 위해 필요로 하는 다양한 정책들을 집행하기 위해서는 정책결정과정에 공동체 구성원들의 참여가 필수적이며, 그 과정에서 서로의 이해관계를 균형적으로 투영할 수 있는 제도적 장치들이 필요하다는 인식은 공동체로서 인류가 존재해 온 역사만큼 오래된 공리인 것이다(서복경· 2005, 32). 따라서 헌법이 보장하는 권력기구들이 제공된 권한을 효율적으로 수행하고 그 과정에서 상호 견제를 통해 적절한 균형을 유지하는 것은 헌정체제와 민주주의가 조화할 수 있는 주요한 조건을 제공한다.

현대 헌정체제의 견제와 균형의 원리는 여러 영역에서 나타나지만, 특히 대통령제 권력구조를 가진 국가에서는 국가정책결정 과정에서 국민적 대표성을 부여받아 그 권리를 행사하는 의회와 대통령의 관계가 핵심 영역으로 규정될 수 있다. 따라서 대통령제 국가의 헌법은 두 핵심 권력기구의 권한과 양 기구 사이의 견제와 균형을 위한 제도적 장치를 규정하고 있는 것이 일반적이다. 그러나 브라질에서 의회와 대통령 사이의 역할과 권한의 문제는 불안정해 보이고, 이에 관한 헌법개정이 주요한 논쟁점으로 부상하고 있다.[11] 따라서 이 장에서는 브라질 대통령과 의회가 가지는 헌법적 권한 중 국가 정책결정의 핵심을 이루는 입법권의 문제, 특히 헌법의 대통령 법령권(decree) 조항과 이를 둘러싼 정책결정 과정에 대한 고찰을 통해 브라질 헌정체계가 민주주의에 기여하는 긍정 또는 부정적 일면을 고찰해 보고자 한다.

11) 라틴아메리카에서의 민주화 이후에 나타나는 대통령제의 특징은 과도한 대통령제(hyperpresidentialism) 혹은 위임민주주의(delegative democracy)로 규정되어 왔다. 이는 과거 권위주의 정권으로부터 민주주의 정권으로 바뀌었으나 시민사회가 활성화되지 않아서 정치참여가 활발하지 못한 가운데 도덕적 · 민주적 가치를 실현하기보다는 정치-경제 자유화를 위한 안정되고 효율적인 국가운영을 위해 대통령에게 권한이 과도하게 집중되는 현상을 말한다(이종찬 1997, 31)

1) 브라질 대통령의 헌법적 입법권

근대 민주주의의 발전과정에서 입법권은 의회의 고유권한으로 인식되었다. 그러나 현대 민주주의 체제에서 입법권을 의회의 고유권한이라 단언하는 것은 쉽지 않은 일이다. 오히려 행정국가화 현상의 결과로 행정부에 의해 발의되는 법안이 법률로 제정되는 빈도가 높은 것이 일반적이다. 특히 대통령제 국가의 헌정체제에서는 대통령에게 직접적인 법안 발의의 권한을 제공하기도 하고, 간접적으로 입법활동에 개입할 수 있는 권한을 규정하고 있다. 따라서 현대 정치과정에서 대통령은 주요 법률 제정자이며 "입법 대통령(legislative president)"으로 평가되기도 한다.[12] 이것은 거대해지고 복잡해진 현대 사회에서 국가정책을 효율적으로 수행하기 위한 정책결정과 집행과정에서 입법권이 차지하는 중요성을 새삼 느끼게 하는 대목이다.

정책결정 과정에서 입법과 관련된 대통령의 헌법적 권한은 일반적으로 사후적(reactive) 권한과 사전적(proactive) 권한으로 구분해 볼 수 있다.[13] 브라질 신민주헌법(1988)은 브라질 대통령에게 예외적으로 강력

12) 대통령제의 전형인 미국의 경우 대통령은 직접적인 입법발의 권한을 가지지 않는다. 그러나 미국 헌법 제2조 제3항은 의회에 출석하여 연두교서를 전달하고, 그가 필요하고 편리하다고 생각하는 법률안을 의회에 권고할 권리와 의무를 부여하고 있다(김유남 2000, 422).

13) 사전적 권한은 대통령이 원하는 정책이 법률적 효력을 가질 수 있도록 만드는 권한이며, 사후적 권한은 의회에 의해 결정된 법률안이 대통령의 의사에 반할 때 부분적 또는 전체적으로 거부할 수 있는 권한을 의미한다. 사전적 권한의 가장 대표적인 예로는 대통령의 법령포고권(decree)을 들 수 있으며, 사후적 권한은 거부권(veto power)이 대표적이다.

한 사후적(reactive) · 사전적(proactive) 입법적 권한을 부여하고 있다(양동훈 1997, 12). 브라질 헌법 제66조에는 대통령의 사후적 입법권으로 의회가 통과시킨 법안을 전체 또는 부분적으로 거부할 수 있으며, 이 거부권은 의회 양원의 합동회의에서 절대다수의 의결에 의해서만 무효화될 수 있다. 제62조에는 극심한 위기상황 하에서 대통령에게 임시법령(provisional measures)을 제기할 수 있는 권한을 부여하고 있으며, 그 법령은 30일 동안 강제력을 가지며, 이후 의회에서 법률로 제정되지 않으면 그 효력을 상실하게 된다.

본래 대통령의 법령포고권은 권위주의 체제 하에서 대통령이 입법과정을 강압적으로 통제하는 수단으로 사용되어 왔다. 그러나 민주정부 하에서도 의회 다수를 점할 수 없는 상황에서 대통령들은 포고령을 통해 주요 정책들을 수행하고자 하였고, 그 사용빈도 또한 늘어났다. 그 결과 대통령은 포고령을 통해 입법과정에서 주요한 제안자이자 주도자의 지위를 차지하게 되었다.

그러나 브라질 신헌법은 다른 한편으로 권위주의 체제 하에 비해 의회의 입법적 권한 또한 강화하였다. 입법권을 장악하고 있었던 권위주의적 대통령제 하에서 의회는 단지 형식을 갖추는 보조적 장치에 불구했다. 그러나 신헌법 하에서 의회는 고유한 입법권은 물론이거니와 행정부 법령에 대해 수정 또는 거부할 수 있는 권한을 부여받았고, 대통령이 거부한 법률안에 대해서도 절대다수의 의결을 통해 번복시킬 수 있는 권한을 갖게 되었다. 이러한 제도적 장치를 마련함으로써 브라질 신헌법은 입법권을 둘러싼 의회와 대통령의 권력배분에 있어 군부 권위주의 체제 하에서와는 다른 새로운 견제와 균형체제를 형성하였다.

2) 법령포고권과 의회-행정부 관계

일반적으로 정책형성 과정에서 의회의 대응방법은 크게 세 가지 형태, 즉 독창적 방법, 주도적 방법, 대응적 방법으로 구분할 수 있다.[14] 라틴아메리카의 의회의 경우는 대부분 대응적 방법을 사용하고 있으며, 브라질의 의회-행정부 관계는 전형적으로 주도적 대통령, 대응적 의회로 평가된다. 이러한 의회-행정부 관계에서 의회는 입법과정에서 주도적 역할을 수행하기보다는 행정부에 입법권을 합리적으로 위임하고 행정부의 입법제안에 대한 엄격한 감독과 통제를 통해 효율성과 책임성을 담보하는 것이 일반적 양상이다. 전형적으로 이러한 유형의 관계가 형성되어 있는 브라질의 경우에는 대통령이 헌법적으로 보장된 법령 포고권을 통해 적극적으로 입법과정에 참여하여 주도권을 행사하며, 의회는 이렇게 제기된 법령을 심의하여 법률로 수용 또는 거부하여 대통령을 견제하는 역할을 수행한다.

이러한 브라질 입법과정의 특성으로부터 대통령의 법령포고권과 의회와 행정부의 견제와 균형의 문제를 둘러싼 대표적인 주장은 크게 두 가지로 요약될 수 있다(Gary Reich 2002, 8-9). 하나는 대통령이 입법권을 침해하고 있다는 견해이며, 다른 하나는 의회에 의한 합리적 위임이라는 견해이다. 전자의 입장에서 보면 제정된 전체 법률 중 77-86%

14) Cox와 Morgentstern은 이 세 가지 방법을 다음과 같이 구분하고 있다. 독창적 방법(Originative way)은 정책형성을 책임지고 있는 행정부를 의회 스스로가 구성하거나 폐지시킬 수 있는 방법, 주도적 방법(Proactive way)은 행정부(혹은 대통령)와는 무관하게 입법과정에서 자신의 독립적인 법안을 발의하거나 통과시키는 것, 대응적 방법(Reactive way)은 행정부의 정책 혹은 입법제안을 수정하거나 거부하는 방법이다(Gary W. Cox and Scott Morgentstern 2001).

가 대통령에 의해 주도되고 있으며, 이는 대통령의 입법권력이 너무 과도하게 행사되고 있다는 것이다. 즉 입법과정이 대통령에 의해 지배되고 있으며, 대통령이 실질적인 발의자라는 것이다.

반면, 의회의 합리적인 위임이라는 견해에서는[15] 의회가 대통령의 법령에 대한 엄격한 통제를 통해 각 이슈에 따라 정책결정에 영향력을 행사하고, 따라서 입법과정에 대한 대통령의 절대적 지배를 불가능하게 한다는 것이다. 오히려 행정부의 전문관료에 의해 적절한 입법 이슈가 제안됨으로써 의원들의 입법비용을 감소하여 효율성을 높일 수 있다고 주장한다. 이러한 견해에 기초하면 브라질 대통령은 막강한 입법적 권한에도 불구하고 의회의 지지를 확보하기 위해 대통령은 지속적으로 의회와 교섭해야 하고, 특히 브라질과 같이 상당히 파편화된 정당체계, 느슨한 정당기율을 바탕으로 한 정당연합 또는 연립정부의 구성은 대통령의 제안에 대한 의회의 수정과 거부를 통한 견제를 심화할 수 있다.

대통령 법령권에 관한 두 가지 견해, 즉 입법권의 합리적 위임이냐 아니면 대통령의 입법권 침해냐의 본질적인 논란과 함께 현실적으로 문제가 되는 것은 민주화 이후 대통령의 법령선포권의 과도한 사용 그리고 비헌정주의적 이용에 있다. 대통령의 법령포고권에 대한 헌법규정(62조)의 핵심은 "위기상황"과 "일시적인 위임", 그리고 "법령 수용과 거부에 대한 의회의 헌법적 권한"이라고 할 수 있다. 그러나 신헌정체제

15) 합리적 위임의 견해는 입법과 관련하여 행정부 전문 관료들의 장점을 수용하고, 입법활동에서 투여되는 시간 낭비를 방지할 수 있다는 이점과 의원들이 중요한 정책에 대해 수용과 거부를 통해 선택적으로 영향력을 행사하고 있다는 점에 초점을 두고 있다. 이에 대해서는 Carey and Shugart (1998)의 논의를 참조.

하에서 모든 대통령들은 일상적인 법률안을 만드는 데 이 법령포고의 권한을 이용하였고, 그 결과 일시적인 입법권한의 위임이 일상적인 입법권한의 발휘로 고착화되었다. 헌법은 법령포고권의 일시적 권한을 규정하기 위해 포고된 법령의 유효기간을 30일로 규정하고 있다. 하지만 30일 이내에 의회에서 법률로 제정되지 못한 법령은 대통령에 의해 계속적으로 반복 포고(reissues)되면서 사실상 의회의 지지가 없이도 정책이 계속 수행되어지는 비민주적 양태를 결과하게 된다. 대표적인 사례로 카르도소(cardoso)가 집권하던 기간 중 1997년에는 무려 683개의 재포고된 법령이 의회의 조치를 기다리고 있었었던 반면, 실제로 의회에서 법률로 제정된 법령의 수는 45개를 넘지 못하였다(Gary Reich 2002, 10). 이처럼 브라질 입법과정에서 대통령의 주도적 역할과 권한은 견제와 균형의 헌정원리의 문제를 논외로 하더라도 국민들로부터 국가정책 결정에 관한 입법의 권한을 부여받은 대표기구로서의 의회가 민주적 역할을 수행하는가의 본질적인 문제를 제기하게 된다. 특히 의회가 법령에 대한 심의 자체를 수용하지 않았음에도 불구하고 대통령이 30일의 유효기간이 지나 똑같은 법령을 재포고 한다는 것은 헌법적 권한을 이용하여 권력분립과 견제와 균형이라는 기초적인 헌정주의의 원리를 훼손하는 비민주적 행태로 평가할 수 있다. 이러한 점에서 대통령의 법령포고권과 관련하여 재포고 제한에 대한 헌법개정 논의가 전개되고 있다.

2. 협상과 거래의 정치 : 정당체제와 선거제도의 문제

브라질 헌법이 부여하고 있는 대통령 법령포고권이 입법권의 침해라기보다는 브라질 입법과정의 전통적인 관행이며 의회가 부여하는 합리적 위임이라는 견해를 충분히 수용한다고 하더라도 문제는 여전히 남아 있다.

합리적 위임의 핵심 요지는 헌법이 행정부 법령을 수용 또는 거부할 수 있는 권한을 의회에 부여함으로써 대통령 법령권에 대해 견제를 가할 수 있는 민주적인 제도적 장치를 마련하고 있다는 것이다. 그러나 민주적 견제장치로 부여된 수용과 거부의 권한이 국민에 대한 대표성과 책임성에 기초한 의회의 본연의 역할을 통해 이루어지는 것이 아니라 서로의 이익을 전제로 한 대통령과 의원들의 협상과 거래에 의해 이루어진다면 그 본질적 가치가 훼손되는 것은 두말할 나위가 없다. 브라질 입법과정, 특히 법령권을 둘러싼 의회－행정부 관계에 있어 가장 문제점으로 지적될 수 있는 것이 바로 이러한 점이다.

브라질 대통령과 의회의 관계가 입법과정에서 견제와 균형이라는 핵심적인 헌정원리를 위배하는 거래와 협상의 정치로 전락하는 것은 분명 브라질 민주주의에 대한 침해이다. 그러나 브라질 정치에서 대통령과 의원 사이의 협상과 거래, 그리고 그 과정에서 나타나는 부패의 문제는 매우 일반화되어 있다. 이러한 부정적 결과는 브라질 정치구조가 가지는 원천적인 문제, 특히 정치과정의 핵심적인 동인이 되는 정당과 선거의 문제에서 찾아볼 수 있다.

1) 브라질 정당체제와 연립정부

브라질 정당체제는 1988년 신헌법의 제정 이후 양당제에서 다당제로 변화되었으며, 특히 1994년 선거 이후부터는 극단적인 다당제의 형태를 보이고 있다. 따라서 하나의 정당이 안정적인 의회 지지를 바탕으로 정부를 구성하는 것은 사실상 불가능하며, 일반적으로 여당연합의 형성을 바탕으로 정부가 구성된다.[16] 브라질에서 의회와 대통령의 관계가

〈표 1〉 브라질 정당의 의회 의석분포(2006.2.현재)

정 당			상 원	하 원
여당연합	PT	노동자당	13	91
	PMDB	민주운동당	22	90
	PL	자 유 당	3	49
	PSB	사 회 당	2	16
	PPS	민중사회당	1	16
	PP	진 보 당	-	50
	PTB	브라질노동당	3	49
	PC do B	공 산 당	-	9
	PV	녹 색 당	-	6
	소 계		44	376
야당	PSDB	사회민주당	13	13
	PFL	자유전선당	18	13
	PDT	민주노동당	4	13
	PSOL	사회자유당	2	13
	PRONA	국가질서재건당	-	13
	S/ Partido	무 소 속	-	13
	소 계		37	13
계			81	13

출처 : 주브라질대사관 재외공관(http://www.mofat.go.kr/ek/ek_a002/ek_brbr/ek_04.jsp)개황정보

안정적이지 못하고 헌법적 권리를 통한 비민주적 행태가 양산되는 것은 이러한 다당제와 연립정부의 구성에서 일차적인 원인을 찾을 수 있다.

대통령제의 효율적 작동을 위해서는 선거에서 유권자의 지지뿐만 아니라 적정한 수준의 정치적 · 제도적 지지기반(정당 또는 정당연합)에

16) 2006년 2월 현재 브라질에는 무려 14개의 정당이 상 · 하원에 진출하여 의회를 구성하고 있다. 2002년 룰라 집권 당시 대통령이 소속된 집권당 PT는 513석의 하원의석 중 단지 91석에 불과하였고, 상원의 경우에도 81석 중 단 13석만을 차지하였다. 따라서 룰라 정부는 무려 9개 정당과의 연합을 통해 하원 376석, 상원 44석을 확보하여 연립정부를 구성하였다.

근거해야 한다. 대통령을 지지하는 정당 또는 정당연합은 어느 정도의 조직적 · 정치적 결속력을 발휘하여야 하며, 그러한 정당이나 정당연합은 의회에서 최소한 정책적 협상을 주도할 수 있을 정도의 주요 집단이 되어야 한다(양동훈 1997, 15). 다당제와 대통령제가 공고화에 어려운 배합(difficult combination)인 것은 다당제가 행정부와 입법부 간의 대립을 증가시키고 이데올로기적 극화를 증진시켜 정당 간 연합을 어렵게 만들 수 있기 때문이다(Mainwaring 1993). 브라질은 다당제와 정치적 파편화를 초래하는 선거제도를 갖고 있고, 대통령제의 정부형태가 다당제 의회와 결합되면서 대통령과 의회 사이의 갈등에 따른 제도적 마비가 초래되고 있는 대표적인 사례이다(정진영 2000, 412).

브라질 정치에서 가장 핵심적인 이슈는 개혁이다. 오랜 기간 동안 지속되어 온 경제침체와 위기, 사회적 불평등과 같은 문제를 해결하기 위해 부단히 개혁이 강조되어 왔다. 그러나 브라질의 개혁은 무척이나 더디며 개혁과정에 걸림돌이 많아 보인다. 이에 대한 브라질 정치학의 권위자로 평가되는 상파울루대학 정치학과의 마리아 달바 질 킨주(53) 교수의 다음과 같은 지적은 브라질 대통령제와 다당제의 결합이 가지는 한계를 새삼 느끼게 한다.

> 20여 개의 군소정당이 난립하는 상황에서 정치적 합의를 이루기가 어렵다는 데 한계가 있다. 당이 많으면 개혁정책을 펴는데 거부권자가 많아지게 되고, 변화를 이룬다는 것이 지극히 어려워지는 법이다(문화일보, 2001. 1. 29).

다시 논의의 초점을 입법과정에서 나타나는 대통령과 의회 사이의 거래와 협상의 문제로 돌려보자. 브라질과 같이 안정적인 의회 지지를 확보하지 못하는 경우 대통령과 의회 사이의 교착이 발생할 가능성은 매우 높다. 브라질과 같이 극도의 다당체계가 형성되어 있는 경우 집권당이 의회 다수의석을 차지할 가능성은 매우 희박하며, 다수의 정당을 통해 연립정부를 형성하게 되면 의회 내에서 대통령의 정책에 대한 안정적인 지지를 유지하는 것은 상당히 어려울 수밖에 없다. 따라서 의회와 행정부 사이에 교착이 발생할 가능성이 매우 높으며, 이럴 경우 의회는 대통령이 포고한 법령을 거부하게 될 것이고, 대통령은 의도한 정책 실현을 위해 대응책을 간구해야 한다.

콕스(Cox)와 모겐스테른(Morgentstern)에 의하면 브라질과 같이 대응적 의회와 주도적 대통령의 관계에서 의회의 거부권에 대한 대통령의 대응방법은 의회의 동의를 구하기 위하여 의회에 양보를 하거나 협상하는 흥정(bargaining), 자신이 원하는 정책을 진행시키기 위하여 대통령은 의회를 무시하고 독단적인 권력을 행사하는 독단적 행동(unilateral action), 차기 의회구성에 관여하거나 차기 총선에서의 승리를 기도하는 의회 독립성의 훼손(undermining the assembly's independence)의 방법이 사용된다(Gary W. Cox and Scott Morgentstern 2001).

집권당과 대통령의 국민적 지지기반이 약한 브라질의 경우에는 협상과 흥정을 통해 의회의 지지를 이끌어내는 것이 빈번하게 목격되는 형태이다. 그렇다면 대통령이 의회의 지지를 확보하기 위해 협상과 흥정의 방법을 선택하는 이유는 무엇일까? 역으로 브라질 의원들은 어떠한 이유에서 대통령과의 협상과 흥정을 통해 지지를 거래하는 것일까? 이것은 브라질의 정당구조와 선거제도에서 그 이유를 찾을 수 있다.

2) 정당과 선거

브라질 정당에 대한 일반적인 평가는 매우 무기력하고 기율이 약하며 집단적 정체성이 부족하다(Mainwaring 1992 ; Sartori 1994)는 것이었고, 이러한 유약한 정당의 주요한 원인은 브라질 선거제도에 있다는 것이었다. 여기서는 브라질 정당이 유약한 이유와 선거제도의 연관성에 관한 자세한 고찰은 논외로 두고, 이러한 유약한 정당과 선거제도가 입법과정을 둘러싼 의회와 행정부 관계에 미치는 영향에 초점을 두고자 한다.

우선 정당의 정체성이 명확하지 않고 정당의 기율이 약하다는 것은 입법과정에서 의원들의 표결행위에 정당의 영향력이 부족하다는 것으로 이해할 수 있다. 다시 말하면 국가정책에 대한 정당 차원의 명확한 입장을 견지하지 못한다는 것이며, 정당 간 연합이 이념과 정책노선에 근거하여 응집력을 가지지 못하다는 것을 의미한다. 그 결과 정책 이슈에 대한 의원들의 선택도 유동적일 수 있으며, 표결에 있어 자율성이 높다는 것을 의미한다. 이러한 브라질 정당의 특성은 대통령과 의회 간 교착이 발생했을 때 대응적 의회를 상대로 협상과 타협을 선택하게 하는 주요한 요인으로 작용하게 된다.

대통령제에서 분점정부가 형성되면 의회-행정부 사이에 제도적 갈등과 교착이 심화되고(Cox & Kernell 1991, 242 ; Pfiffner 1991, 43), 제도적 마비 그리고 궁극적으로는 민주주의 제도의 붕괴를 가져올 수 있다(Linz 1990, 51-69)는 우려에도 불구하고 미국 분점정부가 상대적으로 안정적인 이유는 미국 정당 또한 기율이 약하고 의원들의 자율성이 강하기 때문이다. 미국에서 의회와 대통령간의 갈등은 대체로 대통령의 주도로 해소된다. 즉 대통령이 정책 사안별로 의회 내 개별 의원들을 접촉하여 설득함으로써 적극적으로 정책에 대한 지지를 이끌어내는 방식이다. 미국 대통령제에서 이것이 가능한 이유는 정책사안별로 의원들을 접촉하여 정책연합을 형성할 수 있는 여건이 형성되어 있기 때문이다(강원택 2001, 2－6).[17]

또 다른 요인 중 하나는 브라질 정당들이 지역당, 특히 지역 엘리트들의 정당의 성격을 강력히 띠고 있다는 점이다. 따라서 전국적 수준에서의 정당 간 경쟁이나 연합과는 별도로 지방선거에서 정당들 간의 합종연횡이 다반사로 일어나고 있으며(정진영 2000, 422),[18] 정당의 정체성이나 규율보다는 지역 유권자에게 직접적인 영향을 미칠 수 있는 정책이나 재원확보를 더 중요한 가치로 인식한다.[19] 이러한 과정에서 대통령이 제공하는 당근 또는 채찍은 입법과정에서 정당의 단합과 규율보다 더 중요한 거래의 조건이 되고, 지역의 이익이 전제되면 당의 정책과 상관없이 대통령의 정책에 지지를 보내는 결과를 만들어 게 된다. 대다수의 브라질 연방 하원의원들은 재선에 도전하고 있으며, 다른 공직을 차지하기 위해 노력하는 하원의원들을 포함한다면 재민주화 이후 여러 선

17) 사트토리는 이러한 여건을 다음과 같이 지적한다. 첫째 미국 정당들이 이념적으로 무원칙적이며, 둘째 정당규율이 약하고, 셋째 지역구를 의식하고 지방 중심의 정치가 지배하고 있기 때문이다(Sartori 1997, 89).

18) 브라질 선거는 국가 수준과 주 수준 모두에서 파편적인 정당체제를 만들어내며, 지배적 다수를 형성하기 위해 대통령과 주지사 모두 다당연합을 형성하고 지지를 위한 교환에 있어서 연합정당 사이의 장관목록을 할당하고 있다(John M. Carey & Gina Yannitell Reinhardt 2004, 42).

19) 브라질 연방의회는 2006년 1월 대통령, 연방 상 · 하의원, 주지사, 주의원 등 각급 선거에서 자유로운 정당연합을 허용하는 '정당연합 자유화' 법안을 통과시켰다. 이 법안의 통과로 브라질 선거에서는 중앙당의 통제를 받지 않은 채 각급 선거 단위별로 정당연합 파트너를 자유롭게 선택할 수 있게 됐으며, 정당간 합종연횡도 보다 복잡한 방식으로 이루어질 것으로 보인다. 하지만 이번 표

거에서 약 80-90% 정도의 절대다수가 재선에 도전하고 있다(Eduardo Leoni, Carlos Pereira and Lucio Renno 2004, 129). 이는 미국에 비해 낮은 비율이지만 다른 라틴아메리카에 비해 높은 비율이며, 결국 입법과정에서 거래와 협상의 정치가 나타나는 것은 선거와 연결될 수밖에 없다.

브라질 연방 하원의원 선거제도는 크게 5가지 특징—즉 의원수의 상·하한선(8-60명) 규정, 의석배분을 위한 제한 조항이 없는 대선거구제·비례대표제, 정당이 아니라 개인 후보자에 투표하는 개방식 정당명부제, 정당명부에 기재할 수 있는 후보의 수가 의석수보다 많은 후보 등재, 자유로운 정당연합 허용—으로 요약될 수 있다. 이러한 선거제도는 소수당에 유리한 조건을 제공하여 극도의 다당제 형성을 촉진하고 후보자 개인 중심의 득표 전략에 의한 정당규율의 약화를 심화할 수 있다. 또한 당선을 위해 후보자가 무분별하게 정당 간 연합을 추진함으로써 당선 이후 정책 지지에 대한 책임성의 문제를 야기할 뿐만 아니라, 전국 정당의 약화와 당 정체성의 약화를 심화할 수 있다. 이러한 환경들은 의원들을 더욱 개인주의적이고 파벌적으로 만들고, 의원 개인과 지역 유권자의 실리만을 추구하는 무이념적 정책결정과 이슈별 선택 지지 현상을 심화할 수 있다. 이러한 결과는 의회가 엄격한 법령권 심의를 통해 주요

결에서 반대표를 던진 의원들이 헌법소원을 제기할 움직임을 보이고 있는데다, 집권당인 PT 소속 의원들이 선명성을 내세우며 표결에 참가한 전체 77명 가운데 63명이 반대표를 던진 것으로 나타나 룰라 대통령에게 당내 이견을 수습해야 하는 부담을 안길 것으로 보인다. 따라서 현재로서는 이번에 통과된 법안이 올해 대선부터 적용될 것으로 보이지만, 헌법소원 제기 등으로 인해 선거법 개정 일정이 늦어질 경우 연방최고법원이나 연방선거법원의 유권해석에 따라 다음 번 선거부터 적용될 가능성도 있다고 현지 언론은 분석했다(연합뉴스: 2006년 01월 27일).

국가정책에 영향력을 행사함으로써 헌법이 보장하는 입법의 권한을 침해당하지 않는다는 합리적 위임의 견해와는 차원을 달리하는 본질적인 문제, 즉 민주적인 견제와 균형을 핵심으로 하는 헌정주의의 원리를 훼손하여 브라질 민주주의의 발전을 저해하는 요인으로 작용할 수 있다.

3. 브라질 민주주의의 불안정성

브라질 정당체계는 매우 파편화되어 있으며, 따라서 정당연합을 통한 통치가 일반화되어 있다.[20] 그러나 정당기율이 엄격하지 않은 브라질 정당의 특성을 고려하면 정당연합을 통해 양원 모두에서 다수의 지지를 확보하는 것은 쉬운 일이 아니며, 특히 개헌의 경우 정족수에 달하는 3/5 이상의 지지를 획득하는 것은 매우 어려운 일이다. 설령 정당연합이 3/5 이상의 의석을 확보하였다고 해도 헌법개정에 대한 엄격한 지지를 확보하는 것 또한 쉬운 일이 아니다. 따라서 개혁을 위한 정책결정 과정과 헌법개정 과정에서 연합정당의 의원들의 지지를 이끌어내는 노력뿐만 아니라 다른 소규모 정당들의 지지를 획득해야 하는 이중의 노력을 필요로 한다. 이러한 상황은 거래와 협상이 난무하는 비정상적인 정치를 심화하는 요인으로 작용하는 한편, 어려운 조건 하에서도 지속적으로 불완전한 헌법개정이 반복되는 원인이기도 하다. 브라질 헌정체제의 한계와 개정 불가피성은 종국적으로는 반복되는 헌법개정의 과정을 지속하게 만들었고, 불안정한 헌정체제 하에서 대통령의 비입헌적 입법권의 남용

20) 브라질 의회정치에서 연합은 결정적인 조직적 단위이다(John M. Carey & Gina Yannitell Reinhardt 2004, 25).

과 거래와 협상의 정치는 브라질 민주주의를 불안하게 만드는 요인으로 작용하게 된다.

엄격한 권력분립과 의회-행정부 관계의 설정이 명확한 경계를 상실함으로써 국민의 표출된 이익이 정당과 의회를 통해 집약되는 정책결정 과정이 왜곡될 수 있으며, 이는 곧 대표성 왜곡의 결과를 야기할 수 있다. 이러한 왜곡은 결국 사회적 갈등이 조정 · 통합되지 못하고 민주주의를 불안하게 만드는 동인으로 작용하게 되는 것이다. 대통령과 정부의 입장에서도 선거를 통해 의회 내 다수의 지지를 확보할 수 있는 제도적 장치가 마련되지 않은 상황에서 의회의 견제를 최소화하고 개혁과 개헌을 위한 지지를 확보하기 위해 거래를 통한 협상을 추구하게 되면 투입하고자 했던 본질적 가치가 거래를 통해 훼손되어 왜곡된 결과를 야기할 수밖에 없다. 역으로 의회와 의원의 입장에서도 마찬가지이다. 브라질 정치에서 정책결정과정에 참여하는 의원을 비롯한 다수의 고위 정책결정자들과 관련하여 부정부패 사건이 빈번하게 반복되었던 것도 거래와 후견의 정치의 결과물이다.

이처럼 브라질 헌정체제는 불신되고 있으며, 헌법적 한계, 제도적 부조응성과 불안정성, 현실 정치의 관행 등은 여전히 브라질 민주주의를 불안정하게 만들고 있다. "두 개의 브라질"로 평가될 만큼의 극단적인 빈부격차와 불평등의 문제, 정치적 부패와 정치적 불안정, 폭력의 만연과 아동노동과 노예노동으로 대변되는 인권문제 등 국민들의 불평등이 심화되고 있다. 여전히 후견주의와 보스정치 그리고 정치부패가 지속되고 있고, 파편화된 정당들의 이합집산과 흥정의 정치 등이 만연하고 있으며, 정치권에 대한 국민들의 불신 또한 심화되어 왔다. 이러한 과정에서 헌법에 대한 지속적인 개정 논의가 진행되어 왔지만 그 중심에는 소수 엘리트들의 이해관계가 위치해 있었고, 국민들의 의지와 여망을 그다지 수렴되지 못해온 것 또한 사실이다. 그 결과 정치불안, 경제위기 극복 및 경제개혁의 실패, 빈곤과 불평등, 양극화의 만연 그리고 사회적 갈등의 심화 등 현실적 문제들이 쉽게 해결되지 못하고 있으며, 브라질 민주주의가 안착되지 못하도록 흔들고 있다. 브라질 민주주의와 헌정체제의 관계가 조화보다는 갈등에 초점이 맞춰지는 부분이다.

V. 결론

본 논문의 관심은 브라질 신헌정체제가 브라질 민주주의에 어떠한 영향을 미치는가에 있으며, 이를 위해 두 가지 측면의 고찰을 전개하였다. 하나는 브라질 신헌법이 가지는 한계에 관한 것이었으며, 또 다른 하나는 헌정체계의 한계를 극복하기 위한 정치행태가 야기하는 민주주의의 불안정성에 대한 고찰이었다. 특히 후자의 경우에는 헌정원리의 기본을 이루는 권력분립과 견제와 균형의 원리에 관한 것으로 헌법이 규정하는 입법권, 특히 대통령 법령선포권을 둘러싼 의회와 행정부 관계의 문제와 다수의 지지를 획득하기 위해 이루어지는 협상과 거래의 정치를 고찰하였다. 이러한 고찰을 통해 1988년 신헌법이 제정된 이후 브라질 헌정체제가 안정성을 갖지 못하고 지속적으로 개정되는 실패의 양상을 보이고 있음을 지적하였으며, 이 과정에서 나타나는 브라질 민주주의의 불안정성을 제도적 한계점을 통해 살펴보았다.

방대하고 구체화된 신헌법의 경직성은 브라질 신헌법이 제정된 이후 10여 년의 기간을 지나오면서 반복적 개정을 야기하였고, 여전히 헌법조항의 개정에 대한 논의를 지속시키고 있다. 이러한 결과는 국가구성과 권력분배의 안정적 제도화를 통한 법의 지배를 주장하는 헌정주의가 브라질에서 과연 존재하는가라는 의문을 제기하게 만든다. 또한 정책을 결정하는 입법과정에서는 대통령 포고권과 의회입법권의 중첩성과 모호성이 권력분립의 원리에 대한 논쟁을 제기하였으며, 헌법적으로 보장된 대통령 법령선포권의 과도한 남용과 비헌정적 오용으로 인해 권력분립과 견제와 균형이라는 근본적 헌정원리의 침해논란을 불러일으키고 있다. 이러한 과정에서 정당체계의 불안정성, 유약하고 기율이 약한 정당, 전국정당보다 개인주의적이고 지역적 경향을 심화시키는 선거제도, 대통령제와 다당제의 결합 그리고 연립정부 등 정치제도의 부조응성은 입법과정에서 견제와 균형이라는 민주적 운영원리보다 거래와 협상이라는 비민주적 결과를 양산할 수 있는 환경을 제공하고 있다. 브라질 헌정체제는 이러한 복합적인 요인들이 결합되면서 여전히 안정적으로 제도화되지 못하고 있으며, 민주주의 공고화에 핵심적인 동력으로 작용하지 못하고 있다.

극도로 상세하고 방대한 규정들은 급변하는 국제정세와 불안정한 브라질의 정치 · 경제 · 사회적 상황에서 수정을 불가피하게 만들고 있다. 또한 정책결정 과정에서 중첩되고 왜곡된 권한의 배분과 실질적인 정치과정의 비민주성은 불안정하고 방대한 헌정체제를 오히려 왜소하게 만든다. 더하여 정치의 하부구조를 이루는 정치제도들의 불안정성과 부조화성은 근본적인 헌정원리의 침해를 고민하게 만들고 있다. 결국 브라질 헌정체제와 민주주의의 갈등은 어느 일방의 문제라기보다는 헌정체제의 비민주적 측면과 비민주적인 정치과정과 구조의 복합적인 결합이 만들어내는 불가피한 결과로 이해될 수 있다.

강원택. 2001. "분할정부와 정치적 책임성 : 프랑스형 대통령제에 대한 논의" (한국정치학회 춘계학술대회).

김유남. 2000. 『의회정치론 – 비교의회연구』. 서울 : 삼영사.

박봉규. 2004. "정당체제와 민주주의." 『한국동북아논총』 9 – 1.

배성인. 1995. "권위주의체제의 민주화 이행에 관한 연구–한국과 브라질의 민주화를 중심으로–." 단국대학교 대학원, 『학술논총』 19.

서복경. 2005. "권력기구 간 견제와 균형의 제도화"(한국정치학회 춘계학술대회).

신명순. 1999. 『비교정치』. 서울 : 박영사.

양동훈. 1997. "대통령제와 민주주의 공고화 문제 : 브라질의 경우." 경성대 사회과학연구소. 『사회과학연구』 13.

윤택동. 2003. "브라질의 불평등, 제도 그리고 경제발전의 상관관계에 대한 연구." 서울대학교 국제지역원. 『국제지역연구』 2 – 1.

윤택동. 2004. "브라질사회의 갈등과 그것의 경제적 영향 그리고 해소위한 방안." 한국외대 중남미연구소. 『중남미연구』 22 – 2.

이종찬. 1997. "한국 권력구조 개편 논의의 허상과 실상 : 제도화의 방향." 『한국의 권력구조 논쟁』. 서울 : 풀빛.

임성호. 2006. "헌법개정 논의과정과 토의민주주의"(한국정치학회 하계학술회).

정진영. 2000. "브라질 대통령제와 정치적 불안정." 박호성 · 이종찬 외. 『한국의 권력구조 논쟁 II : 권력구조의 운영과 변화』. 서울 : 풀빛.

최장집. 2004. "민주주의와 헌정주의 : 미국과 한국." Robert Dahl. 박상훈 · 박수형(옮김). 『미국 헌법과 민주주의』. 서울 : 후마니타스.

Carey, John M. and Matthew Shugart. 1998. *Executive Drcree Athority.* New York : Cambridge University Press.

Carey, John M. & Gina Yannitell Reinhardt. 2004. "Legislative Coalition Unity in Brazil." *Legislative Studies Quarterly.* xxix (number 1).

Cox, Gary W. & Samuel Kernell. 1991. *The Politics Divided Government.* Boulder, Colo : Westview.

Cox, Gary W. and Scott Morgentstern. 2001. "Latin America's Reactive Assemblies and Proactive Presidents." *Comparative Politics* 33–2 : 171–189.

Huntington, Samuel. 1991. *The Third WaveL Democratization in the Late 20th Century.* Norman : Univ. of Oklahoma Press.

Leoni, Eduardo. Carlos Pereira and Lucio Renno. 2004. "Political Survival Strategies : Political Career Decisions in the Brazilian Chamber of Deputies." *Journal of Latin American Studies* 36.

Linz, J. J. 1990. "The Perils of Presidentialism." *Journal of Democracy* 1 (winter).

Mainwaring, Scott. 1992. "Brazilian Party Underdevelopment in Comparative Perspective." *Political Science Quarterly* 107 : 677–708.

Mainwaring, Scott. 1993. "Presidentialism, Multipartism and Democracy : The Difficult COmbination." *Comparative Political Studies* 26–2 : 198–228.

Martinez–Lara, Javier. 1996. *Building democracy in Brazil : the politics of constitutional change 1985–95.* New York : St. Martin's Press.

Perez–Linan, Anibal. Perez–Linan, 2005. "Democratization and Constitutional Crises in Presidential Regimes : Toward Congressional Supremacy." *Comparative Political Studies* 38(1) : 51–74.

Pfiffner, James P. 1991. "Divided Government and The Problem of Governance." in James A. Thurber(ed.). *Divided Democracy : Cooperation and Conflict between the President and Congress.* Washington, D. C. : Division of Congressional Quarterly Inc.

Reich, Gary. 2002. "Executive Decree Authority in Brazil : How Reactive Legislators Influence Policy." *Legislative Studies Quarterly* 27–1 : 5–31.

Sartori, Giovanni. 1994. "Neither Presidentialism nor Parliamentarism." in J. J. Linz. *The Failure of Presidential Democracy.* Baltimore, MD : Johns Hopkins

University Press.

Sartori, Giovanni. 1997. *Comparative constitutional engineering : an inquiry into structures, incentives and outcomes.* New York : New York University Press.

Souza, Celina. 1997. *Constitutional Engineering in Brazil.* New York : Palgrave Macmillan.

Zimmermann, Augusto. 2005. "A Ninth Constitution Won't Bring Brazil the Rule of Law." *Brazzil Magazine.* thursday, 08 December.

제3부

한국의 민주주의와 헌정주의

제1장. 헌법개정 논의와 행정 그리고 정부

제2장. 한국 헌정민주주의의 불안정 요인 : 헌정주의와 민주주의의 선순환조건 구축을 위한 역사적 고찰

제1장

헌법개정 논의와 행정 그리고 정부

김영민(인하대학교)

I. 문제의 제기

그동안 우리나라에서의 헌법개정 논의는 주로 정부형태를 포함한 권력구조의 변화를 중심으로 이루어져 왔다. 그러나 최근 논의는 권력구조는 물론 전문에서부터 경제조항에 이르기까지 매우 광범위하고 포괄적이라는 특징을 지닌다.[1)] 심지어 헌법 전문의 자유민주적 기본 질서

1) 개정이 논의되는 주요 조항은 아래와 같다(한겨레 21, 2004 9월 9일과 월간조선, 2006 1월호 부록에서 발췌).
전문 : …"대한민국의 건국이념"… 계승 추가
"자유민주주의적 기본 질서"를 "민주적 기본질서"로
제1장 총강
제3조(영토 조항) : 통일에 장애

에서 자유라는 표현을 삭제하는 문제, 경제조항에 자유시장 경제질서를 기본으로 한다는 표현을 삽입하는 문제들에서는 문구를 둘러싼 이념적

국기, 국가, 수도에 관한 조항 추가
제4조 : (통일정책) : "평화적 통일 지향"과 "영토고권 회복" 명시
제2장 국민의 권리와 의무
제10조(행복추구권) : 조항이 너무 다의적이고 막연해서 다른 기본권 확장을 제약
제11조(평등권) : 성별, 종교, "신조" 또는 사회적 신분으로
제17조(사생활의 비밀과 자유) : 프라이버시권 강화
제19조(양심의 자유) : 사상의 자유 추가
제22조(학문과 예술의 자유) : "대학의 자율성 보장" 조항 추가
제24조(선거권) : 선거 나이 18세로 명시
제27조 1항(법관의 재판독점권) : 시민의 재판 참여 봉쇄
제29조 2항(군인, 군무원, 경찰공무원 등의 배상 청구 금지) : 평등권 침해
제32조 4항(여자 근로 부당 차별 금지) : 적극적 우대(affirmative action) 규정 명시
제33조 1항(노동 3권) : 헌법에 보장한 나라 흔치 않음
제34조 5항(장애인 등 보호) : 장애인 인권에 대한 언급 없고 보호대상으로만 간주
제36조 1항(혼인과 가족생활 보장) : 동성결혼 발생하는 경우 논란의 여지
제3장 국회
제44조(국회의원 불체포특권) : 비리 혐의자 제외 규정 삽입
제45조(국회의원 면책특권) : 고의에 의한 명예훼손 제외 규정 삽입
제4장 정부
제66조(대통령의 지위) : "국가의 원수" 표현 삭제
"대통령은 조국의 평화적 통일을 위한 성실한 의무를 진다"를 자유민주적 기본질서에 입각한 한반도의 평화적 통일은 위한 성실한 의무를 진다로
제70조(대통령 임기 및 중임 제한) : 임기 4년에 중임 허용
제86조(국무총리) : 국무총리제 없애고 부통령제 신설

갈등의 소지도 지니고 있다.[2)]

이는 현행 헌법이 1987년 개정되어 18년이라는 절대시간의 흐름을 반영하지 못하고 있기 때문이기도 하지만, 최근 위헌 시비를 둘러싼 일련의 논쟁에서 보는 바와 같이 이제 헌법이 우리의 일상생활에 깊이 침투하고 있기 때문이기도 하다. 일상생활과 유리된 상징규범으로서의 의미만 지니고 있던 헌법이 이제야 비로소 현실규범으로서의 의미를 어느 정도 지니게 된 것이다. 어쩌면 이것은 우리 헌정사에 있어서 정부형태와 같은 권력구조의 변화 못지않은 매우 중요한 의미를 지니고 있는 것인지도 모른다.

헌법에 대한 우리 국민들의 인식을 변화시킨 결정적인 계기는 헌법

제90조(국가원로자문회의) : 폐지
제91조(국가안전보장회의) : 국방정책회의로 대체
제92조(민주평화통일자문회의) : 통일정책회의로 대체
제93조(국민경제자문회의) : 경제과학기술회의로 대체
제5장 법원
제104조 2항(대법원장의 대법관 제청권):
제8장 지방자치
제117조 1항(자치단체 조례제정권) : 법령의 범위 내에 한정하여 자치 입법권 제약
제9장 경제
제119조 2항(경제에 관한 규제와 조정): 사유재산권 침해

2) 헌법은 사회집단들 사이의 역학관계, 그 가운데에서도 특히 계급적 대항관계를 일정 부분 반영하고 있어서 본질적으로 이념적 성격을 가질 수밖에 없다(국순옥 1997 : 20－21). 그러나 이 글에서의 이념적 갈등은 이러한 수준에서의 논의가 아니라, 우리 사회 일부에서 헌법 전문의 “자유민주적 기본질서”를 “민주적 기본질서”로 수정하자고 하며, 다른 일부에서는 경제조항에 “대한민국의 경제질서는 … 자유시장 경제질서를 기본으로 한다”는 문구를 넣어야 하다고 주장하는 수준에서의 이념적 갈등의 가능성이다.

재판소가 내린 2004년 5월 대통령 탄핵소추 기각 평결과 2004년 10월 "신행정수도 건설을 위한 특별조치법" 위헌 평결이다. 헌법재판소가 대통령의 직위를 박탈하지 않기로 결정한 것이나 입법부에서 통과된 법률을 무효로 선언한 것은 우리 헌정사에 있어서는 물론 건국 이후 민주주의 발전과정에서 처음 경험하는 것으로 국민들의 관심을 끌기에 충분한 것이었다. 특히 후자의 사건은 입법부를 위협하는 '사법부의 입법행위(judicial legislation)'이자 행정부를 위축시키는 '사법부의 정책결정(judicial policy making)'으로, 미국식의 '제왕적 사법부(Imperial Judiciary)'가 어느 날 갑자기 우리 앞에 나타난 것을 의미한다(최장집 2004, 8).

그러나 이 글에서는 이러한 복잡한 논의를 하려는 것이 아니다. 이 글에서는 헌법조항 중에서 정부와 관련된 조항을 중심으로 현행 헌법조항의 문제점과 개정방향을 주로 논의한다. 구체적인 논의에 들어가기 전에 최근 헌법개정 논의가 행정에 주는 포괄적인 의미를 이해하기 위하여 헌정과 행정의 관계를 언급한다. 또한 우리 헌법에서 정부의 범위를 어떻게 잡고 있는지를 살펴보고 정부의 개념을 명확히 하기 위하여 국가와 정부의 관계를 살펴본다.

헌법의 정부 관련 조항을 검토하는 데 있어서 정부형태 변화의 문제를 논의하지 않을 수 없다. 그러나 이 글은 정부형태 변화에 따른 권력구조 개편문제를 본격적으로 논의하지는 않는다. 다만 기존 연구에서 상대적으로 소홀히 다루어져 왔던 정부형태와 관련된 제도적 · 비제도적 요인들을 제시함으로써 헌법개정에서 정부형태 변경의 문제가 선택의 문제가 아니라 설계의 문제임을 강조하려고 한다.

II. 헌정과 행정 그리고 정부

1. 헌정과 행정

이른바 '헌정공학'은 '인민에 의한 지배(rule by people)'에 근거한 민주주의(democracy)와 '법의 지배(rule of laws)'에 근거한 헌정주의(constitutionalism)의 상호관계의 동학을 공학적으로 접근하려는 것이다. 현실에서 민주주의 체제는 헌법으로 구체화된 제도적 형식성, 즉 헌정주의와 인민의 지배라고 하는 민주적 규범 사이의 긴장과 괴리, 모순과 갈등을 포괄하기 때문에 복잡한 다이나믹스를 창출한다(최장집 2004, 10).

헌법개정에 대한 이런 접근방식은 사회 전체적으로 민주주의가 충분히 성숙되지 못하여 민주주의와 헌정주의가 충돌하는 양상을 보이고 있는 우리나라와 같은 국가들의 헌법개정을 논의할 때 특히 의미 있는 접근방식이라 할 수 있다. 민주주의 발전과정에서 헌법에 규정된 정치제도들이 민주주의의 공고화에 어떤 영향을 미치는지도 관심의 대상이 되어왔다(Stepan & Skach 1991, 1). 그러나 이러한 접근방식은 헌법개정에 대한 논의를 권력구조 변화에 대한 논의로 한정시키는 한계를 지니고 있다.

정치체제에 대한 국민들의 영향력을 확대하기 위하여 민주주의 원리들에 입각하여 현행 헌법을 전면적으로 재설계하는 논의도 중요할 것이다. 그러나 정부에 대한 국민들의 요구가 급격히 증가함에 따라 과부하에 시달리고 있는 정부가 과연 민주주의 원리에 충실하면서 과거의 통치 가능성(governmentality)을 그대로 유지할 수 있는지의 문제도 검토하여야 한다(Crozier, Huntington & Watanuki 1975, 163-164). 의회의 견제와 고위직 선출만을 통하여 정부의 정치적 책임성을 담보하면서 제한적 정부(limited government)에서 거대 정부(Big government)로의 변신을 용인할 수 있을지를 고민하여야 한다(Hirst 1994, 4). 따라서 기본권과 경제조항을 논의할 때는 복지국가의 관점이 필요하며, 정부를 논의할 때는 정부 능력(government capabilities)의 문제를 함께 논의해야 할 것이다. 기본적으로 근대 국가의 헌법들이 정치적 책임성을 확보하기 위하여 권력을 통제하려는 것이 주목적이었는 데 반하여, 현대 헌법은 권력에 대한 통제 못지않게 국민들의 사회적 기본권 보장과 정부의 효율성 증대도 함께 고려하여야 하기 때문이다.

헌법개정이 정부의 효율성을 얼마나 증대시킬 수 있을 것인지에 대해서는 의문의 여지가 많다. 헌법과 정부 능력 사이에 무수히 많은 변수가 개입하기 때문에 정부의 능력 향상이, 예컨대 정부형태의 변화가 정책결과에 어떤 직접적인 영향을 주었는지를 정확하게 확인할 수는 없다(Weaver & Rockman 1993, 9). 더구나 정부의 효율성을 박정희 시대의 "행정적 민주주의"라는 표현에 압축되어 있는 "의회 만능의 폐단을 지양할 수 있는 강력한 정부"로 이해하는 경우, 헌법개정에서 정부 효율성에 대한 고려는 우리에게 아직은 시기상조라 할 수 있다.

그러나 그동안 우리 사회의 한편에서 정부의 실패와 시장의 효율성에 대한 강조가 줄기차게 있어왔음을 상기할 필요가 있다. 이번에도 전경련에서는 헌법에 내재된 자유경제 조항과 국가의 규제, 조정조항의 공존을 비난하며 "헌법개정 논의에서 경제조항 손질이 권력구조 개편보다 더 시급하다"고 주장하고 있다. 나아가 이러한 시장 효율성의 공세는 국가와 시장관계에만 국한하지 않고 국가영역에까지 강력하게 침투하고 있다(김혜진 2005, 205). 이번 헌법개정은 어쩌면 정부 효율성과 시장 효율성의 각축장이 될 가능성마저도 있는 것이다.

헌정공학적 접근이 현대 헌법의 이러한 측면들과 직접 연결될 수는 없겠지만, 민주주의를 넓게 정의하여 민주주의적 절차를 강조하는 '인민에 의한 지배'에서 민주주의의 실질적 내용을 강조하는 '인민을 위한 지배(rule for people)'를 포함하는 것으로 그 외연을 확대할 필요가 있다. 민주주의와 자유주의를 구별하여 다수결 원리에만 집착하는 협의의 민주주의에서 벗어나 모든 인간은 평등하다는 초기 자유주의(liberalism) 사상을 상기해 볼 필요가 있는 것이다(Kennedy 1985, 13).

이 대목에서 헌정과 행정의 구별이 의미를 지니게 된다. 헌정은 국가의사를 형성하는 것이며 행정은 국가의사를 구체적으로 집행하는 것이다(장지호 1986). 역사적으로 헌정이 부르주아적 당파성을 지닌 정당과 의회에 근거한 것이라면, 행정은 입헌군주의 가신의 성격을 완전히 벗어나지 못한 관료제와 집정부에 근거한 것이다. 따라서 헌정에서는 국가의사의 내용보다는 국가의사 형성과정에서의 시민참여와 자유실현이 강조된다. 절차적 민주주의를 강조하는 헌정이 내용적 민주주의를 강조하는 행정보다 우위에서 행정에 대해 한계와 질서를 정해주기 때문에 행정은 헌정에 종속된다.

그러나 행정이 추상적인 헌정원리를 단순하게 구체화하는 것만을 의미하는 것은 아니다. 헌정은 기본적으로 시민사회, 참여, 자유 등과 같은 추상적 가치의 선언에 불과하고, 이러한 헌정의 내용을 채워주는 역할을 수행하는 것은 행정이다. 내각제적 요소로 지니고 있는 우리 정부의 법률안 제안권이 좋은 사례가 될 수 있다. 헌정의 추상적 가치가 행정의 현실적 가치에 의해서 규정되는 것이며, 이렇게 되면 행정이 헌정보다 우위에 서게 되는 것이다. 그러나 행정의 헌정에 대한 우위를 지나치게 강조하면 시민사회, 참여, 자유와 같은 헌정의 원리들이 말살된다. 따라서 행정 없는 헌정은 내용이 없고 헌정 없는 행정은 정당성이 없다.

행정이 헌정을 규정하는 것은 현실적으로 정부의 의회에 대한 우위로 나타난다. 의회는 사회적 다수세력을 대변하는 당파적 기구이므로 정부가 의회에 종속되면—대통령제에 비해서 내각책임제가 이 원리에 더 충실한 제도이다—행정도 당파성을 띠게 되어 그 사회의 지배적 이익을 대변하는 수단이 된다. 이렇게 되면 민주주의에서 요구되는 행정의 정치적 중립성을 기대할 수 없으며, 초당파적인 관점에서 사회적 대립을 조정하는 역할을 수행할 수 없게 된다. 헌정이 우세하면 사회적 소수(약자)를 보호할 수 없고 행정이 우세하면 일반 시민들의 자유가 제약되는 것이다. 행정이 사회적 강자보다는 약자들에게 더 관심을 가져야 하는 이유는 여기에 있으며, 누구도 침해할 수 없는 사회적 기본권을 헌법에 더 구체적으로 규정해야 하는 이유도 여기에 있다.

2. 국가와 정부

정부는 국가의 존재를 전제로 한다. 그래서 헌법의 정부 관련 조항을 논의할 때 국가와 정부에 대한 약간의 사전 지식이 필요하다. 국가에 대한 정의는 여러 측면에서 가능하다. 그러나 어떤 국가 정의에 의하든 국가는 관념, 제도, 조직, 기능의 복합물이라 할 수 있다. 국가는 공공선, 일반의지, 보편적 이타주의 등에 근거한 윤리적 공동체이면서 이를 실현시키기 위한 모든 공적 제도와 조직의 집합물로, 국방, 질서유지, 사회적 안정 등을 제공하는 포괄적인 기능을 수행한다. 여기에 비해서 정부(government)라는 말은 '배를 저어간다' 또는 '방향을 잡아 이끌다'라는 뜻을 지닌 라틴어(guvernare)와 그리스어(kybernan)에서 유래하는 데서 알 수 있듯이(김태룡 외 2006, 23) 그 국가를 운영하는 구체적인 목표, 방식 및 수단을 의미한다.[3] 어원에 따르면 정부는 집단적 결정을 하고 이 결정을 집행할 수 있는 능력을 의미하기 때문에 공적 조직에만 한정지어 사용하는 개념은 아니다.

그렇다면 국가와 정부의 차이는 무엇인가? 우선 국가는 정부보다 광범위하다. 국가는 공적 영역의 모든 제도와 공동체의 모든 구성원을 포함하는 포괄적 결사체여서 정부는 국가의 부분이다. 국가는 계속적이고 영속적 존재인 데 반하여 정부는 임시적이다. 정부는 교체될 수 있으며, 개혁되기도 하고 다시 형성될 수도 있다. 정부는 결국 국가권위가 작동되는 수단이다. 국가의 정책을 만들고 수정하는 데 있어서 정부는 국가의 핵심 장치로서 국가의 권위를 영속화한다. 국가는 비인격적으로 권위를 행사해야 하기 때문에 국가 공무원은 관료적 방법으로 충원되고 정치적으로 중립적인 것으로 기대된다. 공무원은 당파적인 정부를 위해서 일하는 것이 아니라 국민과 국가를 위해서 일해야 한다. 국가는 사회의 공공선 또는 일반 의지를 대변하며, 정부는 특정 시기에 권력을 잡은 사람들의 이념을 대변한다(조현수 2003, 176).

국민들이 기대하는 국가의 성격에 따라서 필연적으로 정부의 역할과 기능, 제도들이 달라질 수밖에 없다. 비교론적으로 볼 때 상대적으로 강한 국가와 약한 정부, 약한 국가와 강한 정부가 존재할 수 있는 것이다. 미국에서 국가는 아이디어로서도, 제도로서도, 의식에서도 거의 존재하지 않았다. 미국은 유럽형의 국가를 원하지도, 필요로 하지도, 발전시키지도 않았다(Waldo 1980, 189). 극단적으로 표현하자면 미국은 국가

3) 흔히 국가를 통치하는 일을 항해술에 비유하는 것은 어원에 비추어 볼 때 아주 적절하다고 할 수 있다.

가 없는 나라이다. 이러한 미국의 무국가성(statelessness)은 헌법에도 반영되어 있다. 미국 헌법은 의회에 관하여 상세하게 규정하고 있는 것을 제외하고는 국가를 구성하는 제도들에 대해서 전혀 언급하지 않고 있다. 미국 헌정제도 설계의 핵심이 다수의 횡포를 방지하기 위하여 의회의 권한을 제한하는 데 있었기 때문인데(서복경 2005, 32), 이는 헌법제정 당시 미국이 처한 정치상황에서는 아주 당연한 일이었다. 당시 정치상황에서 미국은 사익과 공익, 반연방주의와 연방주의, 의회와 정부 사이에 견제와 균형을 유지할 필요성이 가장 절실했던 것이다(McSwite 1997, 81).

미국은 헌법 2조에서 "집행권(the executive power)은 미합중국 대통령에게 귀속된다"라고 규정되어 있을 뿐 그 집행권의 내용에 대해서는 아무런 언급이 없다. 미국 헌법은 제각기 다른 수많은 세력과 이해관계를 이념보다는 실리에 의하여, 대결보다는 타협에 의하여 조화시킬 수 있었다는 장점을 지니고 있다(김운용 1987, 454). 그러나 정부 관련 조항에 있어서는 유럽의 많은 나라들이 광의의 정부가 되었든 협의의 정부가 되었든 대통령, 행정부, 내각 등 정부와 관련된 별도의 규정을 가지고 있는 것과는 대조적이다. 유럽 국가들과는 달리 미국에서 의회와 집행부 사이의 관계는 권력분립이라기보다는 일종의 기능분리 또는 노동분업에 가까운 것이다(Aberbach, Putnam & Rockman 1981, 22). 우리나라에 영향을 미치고 있는 미국에서 발원한 민주주의의 한 유형으로서의 헌정원리를 국가와 정부라는 관점에서 재해석해야 하는 이유는 여기에 있다. 우리에게 더 이상 미국 헌법을 대통령제의 전형으로 받아들일 수는 없는 이유이기도 하다.

우리 헌법에서는 제1조에 "대한민국은 민주공화국이다"라는 국가의 성격규정에서 출발하여 제2장 국민의 권리와 의무, 제3장 국회, 제4

장 정부, 제9장 경제 등의 조항에서 국가의 권리와 의무를 규정하고 있다. 제2장 국민의 권리와 의무에서는 국민의 자유와 권리를 보호하기 위한 국가의 의무를 주로 규정하고 있으며, 제9장 경제에서는 국가의 경제에 관한 권리와 의무를 함께 규정하고 있다.

헌법 제1조의 "대한민국은 민주공화국이다"라는 국가의 성격규정은 헌법제정이라는 시원적 정치행위가 전제되지 않고는 변경할 수 없는 헌법의 핵심 구성원리이자 일반 시민의 정치적 삶을 규정하는 기본적인 정치원칙으로, 헌법개정의 대상이 될 수 없는 것으로 받아들여지고 있다(곽준혁 2005, 4).[4] 민주주의 국가에서 헌법은 이른바 '제한 정부(limited government)'를 확립하고 유지하는 장치이기 때문에 우리 정부는 헌법의 민주공화국의 원리에 구속된다. 따라서 어떤 정부가 들어서더라도 헌법의 국가 관련 규정의 테두리 내에서 작동될 수밖에 없으며, 국가의 역할만 제대로 수행되면 헌법규정에 가장 충실한 전혀 통치하지 않는 정부가 가장 좋은 정부인 것이다.

그런데 헌법개정과 관련하여 정부의 범위를 어디까지 잡을 것인지에 대해서 이론이 있을 수 있다. 뒤에서 더 자세히 논의하겠지만, 현행 헌법은 제4장에 정부 관련 조항(제1절 대통령, 제2절 행정부)을 따로 두고 국회(제3장), 법원(제5장), 헌법재판소(제6장), 선거관리위원회(제7장) 등은 정부의 범위 안에 포함시키지 않고 있다.

4) 민주공화국이라는 규정은 헌법의 핵심 원리, 헌정질서 전반에 걸친 기본적인 지도원리이자 근본 규범, 국민주권 이념을 표현한 구조적 원리, 국가의 구조와 체계에 관한 국민적 합의의 결과 등으로 해석되고 있다. 그럼에도 '민주공화국'이 의미하는 바에 대한 학문적 연구는 그리 만족할 만한 수준이 아니다(곽준혁 2005).

일반적으로 헌법학자들은 정부의 범위는 크게 네 가지로 나누고 있다(권영성 2004, 1008). 광의로는 국가 그 자체 또는 공권력을 행사하는 모든 국가기관(government)을 지칭하는 의미로 사용된다. 협의로는 입법부 및 사법부와 대립되는 집행부(the executive)의 의미로 사용되며, 최협의로는 대통령을 제외한 내각을 지칭하는 의미로 사용된다. 경우에 따라서는 경제주체로서의 국가, 즉 국고(Fiskus)를 지칭하는 의미로 사용되기도 한다. 정부의 개념과 범위는 국가에 따라 다르다. 영국, 프랑스, 미국에서는 정부를 의미할 때 입법부, 사법부, 행정부를 포괄하는 의미로 받아들인다. 그러나 독일에서는 정부를 의회와 대립되는 의미에서의 행정부만을 의미하며, 일본에서는 가장 좁은 의미로 내각만을 의미하는 것으로 사용한다(김태룡 외 2006, 23). 우리 헌법은 정부에 대통령과 행정부만을 포함하는 것으로 규정하고 있기 때문에 협의의 정부 개념에 입각해 있다고 할 수 있다.

III. 정부형태의 문제

정부형태의 개편문제는 권력구조 전반에 대한 변화를 초래하기 때문에 정부와 관련되는 모든 쟁점들에 영향을 미친다. 그러나 정부형태 유형론이나 대통령제와 내각제의 장단점, 우리나라에의 도입 가능성에 대해서는 무수히 많은 논의가 있어왔기 때문에 추가적인 논의는 하지 않겠다(서복경 2006 ; 이규영 2006 ; 강원택 2006 ; 조정관 2006 ; 김연규 2006). 이러한 논의들은 헌법에 관련된 많은 논의가 그런 것처럼 헌법이 근거하고 있는 원칙들과 현실에서 실제로 나타나는 제도들을 구별하지 않음으로써 논의의 핵심을 명확하게 드러내지 못하고 있다(Judge 1993, 4). 여기에서는 정부형태 개편 논의를 할 때 고려해야만 하는 제도적, 비제도적인 요인들을 열거함으로써 정부형태 개편에 신중을 기해야 한다는 점만을 상기시키려고 한다.

정부형태 개편 논의는 제헌국회부터 산발적으로 계속 제기되어 온 논쟁 중의 하나이다. 주로 정권교체기를 전후해서 일부 정치인과 언론 그리고 여기에 뇌동(雷同)하는 학자들이 당시의 여러 정치적 현안들과 함께 정부형태의 변화 가능성을 슬며시 타진해 보곤 했던 것이다. 그러나 이러한 논의들은 정부형태의 변화에 따른 권력구조 개편의 현실 정치적 이해관계와 그것이 미치는 현실 정치적 파급효과에만 관심을 두면서 자신들의 이해관계에 따라서 상식적인 수준에서 두 제도의 특정한 측면만을 강조하여 부각시키는 데 불과하였다(김영민 2004, 178).

예컨대, 대통령제는 정치권력을 집중시키는 경향이 있으므로 더 강력하고 안정적인 정부를 유지할 수 있다는 주장이나, 내각제는 사회의 다양한 이익을 대표할 수 있어서 사회적 갈등을 해소하기에 더 유리한 제도라는 주장들이 그것이다(박창재 1995, 128). 그러나 이제 대통령제와 내각제 문제는 이런 식의 단편적인 논의에서 그칠 일이 아니다. 우리가 추구하는 정치적 목표—정치적 정통성 유지, 정치와 정부의 안정, 책임정치 구현, 국민참여 확대, 지역감정 해소 등—에 비추어 어느 제도가 더 우리에게 적합한 제도인지를 세밀하게 검토할 필요가 있다. 대통령제와 내각제에도 여러 가지 변종이 존재하므로 두 제도 중 어떤 제도를 선택할 것인지의 문제라기보다는 우리가 추구하는 정치적 목표에 비추어 정부형태를 어떻게 설계할 것인지의 문제이기 때문이다.

정부형태를 설계하는 데 있어서는 대통령제와 내각제의 장단점을 각각 비교하기보다는 정부형태의 변화와 다른 정치제도와의 관계를 종합적으로 살펴보아야 할 것이다. 정부형태의 변화는 다른 정치제도—정당제도, 선거제도, 의회제도, 공무원제도, 지방자치제도 등—들과 서로 영향을 주고받는다. 따라서 정치제도 각각에 대한 단편적인 검토가 아니라, 이 제도들을 어떻게 재설계할 것인지에 대한 종합적인 검토가 필요하다(김영민 2004, 179). 다른 정치제도들과의 관련성을 무시한 채 미국식 대통령제 또는 영국식 의원내각제를 도입한 많은 나라들의 정치적 실패를 반복할 필요가 없기 때문이다.

대체로 라틴아메리카 지역에서는 대통령제가 지속적으로 붕괴하였고, 아시아와 아프리카 지역에서는 내각제가 실패를 계속하였다(Linz & Valenzuela 1994). 따라서 정부형태에 대해서 라틴아메리카를 대상으로 연구하는 경우에는 내각제를 주장하게 되고 아시아와 아프리카를 대상으로 연구하는 경우에는 대통령제를 주장하는 경향이 있다(립셋 1991, 97). 미국의 정치제도를 거의 그대로 모방한 라틴아메리카 국가들에서 대통령제가 제대로 작동하지 못하는 이유가 제도 자체에 있다기보다는 제도와는 독립적인 다른 요인들—경제, 사회, 역사, 문화 등—에 있다는 주장도 상당한 설득력을 지니고 있다.

그러나 미국의 대통령제는 대통령제 중에서도 아주 예외적인 경우에 속한다는 점을 강조할 필요가 있다. 미국은 다른 대통령제 국가들과는 다른 선거제도와 정당제도, 강력한 상원과 대법원의 존재, 연방제 등 매우 독특한 정치제도를 가지고 있다. 정치제도의 운영과 관련해서도 이데올로기적 경직성의 결여 또는 융통성, 약하고 느슨한 정당, 지역 중심 정치의 활성화 등의 측면에서 다른 국가들과는 매우 다른 양상을 띠고 있다(린츠 1991, 106-107).

내각제 내에서의 변종은 대통령제보다 훨씬 더 다양하게 나타난다.

흔히 영국식 내각제를 내각제의 전형으로 간주하고 있으나 군주권(입법권, 통수권)과 통치권(사법권, 행정권)의 분화로부터 시작된 입헌국주제에 입각한 영국식 내각제는 300여 년 이상의 오랜 기간에 걸쳐 형성되어 온 매우 특이한 제도이다(강재호 역 2002, 14). 제정, 왕정, 공화정을 어지럽게 넘나들다 이원집정부제라는 독특한 제도에 도달한 프랑스와 늦은 국가 통일 후 입헌군주제로 출발하여 현재와 같은 내각제로 정착한 독일의 경우에도 각각 그 나라의 독특한 정치역정을 반영하고 있다.

이렇게 볼 때 우리나라에서 대통령제냐 내각제냐의 문제는 어느 하나의 제도를 선택하는 문제가 아니라, 우리 실정에 맞는 새로운 제도를 설계하는 문제임을 분명하게 알 수 있다. 그리고 위에서 언급한 바와 같이 새 제도를 설계할 때 다른 정치제도들과의 관련성을 반드시 고려하여야 한다. 개괄적으로나마 이러한 요인들을 제시하는 이유는, 위에서 언급한 것처럼 특정한 측면만을 강조하여 두 제도를 평가하는 데 따르는 오류를 최대한 피하고, 대통령제와 내각제와 관련된 제도적 · 비제도적인 정치양상의 상호 관련성과 복잡성을 강조하기 위해서이다. 이러한 전체적인 윤곽 아래에서 두 제도가 가지고 있는 특정한 측면에 더 깊이 있는 연구가 이어져야 할 것이다.

마지막으로 두 제도를 검토할 때 남북관계의 변화, 나아가 통일 이후의 남북통합을 염두에 둘 필요가 있다는 점을 추가로 지적하고 싶다. 반드시 정부형태 때문만은 아니겠지만, 예멘이 대통령제 하에서 통일을 하였으나 통합을 위한 권력배분 과정에서 갈등이 내란으로 이어졌으며, 독일은 냉전적 대결구도 하에서도 유지했던 의원내각제를 근간으로 통일 이후 권력구조의 재편과정에서 자연스러운 권력분산이 가능했다(이규영 2005, 61).

어떠한 대통령(내각)제도 어떠한 내각(대통령)제보다 더 민주적 안

(표 1) 정부형태와 관련되는 요인들

제도적 요인	정당제도	• 양당제인가 다당제인가? • 일당내각인가 연립내각인가? • 정당의 응집력(정당의 규율 어느 정도 엄격한가?) • 정당의 운영이 중앙당 중심인가 지방당 중심인가?
	선거제도	• 대통령의 임기와 중임 가능 여부 • 다수대표제인가 소수대표제인가? • 비례대표제의 방식과 그 비중
	의회제도	• 본회의 중심인가 상임위원회 중심인가? • 단원제인가 양원제인가? • 양원제이면 상대적으로 강력한 상원이 존재하는가?
	공무원 제도	• 장관의 임명과 재임기간 • 공무원의 정치적 중립성은 확보되었는가? • 직업공무원제도는 확립되었는가?
	지방자치 제도	• 연방제인가 아닌가? • 중앙집권적인가 지방분권적인가? • 중앙정부와 지방정부의 관계가 분리형인가 융합형인가?
비제도적 요인	정치적 목표	• 정치적 정통성 유지 • 정치 또는 내각의 안정 • 효율적 통치와 책임정치의 구현 • 참여정치의 활성화 등
	정치문화	• 권위적인가 민주적인가? • 이데올로기적 양극화 정도 • 사회적(인종, 지역, 종교 등) 분열의 정도 • 지역정치의 활성화 정도

출처 : 김영민(2004 : 206) 수정

정성을 유지할 수 있으며 더 효율적으로 운영될 수 있다고 주장할 수는 결코 없다. 또한 순수한 대통령제와 순수한 내각제라는 극단적인 이분법을 전제하고 둘 중 하나의 선택을 강요할 수도 없다. 위에서 제시한 제도적 · 비제도적 요인들과의 관련성은 어디까지나 이론적 수준의 논의에 불과하다. 더구나 정부의 실질적인 통치능력(government capabilities)을 결정하는 것은 대통령제와 내각제 여부보다는 정부의 구체적인 정책결정에 영향을 미치는 체제 내적 요인이라는 주장도 상당한 설득력을 지니고 있다(Arnold 1979 ; Ripley & Franklin 1980 ; Gunther & Mughan 1993). 이제 대통령제가 유지된다고 가정하고 헌법의 정부 내부 구조 관련 조항들의 문제점을 더 구체적으로 논의해 보자.

IV. 정부 관련 규정 개정 논의

우리나라 헌법에서는 정부의 구조를 자세히 규정하고 있다. 정부는 대통령을 정점으로 하여 국무총리, 국무위원, 행정각부 및 감사원으로 구성되고, 집행에 관한 주요 정책을 심의하는 기구로 국무회의를 설치하고 있으며, 대통령의 자문에 응하기 위한 각종 자문회의를 두고 있다. 그러나 집행에 관한 실질적 권한은 대통령 한 사람에게 집중되어 있고, 국무총리, 국무위원, 행정각부의 장 등은 단지 대통령을 보좌하기 위한 보좌기관이다(권영성 2004, 1009). 아래에서는 현행 헌법의 정부 내부 구조와 관련되는 규정의 개정 논의에 있어서 주요 쟁점에 대해서 논의하려고 한다. 현행 헌법의 정부 관련 규정은 아래와 같다.

제4장 정부
제1절 대통령(제 66조 – 제 85조)
제2절 행정부

제1관 국무총리와 국무위원(제 86조 – 제 87조)

제2관 국무회의(제 88조 – 제 93조)

제3관 행정각부(제 94조 – 제 96조)

제4관 감사원(제 97조 – 제 100조)

정부 관련 규정 중 쟁점이 되는 부분은 위에서 논의한 정부형태 문제 외에도 첫째, 대통령 임기 및 중임 제한과 부통령제 신설, 둘째, 국무총리제도의 존치 여부, 셋째, 부총리제도 위헌 여부, 넷째, 대통령 자문기구(국가원로자문회의, 국가안전보장회의, 민주평화통일자문회의, 국민경제자문회의, 국가과학기술자문회의) 설치, 다섯째, 감사원의 국회로의 소속 변경 등이다. 물론 위의 쟁점들은 대통령제가 유지된다고 전제하고 있기 때문에 정부형태가 내각제 또는 또 다른 형태로 바뀐다면 전혀 다른 논의를 해야 할 것이다. 또한 각각의 쟁점들이 서로 밀접하게 연결되어 있기 때문에 각각 개별적으로 검토하기 보다는 국가, 정부, 대통령, 행정부 등을 포함한 종합적인 검토가 필요하다. 여기에서는 일단 대통령제를 중심으로 하는 기존 헌법체계가 유지된다고 가정하고 각각의 쟁점에 대한 필자의 의견을 제시한다.

1. 대통령과 부통령

현행대로 대통령제가 유지된다면 대통령의 임기 및 중임 제한 문제와 부통령제의 신설과 이에 따른 국무총리제의 존치 여부와 국무총리제를 유지할 경우 국무총리의 위상 등이 문제된다. 현행 국무총리제에 대해서는 제도 자체에 대해서도 많은 문제점들이 지적되어 왔으며, 제도

운영에 대해서는 더 많은 문제점들이 지적되어 왔기 때문에 별도로 검토하기로 한다.

대통령의 임기 및 중임 제한 문제에 대해서는 학계와 정치계에서 대체적으로 '임기 4년에 연임 허용' 쪽으로 합의가 모아지고 있는 것 같다. 다만 대통령 선거와 관련하여 현행 선거 주기를 조정하여 대통령과 국회의원의 선거를 동시에 실시하여 분점정부의 출현 가능성을 낮추어 정부와 의회관계의 안정성을 높이자는 주장이 설득력 있게 제기되고 있다(김용호 2004). 대통령의 지위와 관련하여 일부에서는 "대통령은 국가의 원수이며"라는 표현을 삭제하자고 주장하고 있으나, 대통령제가 유지되는 한 대통령이 정부수반으로서의 역할뿐만 아니라 헌법에서 부여한 대내외적인 국가원수로서의 역할을 수행하여야 하므로 굳이 삭제할 이유가 없을 것이다.

국무총리를 폐지하고 부통령을 두자는 데 대해서는 그렇게 많은 논의가 이루어지지 않고 있다. 부통령을 둘 경우 부통령의 권한, 선출방법, 지위 등이 문제된다. 부통령은 대통령을 보좌하고 대통령 궐위시에 대통령직을 승계한다는 데에는 이견이 있을 수 없다. 부통령 선출방법에 대해서는 국민이 직접 선출하는 방법과 대통령이 임명하는 방법이 있을 수 있다. 국민이 직접 선출하는 경우 대통령과 단일투표로 할 것인지 대통령과 별도의 복수투표로 할 것인지의 문제가 있을 수 있는데, 부통령의 실질적 권한이 크지 않기 때문에 단일투표제로 하는 것이 적절할 것 같다. 부통령제를 실시하고 있는 대부분의 국가에서도 국민들이 직접 선출하는 단일투표제를 실시하고 있다(서복경 2005, 40–45). 부통령을 대통령이 임명하는 경우 의회의 동의 또는 승인을 받게 하는 국가들이 일부 있으나 국민들이 직접 선출하는 경우 이러한 문제는 발생하지 않을 것이다.

2. 국무총리제도 존치 여부

국무총리제도에 대해서도 정부형태의 문제와 관련하여 별도의 연구가 필요하다. 우선 지적할 수 있는 것은 대통령중심제 아래에서 지금의 제도는 명백히 기형적이라는 점이다. 우리나라 국무총리제도의 변천사를 보더라도 1공화국 출범 때 순전히 정략적인 이유로 출발하여 1955년 다시 정략적인 이유로 없앴다. 내각제를 채택한 2공화국에서 명실상부한 국무총리제도를 채택하였다가 5·16 직후 내각수반으로 개칭되어 오늘에 이르고 있다. 요컨대 현재 우리의 국무총리제도는 각 부처의 정책을 조정하여 대통령을 보좌해야 한다는 합리적인 근거에서 설치하였다기보다는 순전히 정략적인 필요에서 설치하여 지금까지 유지되고 있는 것이다.

대통령중심제를 채택하고 있는 지금의 상태에서 국무총리실을 강화해 보았자 대통령 비서실과의 갈등관계는 여전히 존재할 수밖에 없다. 이렇게 되면 국무총리는 명문화된 규정과 제도가 아니라 대통령 개인의 스타일에 따라서 그 권한과 책임이 달라지는 모호한 형태로 남을 것이다. 최근 국무총리실을 강화했음에도 불구하고 그 효과에 대해서는 단정적으로 말할 수 없다. 정부 전체의 정책조정과 관련해서 국무총리가 행정 각부에 대한 통할권을 갖고는 있지만 통할의 범위와 권한이 어디까지인지 명백하지 않다. 각 부처를 분할하여 담당하는 국무총리 국무조정실 내부의 업무 분업은 대통령 비서실의 업무분업과 유사하다. 업무의 한계가 명확하지 않기 때문에 어떤 정책조정에 대해서 대통령 비서실이 직접 나서면 국무총리실은 할 일이 없어진다.

우리나라 국무총리는 대통령(비서실)과 각부 장관 사이에서 '있어도 그만 없어도 그만' 인 존재로 전락할 가능성은 언제든지 남아 있다. 경제정책의 경우에는 경제정책조정회의 의장인 부총리 겸 재정경제부 장관이 정책조정에 대한 실질적인 권한을 행사하고 있다. 또한 정부 전체에 대한 예산권은 기획예산처에서 쥐고 있기 때문에 각 부처는 국무총리실보다는 기획예산처에 더 의존해야 한다. 이런 상태에서는 국무총리실을 아무리 강화해도 국무총리의 실질적인 위상은 변하지 않는다. 아마도 현행 헌법에서 국무총리의 가장 중요한 역할은 대통령을 대신해서 책임을 지고 물러나는 일이다. 대통령은 권한을 행사하되 책임은 지지 않고, 국무총리는 권한은 없되 책임은 져야 하는 것이다. 이런 권한과 책임의 불일치 현상이 때로는 대통령의 독주를 조장하는 요인으로 작용하기도 하였다(조석준 1997, 129).

국민들의 입장에서 이것보다 더 중요한 점은 어떤 정책조정이 실패하여 막대한 예산을 낭비하고 국민들에게 큰 부담이 되는 경우, 도대체 그것이 누구의 잘못인지 알 수 없다는 점이다. 대통령(비서실), 국무총리(실), 부총리, 담당 부처 등이 얽혀 돌아가는 정책조정 과정에서 그 책임의 소재가 누구인지 알 수 없다. 우리나라에서 IMF와 같은 국가적인 대형 사건이 터질 때마다 책임의 소재를 둘러싸고 서로 발뺌하는 현상은 이런 상황과 무관하지 않다. 국무총리제도가 정부의 효율성을 감소시키는 것은 물론이고 민주주의 국가의 기본 원리인 책임정치의 실현에도 장애가 될 가능성이 있는 것이다.

3. 부총리제도 위헌 여부

우리 헌법에는 부총리제도에 관한 근거 규정이 없다. 그럼에도 정부조직법에 근거하여 재정경제부 장관, 교육인적자원부 장관, 과학기술부 장관 등 3인의 부총리를 두고 국무총리가 특별히 위임하는 사무를 처리하게 하고 있다. 헌법에 국무총리, 국무위원, 행정 각부의 장 등에 관한 근거규정이 있을 뿐 부총리에 대한 근거 규정이 없는데도 불구하고 하위법인 정부조직법에서 부총리를 두고 있는 것은 위헌의 소지가 있다.

부총리가 국무총리와 행정 각부의 장의 중간에 위치하는 직위이며 행정각부의 장에 관한 규정을 헌법에 두고 있음을 감안할 때, 헌법에서는 부총리 직위의 존재를 상정하지 않고 있다. 그러나 우리나라 정부조직법(제19조의 2)에는 국무총리가 특별히 위임하는 사무를 처리하게 하기 위하여 부총리 3인을 두며, 부총리는 국무위원으로 보하며, 재정경제부 장관, 교육인적자원부 장관 및 과학기술부 장관이 각각 겸임하도록 하고 있다. 헌법에서 만들 것을 상정하지 않은 직위를 하위법인 정부조직법에서 만든다는 것은 명백히 위헌이다(조석준 1997, 49). 따라서 부총리를 없애거나 부총리에 관한 근거규정을 마땅히 헌법에 두어야 한다. 참고로 부총리제도도 국무총리제도와 마찬가지로 5 · 16 이후 군사정권 최고회의에서 현역 군인들이 법률적인 검토 없이 급조해서 만든 것이 오늘날까지 지속되고 있는 것이라는 점을 지적해둔다.

정부조직법(제16조)에 근거하여 국가정보원법에 의해 대통령 소속 하에 설치된 국가정보원도 위헌의 소지가 있다. 국가정보원은 기능의 중요성으로 보아 행정 각부에 속하는 어느 부처 못지않게 중요한데, 그 장이 국무위원이 아니기 때문에 행정 각부는 아니다. 국가정보원장은 지위나 보수 면에서 부총리 대우를 받고 있다. 따라서 부총리제도에 대한 위헌논리는 정부조직법에 의해서 설치된 국가정보원에도 그대로 적용될 수 있다. 국가정보원도 행정 각부의 하나로 하고 국무위원으로 임명하여 국무총리 통할 하에 들어가게 하거나, 어떤 부의 보조기관 또는 소속 청으로 하여 그 부의 지휘 · 감독을 받게 하여야 한다(조석준 1997, 48).[5] 국가정보원은 구체적인 업무수행을 위하여 대통령령을 정할 수 있는데, 현재로서는 국가정보원장이 국무위원이 아니기 때문에 자기 조직 소관 행정명령을 심의할 국무회의에 참석할 수 없는 모순이 생긴다.

4. 대통령 자문기구 설치

현행 헌법에는 대통령 자문기구로 국가안전보장회의(제91조)를 두어야 하며, 국가원로자문회의(제90조), 민주평화통일자문회의(제92조), 국민경제자문회의(제93조)를 둘 수 있게 하고 있다. 과학기술의 혁신과 정보 및 인력개발을 통하여 국민경제 발전에 노력하기 위하여 필요한 자문기구를 둘 수 있으며(제127조), 이 조항에 근거하여 국가과학기술자문회의를 두고 있다.

국가안전보장회의는 국무회의의 전심기관으로, 국가안전보장과 관련된 대외정책, 군사정책과 국내정책의 수립에 관하여 대통령의 자문에 응하는 기구이다(제91조). 대통령을 의장으로 국무총리, 통일부장관, 외교통상부 장관, 국방부 장관, 국가정보원장 및 대통령이 정하는 약간의 위원으로 구성한다(국가안전보장회의법, 제2조). 국가원로자문회의에 관한 규정은 5공화국 출범 초 신설된 국정자문회의가 6공화국 출범 직후인 1988년 확대 · 개편된 것으로, 전두환 전대통령이 1988년 의장직을

5) 조석준(1997 : 48)은 이 방법에 의해서도 국가정보원이 충분히 기능을 수행할 수 있을 뿐만 아니라, 헌법개정 없이 위헌의 소지를 해소할 수 있기 때문에 후자의 방법에 찬성한다.

사퇴하면서 현재까지 사문화된 규정이다. 민주평화통일자문회의는 민주평화통일정책 수립에 관하여 대통령의 자문에 응하는 기구로(제92조), 주민이 선출한 지역대표와 정당, 직능단체, 주요 사회단체 등의 직능분야 대표급 인사로서 국민의 통일의지를 성실히 대변하여 대통령에게 건의하고 자문에 응할 수 있는 인사 중에서 대통령이 위촉하는 7천인 이상의 자문위원으로 구성한다(민주평화통일자문회의법, 제3조). 국민경제자문회의는 국민경제의 발전을 위한 중요 정책의 수립에 관하여 대통령의 자문에 응하는 기구로(제93조) 의장 1인, 부의장 1인, 당연직위원 5인 이내, 위촉위원 30인 이내 및 지명위원으로 구성한다(국민경제자문회의법, 제3조). 국가과학기술자문회의는 헌법상의 기구는 아니지만 헌법의 근거 조항에 의하여 의장 1인, 부의장 1인을 포함한 30인 이내의 위촉위원과 지명위원으로 구성한다(국가과학기술자문회의법, 제3조).

위에서 보는 바와 같이 헌법상의 대통령 자문기구에 관한 조항은 현재 사문화된 것도 있고, 무려 7천 명의 위원으로 구성된 민주평화통일자문회의처럼 그 역할과 기능이 모호한 조직도 있다. 국민경제자문회의와 국가과학기술자문회의도 활동실적이 부진하고 업무내용이 관련 부처와 중복되는 부분이 많아서 상징적인 의미를 제외하고는 큰 의미를 찾을 수 없다. 헌법기관이라는 이유만으로 이들 회의체 조직들의 사무처가 수행하는 업무에 비해서 상대적으로 방대한 정원과 예산을 유지하고 있는 것은 국가의 예산낭비라는 측면에서도 검토되어야 한다. 국가원로자문회의는 당연히 폐지되어야 하며, 국가안전보장회의와 민주평화통일자문회의는 권한과 구성을 더 구체화할 필요가 있다. 활동이 미미한 국민경제자문회의와 국가과학기술자문회의는 국가경제과학기술자문회의로 통합하는 방안을 생각해 볼 수 있다.

최근 우리 사회에서 쟁점이 된 바 있는 헌법기관이 아닌 대통령 소속 자문기구와 관련해서는 “대통령 직속의 국가기관의 설치는 헌법에 근거한 경우에 한한다”라는 조항을 신설해야 한다는 주장이 있다(헌법포럼, 2005). 대통령 직속의 헌법과 법률적 정당성을 지니지 못한 대통령 소속 위원회를 양산하여 헌법에서 정한 국무회의의 기능을 약화시키는 반헌법적인 행태를 막기 위한 규정을 두어야 한다는 것이다.

5. 감사원 소속 변경

현행 헌법에 의하면 감사원은 국가의 세입 · 세출의 결산, 국가 및 법률이 정한 단체의 회계검사, 행정기관 및 공무원의 직무에 관한 감찰 등을 담당하는 대통령 소속 기관이다. 감사원은 국가의 세입 · 세출의 결산을 해마다 검사하여 확인하고 그 결과를 대통령과 다음 연도 국회에 보고하여야 한다. 감사원의 회계검사 업무는 국가, 지방자치단체, 정부투자기관 등의 회계를 검사하여 그 집행에 적정을 기하게 하기 위한 것으로, 회계검사 대상은 필요적 검사사항과 선택적 검사사항으로 구분된다. 필요적 검사대상은 감사원에서 반드시 검사하여야 하는 사항으로서 국가 및 지방자치단체 등 38,700여 개 기관의 회계업무가 이에 해당한다. 선택적 검사사항은 감사원이 필요하다고 인정하거나 국무총리의 요구가 있을 때 검사할 수 있는 사항으로 국고수납대리점(금융기관) 등 29,300여 개 기관의 회계업무가 이에 해당한다. 직무감찰은 행정기관 등의 사무와 그 소속 직원의 직무에 관한 감찰을 할 수 있는 권한을 가지고 있다. 직무감찰은 공무원의 비위 적발을 위한 비위 감찰뿐만 아니라 법령 · 제도 또는 행정관리상의 모순이나 문제점의 개선 등에 관한 기능이 포함된다.

위에서 보는 바와 같이 감사원은 크게 회계검사와 직무감찰이라는 두 가지 이질적인 업무를 수행하고 있다. 회계검사는 국민의 재산권과 관련되는 것으로, 국민의 대표만 할 수 있는 권한인 데 반하여 직무감찰은 행정부 내부의 일상적인 자체 감사로 인한 비위 적발과 행정제도 개선을 목표로 하고 있다. 따라서 결론부터 말하자면 회계검사 업무는 하루 속히 국회로 이관하여야 한다. 최근 감사원법과 국회법을 개정해서 국회가 감사원의 결산 보고를 예산국회에서 한 번만 보고받을 것이 아니라 언제든지 수시로 보고받을 수 있게 함으로써 결산에 대한 국회의 통제권을 강화하려는 움직임이 있지만 이것으로는 근본적인 문제를 해결할 수 없다.

예산을 편성 · 집행하는 행정부에서 결산과 회계검사 업무를 같이 담당하는 것은 기본적인 사회통념상의 상식에 어긋난다. 작은 친목단체에서도 총무는 회장이 임명하더라도 감사는 총회에서 단체회원들이 직접 선출하는 것은 회비는 회장이 쓰지만 결산은 회비를 내는 회원들이 직접 선출하는 사람이 하여야 한다는 취지이다. 기억하기에는 이미 오래 전부터 대통령 선거에서 유력 후보들이 이구동성으로 대통령이 되면 감사원의 회계검사 기능을 국회로 이관하겠다는 공약을 내걸고 막상 당선된 이후 실행에 옮기지 못하였는데, 이는 현 대통령의 경우에도 마찬가지이다.

V. 결론

그동안 우리나라 헌법개정에 대한 논의는 정치적 목적에서 주로 이루어졌다. 그래서 정부형태를 포함한 권력구조 개편에 관심을 집중시켜 왔다. 그러나 최근의 개편 논의는 헌법 전문에서 경제조항에 이르기까지 매우 광범위하고 포괄적인 특징을 지닌다. 이제 헌법에 있어서도 선진국 헌법의 단순 모방에서 벗어나 우리에게 적합한 새로운 헌법설계가 필요한 시점에 이른 것이다. 그동안 상징규범으로서만 존재하던 헌법이 2004년 헌법재판소의 일련의 평결이 보여주는 바와 같이 현실 규범으로서의 효력이 증가되면 될수록 이러한 필요성은 더욱 시급한 것이다.

새로운 제도를 설계할 때 그 제도의 근본적인 취지를 이해할 필요가 있다. '인민에 의한 지배'에 근거한 민주주의와 '법의 지배'에 근거한 헌정주의(constitutionalism)는 갈등할 수밖에 없는지? 이른바 '헌정주의적 민주주의(constitutional democracy)'는 불가능한건지? 국가의사를 형성하는 헌정과 국가의사를 집행하는 행정의 바람직한 관계는 무엇인지? 국가의 성격에 따라 정부에게 기대되는 역할과 기능이 어떻게 다른지? 등은 헌법개정을 논의할 때 반드시 짚고 넘어가야 할 주제들이다.

정부형태 개편문제는 헌법개정의 가장 중요한 쟁점 중 하나이다. 그동안의 정부형태 개편 논의는 현실 정치적 이해관계에 따라서 대통령제, 내각제 또는 이원집정부제 등 정부형태 유형론을 중심으로 이루어져 왔다. 그래서 정부형태와 밀접히 관련된 제도적 요인들을—정당제도, 선거제도, 의회제도, 공무원제도, 지방자치제도 등—종합적으로 다루지 못하고 정부형태의 특정한 측면만을 부각시키는 한계를 보이고 있다. 그러나 이제 정부형태 개편문제는 서구에서 발달한 정부형태의 한 유형을 우리가 선택하는 문제가 아니라 우리 실정에 맞는 정부형태를 새롭게 설계하는 문제이다. 새로운 제도를 설계할 때 정부형태와 관련되는 제도적 요인과 비제도적 요인들과의 관련성에 대한 세부적인 논의가 있어야 할 것이다.

대통령제가 유지된다 하더라도 현행 헌법은 정부와 관련되는 조항에 있어서 몇 가지 문제점을 지니고 있다. 대통령 임기와 중임 제한 문제, 부통령제 신설과 국무총리제도의 존치 여부, 부총리제도 위헌 여부, 대통령 자문기구의 존폐 문제, 감사원의 소속 변경과 권한 등, 그동안 지적되어 온 문제점들이 정리되어야 할 것이다. 정부 관련 조항에 포함되어 있지는 않지만 현행 우리 헌법의 내각제적 요소인 국무총리와 국무위원에 대한 국회의 해임 건의권, 국회의원의 국무위원 겸직, 행정부의 법률안 제안권 등을 그대로 둘 것인지에 대한 추가적인 검토도 있어야 한다. 위의 쟁점들은 현행대로 대통령제가 유지된다고 전제하고 있기 때문에 정부형태가 내각제 또는 또 다른 형태로 바뀐다면 전혀 다른 논의가 필요하다.

정치제도를 바꾼다고 오랜 시간을 두고 형성된 정치문화와 정치행태가 바로 개선되기를 기대할 수는 없다. 모든 제도는 그 제도를 운영하는 사람들에게 익숙한 문화적 환경과 행태적 특성 속에서 작동된다. 제도보다 문화와 행태를 강조하는 이른바 '정치문화론자'들은 서구의 정치제도는 완벽에 가깝다고 전제하고, 정치제도가 정치문화에 미치는 영향보다는 정치문화가 정치제도에 주는 (악)영향에만 관심을 기울여 왔다. 이들은 주로 비서구 국가들의 전통문화가 서구에서 도입된 정치제도의 작동을 어떻게 방해하고 있는지에 관심을 두어왔던 것이다. 이 글에서 제도, 문화, 행태 사이의 복잡하고 고전적인 논의를 재론할 수는 없다. 다만 현행 헌법의 정부 관련 조항을 개정한다고 해서 빠른 시일 안에 우리 정부의 민주성과 효율성이 동시에 갑자기 높아질 것이라고 기대하기는 어렵다는 점을 지적하고 싶다.

강원택. 2005. "권력구조와 국가 원수의 역할"(한국정치학회 춘계학술회의).
강재호 역. 2002. 『일본의 행정과 행정학』. 부산대학교출판부.
마르틴 크릴레 지음 국순옥 옮김. 1983. 『민주적 헌정국가의 역사적 전개』. 종로서적.
______ 엮음. 1992. 『자본주의와 헌법』. 까치.
______. 1997. "헌법해석의 기본 시각." 『헌법해석과 헌법실천』. 민주주의법학연구회편. 도서출판 관악사.
곽준혁. 2005. "헌정체제의 두 가지 원칙 : 민주주의와 공화주의"(한국정치학회 춘계학술회의).
권영성. 2004. 『헌법학원론』. 법문사.
김연규. 2005. "비교 시각에서 본 한국의 분권형 대통령제 : 한국 대통령제의 내각제화"(한국정치학회 춘계학술회의).
김영민. 2000. "정부형태와 관련된 제도적 요인들." 『한국행정학의 반성』. 인하대학교출판부.
김용호. 2004. "2003년 헌정위기의 원인과 처방 : 제3당분점정부와 대통령-국회간의 대립." 진영재 편저. 『한국 권력구조의 이해』. 나남출판.
김혜진. 2005. "헌정체제의 변화와 개헌의 정치과정"(한국정치학회 춘계학술회의).
김태룡 외. 2006. 『새 한국정부론』. 대영문화사.
린츠, J. 1991. "내각책임제를 선호한다." 『계간 사상』(겨울호).
립셋, S. M. 1991. "정치문화를 중심으로 봐야 한다." 『계간 사상』(겨울호).
박영훈. 1994. "대통령중심제하에서의 국무총리(실)의 역할과 기능에 관한 연구." 한국행정연구원 연구보고서(KIPA 연구보고 94-13).
백창재. 1995. "대통령제-내각제 논쟁의 허와 실." 『국가전략』(1/2). 세종연구소.
서복경. 2005. "권력기관 간 견제와 균형의 제도화" (한국정치학회 춘계학술회의).
송우 편. 1990. 『한국헌법개정사』. 집문당.
신명순 · 조정관 공역. 1995. 『내각제와 대통령제』.나남출판.
『월간조선』. 2006년 1월호 부록. 헌법 포럼
이규영. 2005. "의원내각제 원리와 한국에서의 도입 가능성" (한국정치학회 춘계학술회의).
장지호. 1986. "Lorenz von Stein의 행정학 : 서설적 고찰." 『논문집』(5). 인하대학교 사회과학연구소.
조석준. 1997. 『한국행정조직론』. 법문사.
조정관. 2006. "한국 권력구조 개편 논의 : 대통령제의 정상적 작동을 향한 개헌론" (한국정치학회 춘계학술회의).
조현수 옮김. 2003.『정치학』. 성균관대학교출판부.
최장집. 1985. "변형주의' 와 한국의 민주주의." 『사회비평』(13).
______. 2004. "민주주의와 헌정주의 : 미국과 한국." 박상훈, 박수형 옮김.『미국헌법과 민주주의』. 후마니타스.
『한겨레 21』. 2004년 9월 9일.

Aberbach, J. D., Putnam, R. D., & Rockman, B. A. 1981. *Bureaucrats and Politicians in Western Democracies.* Harvard University Press.
Arnold, R. D. 1979. *Congress and Bureaucracy.* Yale University Press.
Crozier, M. J., Huntington, S. P. & Watanuki, J. 1975. *The Crisis of Democracy,* New York University Press.
Gunther R., & Mughan, A. 1993. Political Institutions and Cleavage Management in *Do Institutions Matter? : Government Capabilities in the United States and Abroad* (Weaver, R. K. & Rockman, B. A. eds.). The Brookings Institution.
Hirst, P. 1994. *Associative Democracy : New Forms of Economic and Social Governance.* Polity Press.
Judge, D. 1993. *The Parliamentary State.* Sage Publication.
Kennedy, E. (trans.). (1985). *The Crisis of Parliamentary Democracy*(Schmitt, C.).

The MIT Press.

Linz, J. J., & Valenzuela, A. (eds.). 1994. *The Failure of Presidential Democracy.* The Johns Hopkins University. Press.

McSwite, O. C. 1997. *Legitimacy in Public Administration : A Discourse Analysis.* Sage Publication.

Ripley, R. B., & Franklin, G. A. 1980. *Congress, the Bureaucracy, and Public Policy.* The Dorsey Press.

Stepan, A., & Skach, C. 1993. Constitutional Frameworks and Democratic Consolidation : Parliamentarism versus Presidentialism. *World Politics,* (46/1).

Waldo, D. 1980. *The Enterprise of Public Administration.* Chandler & Sharp Publishers, Inc.

Weaver, R. K., & B. A. Rockman (eds.). 1993. *Do Institutions Matters? : Government Capabilities in the United States and Abroad.* The Brookings Institution.

한국 헌정민주주의의 불안정 요인 : 헌정주의와 민주주의의 선순환조건 구축을 위한 역사적 고찰

신영란(한국외국어대학교)

Ⅰ. 문제 제기

1970년대 이후 민주주의는 인류가 발견한 역사상 최선의 정치체제라는 인식이 빠르게 확산되었고, 적어도 현실 사회주의권의 체제전환 이후로는 이러한 명제의 자명성에 대한 공개적인 반론은 더 이상 찾아보기 어렵다. 반면에 형식적 혹은 정치적 민주주의와 동의어로 사용되는 최소주의적 정의(Schumpeter 1950 ; Dahl 1971 ; Huntington 1991 ; Sørensen 1993 ; Diamond, Linz, and Lipset 1995)와 사회 · 경제적 영역의 자유와 평등을 포괄하는 최대주의적 정의(Dahl 1998 ; Lijphart 1997 ; Karl 2000)를 둘러싼 이론적 합의는 여전히 부재한 상황이다. 한국의 민주화 이행 이후 세간에서는 자유롭고 공정한 주기적 선거, 평등한 투표권을 수단으로 하는 참정권, 선출된 대표에 의해 통치되는 정부, 의사표현의 자유,

다수 지배의 원리를 의미하는 최소주의적 민주주의관이 비교적 폭넓게 수용되어 왔다. 이에 반해 헌법은 통상 이러한 최소민주주의를 규범적 · 제도적으로 뒷받침하는 장치 정도로 인식되어 온 것이 사실이다. 따라서 제3의 민주화 물결 이후 헌정주의에 관련한 논의들은 주로 민주주의로의 이행과 평화적 정치 경쟁구조의 정착에서 법치주의의 선행성이 갖는 유불리(Linz and Stepan 1996, 19) 혹은 헌법이 민주화 이후의 정치적 경쟁에 미치는 영향(Przeworski 1991, 81)이라는 관심 하에서 논의되어 왔다.

민주주의와 헌정주의 사이의 원리적 상충 가능성에 관한 상반된 주장들은 사실상 아리스토텔레스의 혼합정체(Aristotle ; 나종일 외 역 2005, 247 – 66)에 관한 논의로 거슬러 올라갈 만큼 뿌리가 깊으며, 특히 루소(J. J. Rousseau)와 토크빌(Alexis de Tocqueville)의 고전적 저작 이래로 지난 수백 년 동안 꾸준히 제기되어 왔지만 논쟁은 대개 학문적 영역의 울타리를 넘지 않았나. 오늘날 국민 대다수는 이러한 논쟁에 대해 현실을 추상한 형식논리 정도로 인식하고 있는 것이 사실이며, 민주주의 공고화 과정의 지체로 야기된 정치적 무관심의 증가로 인해 이러한 인식은 한층 심화되고 있다. 그러나 헌정민주주의(constitutional democracy)의 현실적 작동과정에서 헌정주의의 원리들이 민주주의의 규범에 의해 매개된 정치적 판단 혹은 행위와 충돌하게 되면, 비로소 양자가 원리상 자동적으로 양립하지 않으며 격렬한 긴장으로 이어질 수 있다는 사실에 놀라게 된다.[1] 헌정주의와 민주주의의 관계를 어떻게 이해할 것이냐는 여전

1) 민주주의와 헌정주의 간의 긴장관계를 논하는 연구자들은 각자가 취하는 이론적 입장과 양자 간의 긴장을 해소하기 위한 접근방식에 따라 다양한 차별성을 드러내고 있다. 각각의 입장을 대별적으로 잘 보여주는 연구로는 자유주의적 입

히 공동체의 사회적 삶에서 중심적 의제로 작용하고 있는 것이다.

과거에는 법리중심적 · 규범적 · 추상적인 차원에서, 혹은 이데올로기적 공방의 차원에서 다루어졌던 문제들이 시급한 현실의 문제로 다루어져야 함을 웅변해 주는 사례가 바로 '3 · 12 탄핵사태'이다. 헌정사 초유의 탄핵국면은 '선출되지 않은 권력이 인민의 집합의사에 우선할 수 있는가'라는 고답적인 문제를 제기했다. 이례적 탄핵사태가 한국 민주주의에 제기한 입법권력과 행정권력의 이원적 정당성 문제와 헌정주의 정치의 사법화 경향을 어떻게 이해할 것인가에 관한 논쟁은 현재진행형이다. 최근 몇 년 전 첨예한 사회적 · 정치적 갈등의 의제들이 잇따라 헌법재판소의 최종심판에 붙여지는 사태는 '연방 대법원 판사 9명 중 5인에게 수백만 미국인들의 삶과 복지에 영향을 미치는 정책의 결정을 맡겨야 하는' 이른바 '선출되지 않은 입법부' (Dahl 2001 ; 박상훈 · 박수형 역 2005, 139 – 40, 242 – 49)의 권한 확대라는 미국적 상황과 매우 닮아 있다.

선출된 권력(의회권력과 대통령) 간의 첨예한 대립과 사법적 해결이라는 한국 정치지형상 초유의 사건을 경과하면서 우리 사회는 극심한

장에서 긴장의 해결에 접근하는 드워킨, 자유주의적 공화주의의 입장을 취하는 선스타인, 공화주의의 입장에서 권력분립을 해석하고 제도사적 관점에서 양자를 매개하려는 벨라미 류의 분석 등이 있다. 각각의 이론적 입장에 대해서는 Dworkin, Ronald, "Constitutionalism and Democracy," *European Journal of Philosophy* 3(1995) ; Sunstein, Cass, "Constitutionalism and Secession," *The University of Chicago Law Review* 58(1991) ; Bellamy, Richard, "The Political Form of Constitution," Richard Bellamy and Dario Castiglione, ed., *Constitutionalism in Transformation : European and Theoretical Perspectives*(Cambridge : Blackwell Publishers, 1996)을 참조.

몸살을 앓았다. 만약 2007년 대선국면을 전후한 시점에서 불가피하게 공론화되리라 예측되는 개헌 논의가 여전히 권력구조 중심의 정쟁으로 전개될 경우, 또 다시 헌정주의와 민주주의 간 관계의 왜곡은 불가피해질 것이다. 한국 헌정사의 과정에서 정략적으로 추진된 잦은 개헌 논의들이 초래한 막대한 사회적 비용과 갈등들이야말로 생생한 실례들이라고 할 수 있다.[2] 일상정치와 헌정정치(Ackerman 1991)가 유리되고 충돌한다면 현실사회의 정치문제가 헌법의 안정성을 구현하면서 절차적으로 해결되기를 기대하기란 난망할 것이며, 그로 인한 사회적 갈등의 해소 비용은 나선형으로 증폭되어 갈 것이다. 민주주의와 헌정주의의 관계를 어떻게 정립하고 발전시키느냐에 따라 한국 민주주의는 다른 미래를 맞이하게 될 것이라는 점은 어렵지 않게 예상할 수 있다.

본고는 헌정주의와 민주주의 간 역학관계의 동학을 4개국 간 비교연구를 통해 확인하고, 양자의 동태적 균형과 선순환의 조건을 모색하기 위한 연구 프로그램의 일환이다. 여기서 잠시 "한국 국민들이 적어도 1948년부터 1971년까지의 기간 동안 법적 · 형식적 측면에서는 민주적인 헌법을 갖고 있었다"(이정복 1997, 100)는 점과, 1987년 이후로 절차적 수준에서는 일정하게 제도화가 진행되어 왔다는 사실을 떠올릴 필요가 있다.

민주주의와 헌정주의의 발전에서 법 및 정치제도가 갖는 효과는 누

2) '1948년 성문헌법의 제정 이래 1987년까지 도합 9차례의 개헌을 경험'하는 동안 역대 '헌법의 수명은 평균 4년'에 그쳤으며, 모든 집권자가 전임 정권 하에서 마련된 헌법을 폐기하고 자신이 만든 헌법에 따라 권력을 장악했다는 사실은 한국 헌정주의의 파행을 여실히 보여준다. 임혁백, "한국 민주주의의 공고화 : 평가와 전망," 한배호 편, 『한국의 민주화와 개혁』(서울 : 세종연구소, 1997), pp. 83-5.

구도 부인할 수 없을 것이다. 그러나 지금까지 정치학계 내 다수의 논의들은 몇 가지 측면에서 일정한 편향을 보여온 것도 사실이다. 첫째, 권력구조, 정당체계, 선거제도의 상관관계를 규명하는 데에 많은 관심을 가져왔던 반면 제도로 환원할 수 없는 사회 · 정치 · 경제적 구조의 측면은 상대적으로 소홀히 다루어 왔다.

둘째, 기존의 연구들은 이론적 일반화를 위한 이론구성의 경제성이라는 기준에 경사된 나머지 "정치제도 안팎의 주요 행위자들이 갖는 동기에 따라서 선거제도, 정당체계 및 권력구조 상의 임의적인 변화가 시도될 수 있다" (장의관 2000, 108)는 점에 적질한 관심을 기울이지 않은 것이 사실이다. 가치를 보유한 행위자들이 갖는 동기의 다양성과 행위의 역동성을 배제할 경우 규범적 · 가치론적 차원의 경시로 이어지거나 경험적 피상성에 함몰될 수 있다. 이는 보다 나은 헌정체제의 탐색 가능성을 폐쇄시키는 결과를 낳을 수 있다.

셋째, 개헌 논의의 주도자들이 제기한 표면상의 명분과 그것의 배후에 감춰진 실제적 동기는 일치하지 않는다는 점을 신중히 고려해야 한다. 필자는 헌정주의와 민주주의의 관계를 논한 텍스트들의 진술을 기지의 사실로 받아들이고 내용에 관한 의미론적 해석에 치중하기보다는 헌정사의 각 국면에서 주요한 행위자들이 말한 바와 행한 바를 판별하는 데 유의할 것이다. 본고의 주된 관심이 한국의 헌정 불안을 촉발시킨 실재적이고 현실적 요인들을 다루는 데에 있다는 점을 고려해 볼 때 어쩌면 당연한 태도일지도 모른다.

본고에서는 상기한 문제의식을 토대로 먼저 한국의 헌정주의와 민주주의 간에 지속되어 온 불안정한 역학관계의 구성적 요인들을 검토하고자 한다. 다음으로 이처럼 다양한 수준의 배열 및 조합이 초래한 법치와 민주주의 간 관계의 전개양상을 헌법제정 단계의 발생적 국면에서부터 순차적으로 분석할 것이다. 본고가 한국 헌정사의 전개과정에서 법치와 민주주의 간의 최적 균형과 선순환 관계를 모색하기 위한 논의들에 미력이나마 보탬이 될 수 있기를 기대한다.

Ⅱ. 한국 헌정민주주의 동학의 구성요인들

1. 구조적 제 요인

한국 민주주의의 지형 및 헌정체제의 조건을 출발점에서부터 규정하는 구조적 요인 가운데 첫 번째로 꼽을 수 있는 것은 바로 반세기 이상 남북의 정치질서를 규정해 온 분단체제이다. 1948년 5 · 10 선거로 인해 한반도 남단에 단독정부가 공식적으로 수립되었고, 한국전쟁으로 인해 남 · 북 간의 체제 대립은 한국 사회의 중심을 관통하는 가장 강력한 균열선으로 치환되었다. 이후 분단 모순은 한국의 헌정주의와 민주주의를 규정하는 중심적인 계기로 기능해 왔으며, 북한 체제의 위협이 현실적인 것이든 가공적인 것이든 한국의 정치 · 사회 · 경제적 질서를 매개하는 헌법정치의 내용 및 동학에 커다란 영향력을 행사해 왔다.

최초의 권력구조 변경을 가져온 이른바 발췌개헌이 체제 대립의 극한인 한국전쟁의 와중에서 이루어진 것을 시발로 제1공화국의 헌정질서의 동학에 줄곧 가장 큰 영향을 미친 정치적 환경이 남북 간의 체제 대립이라는 데에는 의문의 여지가 없을 것이다. 제2공화국 하에서 분출된 급진적 평화통일론과 시민사회의 민주적 요구들을 짓밟고 등장한 쿠데타 세력이 이른바 '혁명공약'의 첫머리에 내건 것도 '반공을 국시로 한다'는 내용이었으며, 헌정주의의 전면 중단을 가져온 '유신헌법' 체제도 이른바 통일에 대비하기 위한 국내적 에너지의 총화와 결집을 명분으로 내걸었다.[3)]

다음으로 분단체제라는 정치적 구조 못지않게 중요한 사회 · 경제적 조건들이 검토되어야 한다. 민주주의와 헌정의 관계양상 및 동학은 각각 사회 · 경제적 조건 및 정치제도의 성격과 배열에도 영향을 받지만 둘 간의 상호작용이 빚어내는 결과이기도 하다.

우선 해방 이후의 급격한 사회 · 경제적 계급 및 계층구조의 변동이 헌정체제의 동학을 구성하는 주요한 요인 가운데 하나로 다루어져야 한다. 제정헌법의 규정에 따른 '유상매수, 유상분배'라는 비교적 온건한 방식의 농지개혁 조치는 전통적 지배세력인 봉건 지주층의 급격한 몰락을 초래했다. 여기에 한국전쟁으로 인한 전통적인 가치 및 위계적 사회구조의 총체적인 파괴와 사회적 유동성의 급격한 증가가 결합됨으로써 근대적 산업화를 위한 사회적 조건이 성숙해졌다.[4)] 사회적 격변에 의해

3) 탈냉전 질서 도래 이후에도 한동안 냉전의 섬으로 남아 있던 한반도 정세에 해빙의 기운이 찾아들자 사회과학계 내에서 통일로 향하는 과도기의 특수관계와 통일국가 수립단계에서의 헌정체제와 권력구조에 관한 논의들이 주요 의제로 등장했던 것도 유사한 맥락 아래 이해할 수 있을 것이다. 이에 관해서는 한용섭, "한반도 평화체제 : 그 내용과 구축 전략," 윤정석 외, 『통일환경론』(서울 : 오름, 1996) ; 나종일 · 강량, "통일한국을 대비한 권력구조," 국제평화전략연구원 편, 『한국의 권력구조 논쟁』(서울 : 풀빛, 1997), pp. 479 – 529 ; 최진욱, "통일시대를 대비한 새로운 권력구조의 모색," 『한국정치학회보』 제29집 3호(1995) ; 한국정치학회 편, 『통일한국의 새로운 이념과 질서 모색』(서울 : 성균출판사 1993) 등을 참조할 것.

4) 정진상, "한국전쟁과 전근대적 계급관계의 해체," 『한국전쟁과 한국자본주의』

초래된 평등주의 의식은 역설적으로 제헌국면에서부터 이승만 정권의 사인주의 통치기를 거쳐 군부 쿠데타 세력의 권위주의적인 산업화 동원에 이르기까지 자유주의적 입헌주의 요소의 배제와 강권적 국가기구의 등장에 유리한 환경을 조성하기도 했다. 그러나 평등주의적 의식의 고양은 동시에 '성장의 역설'을 증명했다. 성장의 과실이 소수의 기득권층에게 편중되는 현상, 즉 소득분배 구조의 개선을 동반하지 않는 성장은 역으로 이를 주도한 권위주의 체제를 위협한다. 1970년대 초반 이후에 시민사회 내에서 태동한 노동운동은 성장의 과실에 대한 과도한 역진적 배분구조에 저항하는 아래로부터의 움직임이 자연스럽게 표출된 것이다. 이러한 아래로부터의 저항은 유신체제의 성립을 가져온 주요한 원인 가운데 하나임과 동시에 YH무역 노동자 신민당사 농성사건의 파장에서 확인되듯 유신체제의 몰락을 재촉한 도화선으로 작용하기도 했다.

마지막으로 역대 권위주의 정권이 추진한 산업화의 과정 및 결과가 고려되어야 한다. 위로부터의 복선적 산업화 전략(서익진 2003, 80)이 군부 권위주의 정권에게 태생적으로 결여된 민주적 정당성의 문제를 보완하는 기능을 수행했다는 점에는 이론의 여지가 없을 것이다. 헌정질서의 중단을 가져온 쿠데타를 통해 집권한 박정희 정권은 냉전 반공주의와 더불어 '경제발전 제일주의'의 구호를 채택함으로써 집권과정의 민주적 결함을 극복하려고 시도했다. '총성 없는 쿠데타'를 통한 유신헌법 체제는 종신집권에 대한 저항을 무마하기 위해 남북한 간의 무한 체제 경쟁에서의 종국적 승리를 위한 경제발전의 가속화를 선언했다.

또한 1980년 서울의 봄을 통해 터져나온 민주화의 열기를 무력진

(서울 : 한울, 2000), pp. 47－53.

압한 신군부도 권력장악의 요식적 절차로 전락한 개헌과정에서 중단 없는 경제성장이라는 전임 정권의 구호를 계승해 적극적으로 활용했다. 전두환 정권이 유신체제 말기의 중화학공업 분야 과잉설비로 인한 위기 국면 이후의 호황에 고무되어 1980년대 중반 정치적 개방 국면으로의 연착륙을 꾀했다는 점도 기억해야 할 것이다. 박정희 정권이 집권 초반 시도한 수입대체산업화 전략이 기실 제2공화국 장면 정권 하에서 입안되었다는(김기승 1999) 점은 사실상 한국의 모든 권력자들이 산업화를 권력유지의 첩경으로 간주했다는 점을 웅변해 주고도 남음이 있다.

효율적인 산업화 전략의 추진이 단기적으로는 권위주의 체제에 대한 아래로부터의 저항을 효과적으로 감소시킬 수 있다. 그러나 산업화는 불가피하게 민주적인 헌정제도 및 가치를 억압하는 비민주적인 인적 · 물적 · 이데올로기적 동원과정에 의존하며, 경제적 성과의 지속은 억압의 배가를 통해서만 지탱될 수 있다. 결국 위로부터의 동원에 의한 급속한 산업화야말로 경제발전의 공헌자이자 수혜자인 시민사회 내 다양한 행위자들의 양적 · 질적 성장을 가져왔다는 점에서 사실상 권위주의 체제의 조종을 울린 견인차인 셈이다.

2. 정치제도적 요인

다음으로 1948년 이후 헌정질서 변동을 규정해 온 동학의 구성적 요인으로 정치제도적 차원을 검토해 볼 수 있다. 전통적으로 한국 정치학자들의 정당과 선거에 대한 대다수 연구는 정당정치의 과정과 선거결과에 대한 설명 및 예측에 초점을 두는 정치행태 분석에 치중함으로써 권력구조, 정당제도, 선거제도의 변화와 그것들이 미치는 정치적 영향에 대한 분석을 간과해 왔다. 그러나 외국의 연구들은 비교적 일찍부터 정치제도와 민주주의 공고화의 관계에 대한 개념 및 이론의 개발과 더불어 비교국가 사례분석[5]을 진전시켜 왔다.

정치제도적 요인 가운데 첫머리에 꼽을 수 있는 것이 국민의 직접선거에 의해 선출된 행정권력의 수반인 대통령과 대의적 입법기관인 의회권력간의 권력분립을 핵심적인 내용으로 하는 권력구조[6]이다. 대체로 권력구조는 정부형태, 정당체계, 의회제도 등을 포괄하는 '공식적' 정치제도 전체를 지칭하는 넓은 의미로 받아들여지고 있다. 그러나 본고에서 사용되는 권력구조 개념은 "행정부와 의회의 정치권력이 형성되고, 행정부 내에서 또 행정부와 의회의 관계에서 권력이 분배되는 절차와 방식을 결정하는 헌법적인 제도"(이종찬 1997, 15)라는 좁은 의미를 담고 있다. 권력구조의 개념은 제도의 관점에서 정치를 보는 '정치 외재적 입장'이 아니라, 정치의 관점에서 제도를 보는 입장으로서 "권력구조가 민주화를 촉진 혹은 위축시키는가"(김홍우 1999, 722)에 주목하도록 한다. 즉 대체로 헌법학계 다수와 정치학계 일각에서 사용하는 정부형

5) 정치제도와 민주주의 공고화간의 상관관계에 대한 국가간 비교연구로는 Larry Diamond, Marc F Patterner, Yun－han Chu, and Hung mao Tien, eds., *Consolidating the Third Wave Democracies : Themes and Perspectives*(Baltimore : Johns Hopkins University Press, 1997) ; and Larry Diamond, *Developing Democracy : Toward Consolidation*(Baltimore : Johns Hopkins University Press, 1999)를 참조

6) 권력구조 개념은 논자에 따라 다양한 의미로 사용되고 있으며, 개념에 대한 합의는 존재하지 않는다. 권력구조보다는 정부형태라는 개념의 사용이 의미상의 혼란을 예방할 수 있다는 주장으로는 노병만, "한국 정부형태의 적실성 분석 : 대통령제와 내각제의 비교를 통하여," 복현정치학회 1999년도 하계 학술대회 발표논문 참조. 이 경우 정부형태는 권력분립 원칙의 조직적 · 구조적 실현형태와 같은 의미를 갖는다. 허영, 『헌법이론과 헌법』(서울 : 박영사, 1999), p. 842.

태라는 개념이 제도의 규범적인 측면에 관심을 갖는 반면, 정치학계 다수에서 논의되는 권력구조는 정부형태라는 제도 그 자체보다는 제도의 현실적인 측면, 곧 권력구조의 생성과 운영, 변화 및 그와 연관된 다양한 요인들의 상관관계에 더 큰 관심을 갖는다.

정당체제의 성격 및 경쟁구도 또한 무시할 수 없는 정치제도적 요인 가운데 하나라고 할 수 있다. 정당체제가 사회적 균열을 제대로 반영하는가, 즉 정당의 이념, 노선, 정강 및 정책이 명백히 현존하는, 그리고 계층적 · 직능적 · 직업적으로 분할된 사회의 요구들을 제대로 반영하는가의 여부는 대단히 중요하다. 이 점은 단순히 협애한 권력구조의 차원이 아닌 사회의 총체적 변화라는 차원에서 사회적 합의에 의해 헌정주의와 민주주의의 동태적 균형을 찾아나가는 선순환의 구성과 관련하여 핵심적인 의의를 갖는다.

선거제도의 요인도 헌정체제의 작동양식을 연구하는 데에서 중요하게 고려되어야 한다. 민주화 이행국면 이후 한국의 정당체계가 전형적으로 보여온 지역적 대립 구도 및 인물본위적인 악폐와 관련해 단순다수대표와 소선구제를 근간으로 하는 현행 선거제도의 개혁을 주장하는 논의들이 다수 제기되어 왔으며, 비례대표제의 개선방안에 관해서도 많은 논의가 이루어져 왔다. 최근에는 대통령 선거에 있어서의 결선투표 방식 도입에 관한 논의들도 심심찮게 제시되고 있다. 한 가지 특기할 만한 점은 역대 선거, 특히 10대 총선의 결과가 압축적으로 보여주듯 억압적 권위주의 체제의 요식적 승인절차로 전락한 선거에서조차 일단 선거가 실시되면 유권자들은 번번이 기록적인 야당 지지율로 헌정주의와 민주주의를 유린한 권위주의 정권에 대한 반대를 표명했다는 점이다. 이는 헌법적 비상국면 혹은 사실상의 헌정 중단으로 특징지어지는 권위주의 아래의 일상정치 국면에서조차 선거가 권위주의 체제의 위기를 표면화함으로써 장기적으로는 헌법정치 국면으로의 이행을 추동하는 변수로 작용했음을 말해준다.

3. 행위자 요인

한국의 헌정질서 변동을 가져오는 정치사회와 시민사회의 행위자들은 분석적으로 분리될 필요가 있다. 시론적으로 양 주체 모두의 참여를 전제로 한 한국의 헌정체제 순환을 상정해 본다면 대체로 제정헌법의 형성과 헌정체제의 사인주의적 침식 – 4 · 19 혁명과 새 헌정체제의 실험 – 쿠데타에 의한 역전과 군부 권위주의 체제의 등장 – 유산된 민주화와 권위주의의 복원 – 민주화로 인한 헌정체제의 부활 및 민주헌정체제의 공고화 지체라는 도식으로 표현될 수 있을 것이다. 이러한 헌정 순환의 결과로 우리가 어떠한 헌정체제를 맞이할 것인가는 선험적으로 폐쇄되어 있지 않으며, 순환의 끝은 주요 행위자들의 능동적 실천에 따라 열려 있다. 그러나 정작 헌정사상 모두 9차례에 걸친 개헌협상, 즉 권력구조 논의를 중심으로 진행된 게임의 규칙에 관한 협상은 집권세력을 중심으로 한 정치사회 엘리트들의 '탁상정치'(박명림 2003 ; 2005) 속에서 이루어졌다.

한국 헌정사의 주기를 이처럼 구획할 경우 다수 지배와 법의 지배 간 갈등양상을 드러낼 수 있다는 이점이 있을 것이다. 환언하자면 위의 순환을 구성하는 각각의 국면은 정치사회의 엘리트뿐만 아니라 실질적 주권자인 다수 인민의 참여라는 포괄적 기준에 의해 헌정체제의 형성과 갈등, 그리고 변화의 동학을 포착케 해준다.

헌법제정 국면은 냉전적 분단체제가 확립되고 이념적 배제의 정치지형이 형성되는 과정과 일치한다. 이 국면에서는 해방공간의 다양한 계급·계층적 이익과 요구들이 헌법의 대강에 반영되는 심의(deliberation)과정이 배제되었으며, 그 결과 한민당이 작성한 초안을 놓고 이승만과 한민당 간에 벌어진 타협과 절충의 산물로서 대통령중심제를 가미한 혼합정부체제가 최초의 헌정체제로 출현했다.

이승만의 사인주의적 권위주의 체제가 유지되는 동안 헌정과 민주주의의 악순환 관계를 초래한 주요한 행위자 측면의 요인은 정치사회, 특히 대통령을 중심으로 한 집권 여당 내 소수 정치 엘리트들의 장기집권을 위한 정치적 의사결정 및 실천이라고 할 수 있다. 이에 반해 정치사회 내의 주요한 반대세력인 야당의 제도정치 영역 내 반대활동은 상대적으로 약했으며, 시민사회 내의 행위자들인 학생 및 지식인층의 권위주의에 대한 저항 에너지를 조직 · 동원하려는 능력도 의사도 부재한 상황이었다. 미성숙한 정치사회 내부에서 비대칭적인 게임의 룰에 따라 권력을 장악하려는 여 · 야 정당 엘리트들 간의 제한적 경쟁만이 존재했을 뿐이다. 그러나 4 · 19 혁명에서 시작된 시민사회의 아래로부터의 동원은 구정치체제를 허물고 새로운 헌정체제의 순환을 열어놓은 근본적 동인으로 작용했다.

5 · 16 쿠데타, 군부세력의 집권과 헌정 파행, 안보와 경제발전 제일주의를 구호로 한 전면적인 헌정 중단이라는 일련의 상승국면은 내재적인 정당성의 결함을 지닌 군부 권위주의의 강권 통치가 출구를 찾지 못한 채 스스로의 위기를 증폭시켜 가는 과정이기도 했다. 권위주의 체제 내부의 분열로 인해 개방된 1980년의 정치적 국면은 헌정민주주의의 복원에 유리한 일시적 권력의 진공상태를 초래했다. 그러나 이 국면에서는 권위주의 체제를 위협하기에 충분한 정치적 역량을 갖춘 정치사회 내 반대당 혹은 정파가 존재하지 않았다. 여기에 시민사회 내 행위자들

또한 체제에 정면으로 도전할 수 있는 힘을 갖지 못한 이른바 보나파르티즘 전야의 파국적 대치(Marx 1968) 국면이 일시적으로 도래한 것이다. 따라서 위기의 심화와 권력 내의 분열로 인한 유신체제의 붕괴에도 불구하고 1980년 서울의 봄을 진압한 신군부세력에 의해 권위주의가 복원될 수 있었다.

그러나 1980년대 전반기의 억압국면을 거쳐 권위주의 체제 내 정치 엘리트들에 의한 위로부터의 동원과 시민사회 내 노동자, 학생세력을 중심으로 한 아래로부터의 동원 간에 크고 작은 공방이 지속되었다. 이러한 공방이 결국 권위주의 체제의 종식과 민주화 이행으로 귀결됨으로써 헌정주의와 민주주의의 새로운 선순환 구축을 위한 실험을 가능케 할 정치적 기회가 개방될 수 있었던 것이다.

Ⅲ. 헌정민주주의의 전개와 양자 간의 관계양상- 역사적 접근

1. 해방공간과 헌법제정 국면

헌정주의와 민주주의 간의 동학 연구에 있어서 초기 헌정체제 형성과정의 탐색이 갖는 중요성은 아무리 강조해도 지나치지 않을 것이다. 초기 헌정체제의 발생적 기원과 특징은 헌법이 민족국가의 이념과 지향을 큰 틀에서 규정함으로써 정체 내의 구성원들이 각자의 이익을 추구하는 과정에서 준수해야 할 게임의 규칙을 일정하게 제약한다는 점에서 중요하게 다루어져야 한다. 한국 헌정체제 형성의 고찰에서 특히 주목되어야 할 것은 헌법의 대강을 둘러싼 해방 직후 제 사회 · 정치세력 간의 참여 · 경쟁 · 배제양상이다.

8 · 15 해방 직후 한반도의 제 정치세력은 저마다의 민족독립국가 건설을 향한 구상을 현실화하기 위해 치열하게 경쟁하고 때로는 협력하기도 한다. 초기 해방공간을 주도한 것은 최초의 제 정치세력 간 합작체인 '건국준비위원회' (이하 건준)이다. '조선건국동맹' 을 모태로 하는 건준은 좌우를 망라한 정치세력들이 공존한 최초의 정파 간 연합적 정치조직이었다. 건준에는 자유민주주의를 표방하는 우파세력(한민당 계열)과 프롤레타리아 민주주의가 주장하는 좌파세력(남로당 계열), 그리고 자유민주주의를 지향하나 '균등' 의 원칙을 존중한 중도우파 세력, 프롤레타리아 독재를 부정하는 사회주의적 민주주의의 중도좌파(인민당 계열) 등이 참여했으며, 각 계열이 차지하는 구성인원의 다소에 따라 중도파가 그 중심이 되었다(홍인숙 1985, 57 – 103).

건준에 대항하는 토착 정치세력들은 1945년 8월 18일 일부 건준 이탈세력과 보수우파 진영의 정파 간 결집체로서 한국민주당(이하 한민당)을 결성했다. 한민당의 지도적 인사들은 송진우, 장덕수 등 대지주적인 자산가와 일제 하의 온건파 민족주의자들로 구성되었다. 따라서 창당 초기부터 당 내에서는 압도적으로 토지개혁에 대한 소극적 입장이 우세했으며, 특히 좌우합작위원회의 토지개혁 원칙에 반발해 1946년 10월 이후 원세훈, 김병로, 김약수 등이 탈당함에 따라 지도부의 성격이 보수 일색으로 단일화되었다(진덕규 1979, 54 – 55).

이들 양대 정치세력 가운데 건준의 중도세력들은 김구의 임시정부 계열이 모스크바 삼상회담의 결과에 반발해 주한 외국군의 철수를 주장한 후 미군정의 견제로 어려움에 빠지고, 박헌영을 중심으로 한 급진 좌파세력이 미군정의 불법화와 탄압, 모험주의적 봉기노선 등으로 해방공간의 주요 정치세력으로서의 지위를 급격히 상실하는 과정에서 좌우합작운동의 전개로 나아간다. 이에 반해 한민당은 이승만의 '독립촉성국민회의' (이하 독촉) 세력과의 협력을 토대로 단정노선을 주장하며 향후의 정치질서를 주도하는 세력으로 존속한다.

해방공간의 정치세력들은 국가의 형성 및 헌정체제의 대강을 규정한 헌법구상들을 경쟁적으로 제시했다. 건준은 1945년 9월 6일 발 빠르게 전국인민대표자회의를 열고 민주정부의 즉각 수립 및 이를 위한 '조선인민공화국' (이하 인공) 임시조직법을 의결했다. 전국인민대표자회의는 '주권재민의 원리, 국호를 조선민주공화국으로 할 것, 친일파 및 민족 반역자를 제외한 근로 인민의 이익을 중심으로 한 전민족적 민주주의 국가 수립 등' 을 골자로 한 임시조직법을 토대로 1947년 가을까지 새로운 헌법을 제정할 것을 결의했다.

이에 자극받은 우파 정치세력들도 독자적인 헌법구상으로 대응했다. 송진우, 김성수 등의 우파 민족주의 계열은 1946년 9월 7일 '국민대회준비위원회' 를 결성하고 1946년 1월 국민대회를 개최해 헌법의 대강을 토의하기로 의결했다. 또한 신익희가 주도한 '행정연구회' 도 1946년 1월 이후 6차례의 회합을 거쳐 헌법초안을 작성했다. 그러나 1945년 12월 국가를 참칭한다는 이유로 인공을 불법화하는 등 진주와 더불어 유일한 행정권력임을 선언한 미군정의 견제와 비협조로 인해 이러한 다양한 헌법구상들은 적극적인 실천에 옮겨지지 못했다.

1946년 후반기 들어 분단의 현실화 가능성이 높아져 가는 정치상황에 맞서 '좌우합작' 운동이 전개되었고, 군정청은 '좌우합작위원회' 의 요청이라는 형식을 취하면서 '조선 과도입법의원의 창설' 을 공포했다. 과도입법의원 선거결과 좌파 정치세력에 대한 미군정의 지속적인 제재로 인해 이승만의 독촉 계열과 한민당 계열이 다수의석을 획득했다.[7] 이후 북한 임시인민위원회의 발 빠른 토지개혁에 위기감을 느낀 한민당은 이른바 '남조선과도약헌' 을 제출함으로써 전근대적 지주세력에 기반한 기성질서의 유지를 모색했다.[8] 그러나 해방 직후의 1차산업 중심의 산업구조 하에서 반봉건적 토지소유제로 인해 산업인구의 압도적 다수를 차지한 영세농민들은 지주 중심의 전근대적인 사회경제적 질서를 넘어선 헌정체제를 열망했다. 이에 따라 과도입법의원 내부의 비독촉, 비한민당 계열의 정치세력들은 별도의 헌법안을 제출했으며, 결국 두 개의 헌법안은 제3의 헌법안인 '조선임시약헌' 으로 수정 · 채택되었다. 그러나 과도입법의원이 보여준 의외의 적극성에 당황한 미군정에 의해 '조선임시약헌' 의 현실화는 좌절되었다.

이처럼 1947년 10월 무렵까지 좌우의 정치세력에 의해 자생적으로

7) 당시 간접선거로 치러진 과도입법의원의 민선의원 선거결과는 독촉 계열이 17명, 한민당이 12명, 무소속이 13석, 한독당 4명, 기타 4명의 순으로 나타났다. 진덕규, 『한국정치사회의 권력구조 연구』(서울 : 연세대학교 출판부, 1978), p. 99.

8) 당시 미군정이 지주 이익을 대표하는 한민당 중심의 보수세력에 의거하고 있었고, 일본의 군정청과는 달리 농지개혁에 대한 확고한 계획과 의지를 갖고 있지 않았기 때문에 토지개혁 작업은 난항을 겪고 있었다. 그러나 1947년 이후 미군정의 농지개혁정책은 적극성을 띠게 된다. 이는 실제로 한국 농민의 토지분배 요구가 강렬했고, 구일본인 소유지가 민족독립운동 혹은 농민운동 세력에 의해 능동적으로 분배되는 사례들이 지역적으로 나타났다는 데에 기인한다. 제2차 세계대전 후 구식민지 국가들의 해방과 더불어 세계적인 범위에서 토지개혁이 전개되고, 특히 1946년 3월 북한의 토지개혁이 급속하게 완료되자 미군정은 상당한 자극을 받게 된다. 여기에 더해서 좌익세력 및 공산주의에 대한 방파제를 구축하기 위해서는 농지개혁의 실시가 필수적이라는 미국무성의 입장이 강하게 작용했다. 황한식, "미군정하 농업과 토지개혁정책", 『해방전후사의 인식 2』(서울 : 한길사, 1985), pp. 271-72.

추진되던 여러 갈래의 헌법구상들은 난항을 거듭했다. 그러나 한반도의 새로운 정치체제 및 독립문제를 토의, 결정키로 한 미소공동위원회의 결렬과 더불어 새로운 국면이 도래했다. 미군정청 산하에 본격적인 헌법제정 작업을 위한 헌법기초분과위원회가 설치되었다. 이후의 본격적인 헌법 논의는 급격한 분단체제의 현실화 과정과 함께 진행되었으며, 결국 남한만의 단독선거를 거쳐 제헌국회가 수립되었다. 1948년 5월 10일 제헌국회 선거 직후 이승만과 한민당은 권력구조를 둘러싸고 날카롭게 대립했다. 결국 내각책임제를 통해 의회의 다수파인 자신들의 헤게모니 장악을 시도한 한민당과 대통령 책임제를 통해 정부를 장악하려는 이승만 간의 정략적 힘겨루기를 통해 최초의 헌정체제는 대통령 중심제를 가미한 혼합정부체제(박명림 2003, 117-18)로 귀착되었다.[9)]

이러한 혼합정체는 '직접선거와 간접선거, 국민투표주의와 의회주의를 결합' 시킨 것이며, '제도적으로는 혼합적 권력구조를 통해 대통령과 의회의 권한에 관한 적절한 균형을, 이론적으로는 권력분립 상태에서의 견제와 균형, 직접민주주의와 대의민주주의의 혼합을 통해 양 제도의 극단이 초래하는 약점의 극복' (박명림 위의 글, 117)을 의도한 것이다.

9) 김홍우 역시 제헌헌법이 규정한 권력구조를 대통령제의 요소가 우세한 가운데 대통령제와 의원내각제 요소가 혼합된 형태라는 의미에서 '순수한 대통령제를 약화시킨 준대통령제' 로 지칭한다. 이에 관해서는 김홍우, "제헌국회에 있어서의 정부형태에 관한 연구," 한국정치외교사학회 편(2001), pp. 187-243을 참조. 그러나 제정헌법이 규정한 권력구조의 성격에 관해서는 미세한 견해 차이도 존재한다. 일부 연구자는 당시 의원내각제, 양원제 국회, 헌법위원회의 위헌심사권을 지지한 한민당과 대통령제와 단원제 국회의 채택을 주장한 이승만의 주장이 맞섰으나 한민당이 이승만 측에 동의함으로써 대통령제 권력구조가 수립된 것으로 본다. 곽진영, "권력구조의 운영과 정치제도," 『한국의 권력구조 논쟁 Ⅱ』(서울 : 풀빛 2000), p. 36.

또한 제정헌법은 일종의 통제시장경제 혹은 혼합경제체제로 간주될 수 있는 사회 · 경제 시스템에 관한 지향을 담고 있다.[10] 제정헌법은 비록 전평 등 좌파 노동운동 세력의 적산몰수 및 공장자주관리 운동에 대한 대응의 차원에서 대한노총 등 우파 정치세력이 주장했던 것이기는 하지만, 이익균점권과 경영참가권을 명문화함으로써 경제민주주의적 지향을 분명히 했다. 이는 1990년대 후반의 경제위기 이후 노 · 사 · 정 간에 시도되어 온 '사회적 타협' 의 사회 · 경제적 의제들과 비교해 볼 때에도 대단히 전향적인 규정들이다. 특히 제헌의회의 다수를 장악한 지주세력들의 지연전술에도 불구하고 토지개혁에 관한 조항이 헌법에 삽입되었다는 것은 대단히 큰 의미를 갖는다. 한국전쟁 와중에 실행된 토지개혁 정책은 비록 불완전한 것이기는 했지만 지주층의 소멸, 봉건적 신분의식의 해체와 평등주의 · 개인주의 의식의 확산, 대규모의 인구이동과 도시지역으로의 인구집중 등의 결과를 창출함으로써 1960년대 이후의 본격적인 산업화 추진에 유리한 사회적 계급 · 계층구조를 낳았다.

그러나 필자는 제정헌법이 다음과 같은 두 가지 측면에서 분명한 한계를 갖는 것으로 평가한다. 첫째, 제정헌법은 해방공간의 주요 정파들이 배제된 가운데 미군정의 인정을 거친 당파 혹은 명망가들, 주요하게는 단정수립을 주도한 한민당과 이승만 지지세력들에 의해 정치적 게임의 룰로 확정되었다. 헌법제정 국면에서의 이러한 이념적 · 정치적 배

10) 제정헌법의 경제 관련 조항들은 대기업의 국유화와 통제경제체제를 표방할 정도로 급진적인 당시의 이데올로기 지형을 반영해 운수, 통신, 보험, 전기 등 기간산업 내지 주요산업의 국공유화와 국민적 필요에 따른 사유기업의 국공유화를 명문화시키는 등 국가자본주의적 요소를 강하게 내포하고 있다. 손호철, 『한국정치학의 새 구상』(서울 : 풀빛 1993), p. 166.

제는 제정헌법이 갖는 합의의 토대를 크게 축소시켰으며, 결정적으로 한국전쟁의 참혹한 경험과 결합함으로써 헌정사 전반의 이념적 · 정치적 지형을 협애한 냉전 · 반공주의 패러다임에 가두어 놓는 주요한 요인 가운데 하나로 작용했다. 이로 인해 역사적으로 한국의 헌정체제는 제정헌법이 규정한 혼합경제체제의 이념을 역사적으로 구현해 볼 기회를 차단당했으며, 결과적으로 한국 헌정사는 이념, 노선, 정강 및 정책의 차이를 바탕으로 한 경쟁적 정당체계의 발전을 경험할 수 없게 되었다.

둘째, 제정헌법은 기성 정치 엘리트 중심의 폐쇄적 담합, 즉 시민사회의 요구가 반영되지 않은 '심의 없는 협상'을 특징으로 했다는 점에서 일정한 한계를 갖는다. 이는 한국의 헌정사 전개과정에서 '헌법에 대한 국민적 무관심, 헌정 및 정치과정에서의 정치 엘리트들에 의한 헌법규범의 경시'라는 이중의 반복적 폐단으로 이어지게 된다. 권력 획득 혹은 집권 연장을 목표로 한 위로부터의 비법적 헌정 유린 행위들에 의해 헌정체제의 불안성이 상승국면으로 치닫다가 최종적으로는 아래로부터의 동원에 의해 권력의 교체로 귀착되는 전형적인 한국 헌정사의 악순환 양상은 이러한 결함과 무관하지 않다.

2. 사인주의적 권위주의의 헌정 파행과 4·19 혁명

이승만 정권에 의한 두 차례의 헌정 유린은 한국의 역대 개헌과정이 권력구조 중심의 논의라는 비정상적 형태를 취하게 되는 시발점으로 작용했다. 특기할 만한 사실은 "제헌헌법상에 규정된 대통령의 권한과 지위가 역대의 대통령중심제 가운데 가장 미약했다"(김홍우 2001, 243)는 것이다.

그러나 두 차례의 개헌을 거쳐 이승만이 집권을 연장해 나가는 과정에서 "제1공화국에서의 권력구조와 정당체계 간의 구도는 사실상 집권당으로의 권력집중으로 요약"되며, "이승만 정권 하의 대통령제는 자유당의 창당과 그 세력구축의 과정을 거치면서 행정부와 입법부의 권한이 융합되다시피 한 형태"(곽진영 앞의 글, 86-7)로 발전해 나갔다. 사인주의적 권위주의 체제의 구축을 향한 일련의 과정에서 권력분립의 헌정주의 원리가 희생되는 '소용돌이의 정치' (Handerson 1968)가 작동한 것이다.

헌정사상 도합 9차례 이루어진 개헌의 서막은 이른바 발췌개헌이었다. 1951년 하반기 임시수도 부산에서 진행된 정치파동의 결과로 나타난 제1차 헌법개정은 전쟁이라는 비상국면을 틈타 강압적인 권력구조 변경을 시도한 최초의 헌정 파행사태로 평가할 수 있다. 제1차 헌법개정의 결과 대통령직선제와 국회 양원제가 도입되었다. 개정헌법에는 대통령제의 요소가 강화됨과 동시에 국회의 내각불신임권을 규정하는 내용이 담김으로써 적어도 법적 · 형식적 측면에서는 입법권력과 대통령 간의 권력분립이라는 헌정주의의 원칙이 보존되었다. 그러나 헌정의 형식적 테두리 내에서 헌정원리의 내용적 작동을 무력화한 최초의 시도였다는 점에서 제1차 개헌은 일상적 정치과정을 통한 헌정질서의 형해화라는 반복적인 폐단의 시발점으로 평가내릴 수 있을 것이다.

1954년의 제2차 헌법개정 과정의 헌정 유린 행위는 이승만 정권의 사인주의적 권위주의의 성격을 보다 분명하게 드러낸다. 제3대 민의원 선거에서 원내 다수의석을 차지한 자유당은 제정헌법이 규정한 '대통령의 3선 금지' 조항의 폐지를 골자로 한 제2차 헌법개정안이 부결되자 사사오입의 논리를 동원해 번복 · 재가결하는 촌극을 연출했다. 제2차 헌법개정의 결과 전문 및 총강에 '주권제약 등의 사항에 대한 국민투표'

규정이 명문화되었다. 이는 대의제 민주주의의 원리가 규정한 여타 권력기관의 견제를 우회 혹은 무시하고 국민과 직접적으로 소통함으로써 통치행위를 정당화하려는 시도라는 점에서 사인주의적 권위주의라는 이승만 정권의 성격을 잘 보여준다.

1954년 개정헌법의 특기할 만한 내용은 제정헌법의 혼합경제체제적 지향을 근본적으로 변경시켰다는 점이다. 제정헌법이 규정한 '주요사업의 국유화 조항을 완전히 삭제'(87조) 하고, '사영기업의 국유화도 특정한 경우가 아니면 금지'(88조) 하는 등 '국가자본주의적 요소를 제거' 함으로써 '완전한 자유경쟁적 시장경제체제를 지향' 하도록 수정하는 내용을 담고 있다. 헌법의 경제관련 조항에 대한 수정을 통해 '자본축적 및 동원의 핵심적 분야인 은행의 민영화까지도 강력히 추진해 나감으로써 자본주의적 발전의 길로의 본격적인 진입을 도모' 한 것이다(손호철 1993, 167).

그러나 헌성 파행은 제도정치 영역 내의 반대당과 시민사회에 대한 탄압을 통해서만 가능한 것이었다. 1958년의 조봉암에 대한 사법살인이 정치사회 내 반대세력을 제거하기 위한 것이었다면, 그해 겨울에 이루어진 국가보안법 3차 개정은 시민사회 내의 잠재적 반대세력을 반체제세력으로 몰아 탄압하기 위한 법률적 정비를 의도한 것이었다. 1954년 4월 이승만 정권은 개정 국가보안법의 독소조항을 활용해 경향신문을 폐간했다. 이는 시민사회의 정치적 의사형성을 원천적으로 차단하기 위해 비판적 언론에 대한 탄압을 의도한 것이다.[11] 1960년 제4대 대선과정에

11) 흔히 '2 · 4 파동'이라 불리는 국가보안법 3차 개악은 1958년 12월 24일에 무술경관들이 동원된 가운데 이루어졌다. 1956년 대통령 선거에서 진보당의 약진에 위기감을 느낀 이승만은 1958년 초 조봉암을 간첩혐의로 구속한 데 이어 야

서 집권 자유당은 유권자 조작, 사전투표, 반공개투표, 기권 강요, 야당 참관인 축출, 개표조작 등 가능한 모든 수단을 동원해 역사상 유례없는 부정선거를 자행했다. 그러나 85%라는 조작된 지지율과 갖가지 합법적 · 비합법적 폭력도 사인주의적 권위주의의 몰락을 막을 수는 없었다. 시민사회의 전국적인 저항이 들불처럼 일어난 것이다.

4 · 19혁명 후의 제3차 개정헌법은 두 가지 측면에서 변화된 내용을 담고 있다. 첫째, 권력구조의 측면에서 대폭적인 수정이 가해졌다. 헌정 파행과 민주주의 유린의 직접적인 원인으로 간주되었던 대통령제에서 의원내각제로의 변경이 이루어졌으며, 이에 따라 내각불신임과 국회해산에 관한 규정이 삽입되었다. 또한 제정헌법이 규정한 대통령의 대법원장 임명권을 삭제하고 법관 선거인단에서 대법관을 선출하도록 규정함으로써 사법부의 독립을 위한 법적 근거가 도입되었다. 헌법재판소의 설치가 명문화됨으로써 자의적 통치행위에 의한 헌정 유린을 예방하기 위한 제도적 장치도 마련되었다.

둘째, 국민의 인권에 대한 보장을 명문화한 규정이 헌법 내에 삽입되었다. 1948년 헌법이 인권을 법률의 여하에 따라 제한할 수 있다고 규

당과 언론을 통제할 목적으로 국가보안법 개악을 시도했다. 특히 제17조 제5항의 '인심혹란죄' 조항은 주로 시민사회와 언론에 재갈을 물리려는 의도로 신설되었다. 또한 인권침해 시비와 관련해 문제가 된 대표적 독소 조항은 형사소송법이 규정한 자백의 증거능력과 관련해 국가보안법 사건에 한해서 예외를 허용한 것이다. 당시의 형사소송법은 피의자가 1차 수사기관에서 행한 자백을 부인할 경우 이를 증거로 채택할 수 없도록 규정했으나 특별법인 국가보안법에 의해 이에 대한 예외가 인정된 것이다. 이는 이승만의 사인주의적 권위주의가 말기에 이르러 인신 구속과 관련한 가장 기초적인 국민의 헌법적 권리마저 부정했음을 보여주는 생생한 실례 가운데 하나이다. 박원순, 『국가보안법 연구 1』(서울 : 역사비평사, 1997)을 참조.

정함으로써 국가보안법 등의 하위 법령들이 국민의 인권 유린과 헌정 파행에 악용되는 길을 열어주었음에 반해, 1960년 헌법은 인권을 제한하는 법률을 제정하는 경우에도 본질적인 내용을 침해할 수 없음을 명시했다. 또한 개정헌법은 '언론 · 출판에 대한 허가'를 금지함으로써 시민사회의 자유로운 여론형성을 침해할 수 없도록 규정했다. 권위주의 체제의 유지를 위한 첨병 역할을 수행했던 경찰의 정치적 중립성도 명문화되었다.

그러나 개정헌법의 조문과는 달리, 헌법제정 국면에서 아래로부터의 다양한 이익과 요구를 대변한 제 정당 · 사회단체들이 배제된 것처럼, 4 · 19 혁명을 통해 사인주의적 권위주의 정권의 붕괴를 가져온 시민사회 내 다양한 행위자들의 목소리는 기존 제도권 야당 중심의 정치 엘리트들만으로 이루어진 새 헌정체제 심의과정에서 재차 배제되었다. 4 · 19 혁명 직후 아무런 준비와 경험 없이 야당에게 정권이 이양되고, 국회에 설치된 헌법개정기초위원회의 안을 중심으로 국민투표의 절차 없이 개헌(이규영 2002, 85)이 이루어진 것이다. 뿐만 아니라 새로운 헌정체제의 수립 이후 질서유지라는 명목 하에 아래로부터 자생적으로 터져나온 다양한 요구들마저 재차 차단되기 시작했다.

민주당 정권은 짧은 집권기간 동안 국가보안법 제4차 개정을 통한 '불고지죄' 조항의 신설, 집회 및 시위에 대한 규제를 내용으로 하는 '시위규제법', 반공의 정치적 악용 가능성이 농후한 '반공법' 제정 등 일련의 법률적 장치들을 정비함으로써 아래로부터의 참여 열기에 찬물을 끼얹는 데 일조했다. 민주당 정권은 한국전쟁 이후 강제적으로 유보되었던 노동 기본권을 행사하려는 전국교직원노조의 활동을 규제했고, 노동운동의 활성화가 정국의 혼란을 가져올 것으로 간주해서 적극적으로 탄압하기 시작했다. 민주당 정권 하에서 학생운동을 주축으로 한 낭만적 통일운동은 급진용공으로 규정되어 불온시되었다.

이처럼 분출하는 사회적 요구들에 대한 권위주의적 통제가 재강화된[12] 이면에는 당시의 경제상황에 대한 민주당 정권의 위기의식이 놓여 있었다. 민주당 정권은 출범 직후부터 경제문제를 최우선적 과제로 삼는 이른바 '경제제일주의'를 표방하고, 성장을 위한 안정적 사회기반의 확립수단으로 다양한 통제조치들을 재도입하고자 했다. 민주당 정권의 경제제일주의 정책은 이승만 정권의 유산인 관권경제의 부패로 인한 산업구조의 불균형을 지양하고 급속한 경제성장을 도모함으로써 자립적 국민경제체제를 수립하는 것을 골자로 했다.[13] 민주당 정권의 경제제일주의는 '국토건설사업'과 '경제개발5개년계획'으로 가시화되었다. 국토건설사업은 관민 합작의 '국민운동'적 성격을 띠었으며, 이듬해 권력을 탈취한 군부 쿠데타 세력들에 의해서도 '가장 긴급한 국가사업'으로

12) 손호철은 군사정권이 계획한 경제개발계획은 이미 장면 정권이 입안한 것이고, 5·16 쿠데타가 없었다면 민주주의와 경제적 평등을 동시에 제고하면서 3공식의 빠른 경제성장을 할 수 있었을 것이라는 주장을 반박하는 가운데 "장면 정권 스스로가 이후 민중탄압의 보도가 된 악명 높은 반공법, 데모규제법을 제정하는 등 … 권위주의적 체제로 전환하고 있었다"는 주장을 펴고 있다. 손호철, 『현대한국정치 – 이론과 역사』(서울 : 사회평론, 1998), p. 290.

13) 민주당 정권은 당시를 경제적 위기상황으로 진단했다. 민주당 정권은 이승만 정권이 남긴 유산을 '관권경제로 인한 부의 편재, 경제성장 둔화, 저축과 투자의 부족, 산업구조의 불균형과 농업소득의 저위, 국제수지의 불균형, 원조의 감축, 인플레 요인의 잠복' 등으로 꼽았다. 특히 국제수지 적자를 보전해 온 미국 원조의 감소, 즉 원조경제의 위기를 심각하게 간주했고, 이를 극복하기 위한 방안으로 국방비 절감과 연차적인 감군 계획이 추진되었다. 김기승은 1961년 중 실시될 예정이었던 10만 감군 계획이 5·16 군부 쿠데타를 촉발한 배경요인으로 작용했다고 주장한다. 김기승, "민주당 정권의 경제정책과 장면," 장면연구회 발표문(1999년 8월), pp. 2 – 3.

계승되었다. 경제개발5개년계획은 과거의 '균형성장' 전략에서 정부 주도의 '불균형성장' 전략으로의 본격적인 변화 모색이라는 점에서 박정희 정권의 경제개발5개년계획과 문제의식이 닿아 있다. 그러나 민주당 정권이 '민간부문의 자발적 활동과 이에 필요한 유도정책'을 내세운 데 반해 박정희 정권의 경제개발계획은 자유기업원칙을 천명하면서도 '지도받는 자본주의 체제'라는 추진방식을 채택(김기승 1999, 8-9)함으로써 한층 배제적이고 억압적인 위로부터의 동원에 의해 산업화를 추구했다는 점에서 차이를 갖는다.

그러나 헌정체제의 일시적 부활 이후 국민들의 높아진 기대감에 비해 경쟁적 정당체계의 발전을 경험하지 못한 정치사회의 조정능력과 산출능력은 현격하게 낮았고, 이는 장면 정권 하의 헌정 실험이 불안정과 단명으로 끝나게 된 결정적 원인이라고 할 수 있다. 당시의 정치 엘리트들은 이승만 정권의 붕괴 이후 "권력의 집중을 막을 수 있는 길은 의원내각제를 통한 권력의 공유라는 사회적 분위기가 지배적"(곽진영 앞의 글, 87)인 당시의 상황을 업고 비교적 큰 갈등 없이 권력분점을 보장하는 의원내각제 개헌안을 통과시켰다. 그러나 국가형성 국면의 이념적 · 정치적 배제, 한국전쟁으로 인한 이데올로기적 일색화 과정, 이승만의 사인주의적 권위주의 통치를 경과하면서 인물본위의 결사체에 불과한 파벌 연합적 성격을 그대로 지녔던 집권 민주당은 정당 지지기반과 정당 기율의 양 측면에서 매우 취약했다. 민주당 정권으로서는 시민사회의 분출하는 요구들에 직면하자 억압적인 법적 장치들의 재도입을 통해 사회적 요구들을 관리 · 통제하는 방향으로 나아갈 수밖에 없었던 것이다. 그러나 민주당 정권의 기대와는 달리, 지속적인 사회적 혼란은 결국 군부 쿠데타의 외부적 유인(pull factor)으로 작용했고, 장면 정권의 의원내각제 실험은 단명으로 끝나고 만다.

3. 유신체제와 헌정 중단

쿠데타를 통해 집권한 군부세력은 수입대체산업화를 핵심으로 한 제1차 경제개발5개년계획의 의욕적인 추진을 통해 정당성의 위기를 극복하고자 했다. 국가재건최고회의는 1962년의 제5차 헌법개정을 통해 경제개발계획의 성공적 수행을 위한 사회적 조건을 확립하기 위해 기본권 조항을 대폭 수정했다. 먼저 제정헌법이 지향한 혼합경제체제를 뒷받침하는 이익균점권과 경영참가권 규정을 삭제함으로써 노동조합의 영향력 배제를 시도했다. 또한 1962년 헌법은 제정헌법이 규정한 공무원 파면권을 삭제함으로써 공무원에 대한 국민의 통제권을 박탈했다. 여기에 공무원의 노동3권을 제한할 수 있도록 하는 규정이 더해졌다.

권력분립의 측면에서 법관추천회의 제청으로 대통령이 대법관을 임명할 수 있도록 한 조항이 부활됨으로써 4·19 직후의 제3차 개정헌법이 보장했던 사법부의 독립성을 후퇴시켰으며, 이는 모든 법관을 대통령이 임명할 수 있도록 규정한 유신헌법의 전조라고 할 수 있다. 정치제도의 측면에서는 복수정당제의 보장이 전문에 신설되었다. 그러나 정작 정당에 관한 하위 법령은 제정되지 않았으며, '신문 및 정당 등의 등록에 관한 법률'에서는 오히려 정당을 일반 결사와 동일한 것으로 간주해 요식적인 절차만을 규정했을 뿐이다. 더욱이 정당해산 소추의 목적을 민주적 기본 질서에 위배될 경우로 한정했으나 동시에 특정 정당에 대한 행정부의 위헌정당 소추 절차를 규정함으로써 대통령의 의지에 따라 정당 해산이 가능해지게 되었다.

헌정 중단의 서막은 1969년 3선 개헌이었다. 공화당은 1969년 8월 7일 박정희의 3선을 위한 헌법개정안을 제출했다. 심야의 날치기 사태를 통해 국회를 통과한 헌법개정안은 국민투표에 붙여져 총유권자 65.1%의 찬성으로 확정되었다. 그러나 개정헌법에 따라 실시된 1971년의 양대 선거는 공화당의 기대와는 달리 광범위한 민심이반을 확인시켜 주었다. 제7대 대통령 선거 결과 당선자인 박정희와 총유효투표의 43.7%를 획득한 야당 후보 김대중과의 득표차는 불과 90여만 표에 지나지 않았다. 5월 25일의 제8대 총선결과는 더욱 실망스러웠다. 공화당은 113석을 얻어 신민당을 누르고 원내 1당을 차지했지만 득표율에서 오히려 야당인 신민당에 뒤지는 '이변'이 발생한 것이다. 제8대 선거는 한국 선거사상 야당의 지지가 가장 높았던 선거로 기록되었다.

'출구를 잃은'[14] 박정희 정권은 결국 정국안정과 남북한 긴장완화라는 표면적 명분을 내세워 이른바 12·6 비상사태를 선포하고 이튿날 '국가보위에 관한 특별조치법'을 제정함으로써 강권통치의 정점을 향해 내달았다. '국가보위에 관한 특별조치법'은 이듬해 10월 17일의 특

14) 1971년 양대 선거의 결과가 박정희 정권에게 가져다 준 정치적 압박은 심각한 것이었다. 4월 27일의 제7대 대통령 선거에서 신민당의 김대중 후보는 당시로서는 매우 혁신적인 예비군 폐지, 노사공동위원회 구성, 비정치적 남북 교류, 4대국 보장안 등을 집권시의 청사진으로 제시하며 정책대결에서 선전했다. 특히 야당은 박정희 정권의 안보 및 경제성장 논리의 허점을 강하게 비판함으로써 박정희 정권의 위기감을 고조시켰다. 제8대 총선의 결과로 야당인 신민당은 원내에 강력한 기반을 구축했고, 차기 집권에 대한 기대감도 높아졌다. 신민당은 단독으로 임시국회를 소집할 수 있는 재적의원 1/3 이상을 확보함으로써 언제든지 각료 불신임안과 국회 감사권을 발동시키거나 중요 국정 현안을 다룰 수 있게 되었다. 이처럼 제도정치 영역 내에서 야당이 강력한 정치적 견제세력으로 부상한 것은 박정권으로 하여금 유신을 단행케 한 주요한 하나의 원인이 되었다. 3공화국 시기와 역대 대선·총선에 관한 체계적인 정리 및 평가로는 김용욱, "부록 : 대한민국의 역대 대선·총선,"『한국정치론』(서울 : 오름, 1997)을 참조.

별선언으로 이어졌고, 이 선언에 따라 동일 17시를 기해 국회해산조치가 취해졌다. 여기에서도 평화통일을 이룩하기 위한 국력의 조직화라는 명분이 동원되었다.[15] 전국에는 비상계엄이 내려지고 4개 항의 비상조치가 발표되었다. 이에 따라 국회가 해산되고 정당 및 정치활동이 금지되는 등 헌법 일부 조항의 효력이 완전히 정지되었다.

1973년 유신체제의 시작과 함께 국회의원 선거제도는 지역구당 2인을 선출하는 중선거구제로의 전환을 맞게 된다. 유신체제 하에서 국회의원 선거제도는 견제와 균형을 원리로 하는 권력분립과 경쟁적 정당체계의 발전에 치명적인 타격을 입혔고, 독재의 요식적이고 사후적인 승인절차로 전락했다. 지역구당 2인을 선출하는 중선거구제는 여권 후보가 1석을 손쉽게 확보할 수 있다는 공학적 발상에서 비롯되었다. 또한 대통령이 국회의원 정수의 1/3을 임의적으로 임명하는 소위 '유신정우회'라는 전국구제도를 신설함으로써 여당의 다수의석 확보를 위한 유례없는 제도적 왜곡이 자행되었다. 대통령이 추천한 73석에 더하여 중선거구제의 채택으로 여당인 공화당이 73석을 획득하도록 사전 설계된 총선을 통해 구성된 제9대 및 10대 국회는 강권적 권위주의 체제의 정점인 대통령의 거수기로 전락했다.

민정 이양 이후인 1963년부터 유신체제의 전야에 이르기까지 적어도 외관상으로는 헌정의 기본 골격인 의회민주주의의 원칙이 유지되었다고 할 수 있다. 그러나 유신헌법의 제정과 더불어 대통령의 국회해산

15) 1972년 10월 17일 특별선언에는 "민족의 지상과업인 조국의 평화적 통일을 이룩하기 위한 남북대화를 뒷받침하기 위해 낭비 · 비능률 · 정쟁으로 얼룩진 우리의 정치체제를 혁신하고 비상시에 대비해서 국력을 조직화한다"는 구절이 담겨 있다.

권에 더해 긴급조치권까지 규정됨으로써 근대적 헌정의 권력분립 원칙은 완전히 폐기되었다. 파행을 거듭해 온 헌정이 유신체제의 성립과 함께 사실상 완전히 중단된 것이다.

그러나 박정희 정권의 개헌 시도들이 단순히 최고권력자의 절대적 권력의지에 의해 빚어진 것이라는 평가는 단선적이며 정치주의적인 입장에 치우친 분석이다. 권위주의 체제의 최고권력자가 개인의 의지에 따라 권력의 진퇴를 결정할 수 없는 배경적 요인들이 총체적으로 고려되어야 한다. 박정희 정권이 권위주의적 통치의 전면적 강화를 통해 헌정 중단으로 치달은 이유는 "고도성장을 추진하는 과정에서 국가관료제의 팽창과 이를 기반으로 한 권력의 초집중화 현상, 국가권력과 거대 자본의 긴밀한 협력관계의 발전을 수반하면서 정치의 권위주의화와 고도성장이 수레바퀴처럼 맞물려 상승작용을 일으키는 구조적 조건이 형성되었기 때문"(최장집 2005, 106)이다. 여기에 덧붙여 권력자와 시민사회를 비롯한 정치적 반대세력들의 상황인식이 고려되어야 하며, 위로부터 혹은 아래로부터 표출된 구체적 행위들 간의 충돌이 반드시 분석되어야만 한다.

유신헌법은 반공의 명문화와 기본권 제한의 합법화를 내용으로 하는 역사상 유례를 찾아볼 수 없는 최악의 헌법이었다. 제 사회집단들의 정치적 의사 표현은 철저하게 배제되었으며, 노동자들의 기초적인 생존권 요구조차 국가안보의 이름으로 차단되었다. 헌법이 국가권력을 견제하고 자의적 권력행사에 의한 국민의 권리 침해를 방지하는 규범적 헌장이기를 포기함으로써 헌법규정과 현실의 괴리는 극에 달했다. 이 무렵 국민들은 유신헌법에 대해 극도의 공포심을 느끼거나 그렇지 않을 경우 냉소하는 양면적 태도를 유지했다.

그러나 유신체제는 이처럼 강력한 권위주의적 억압과 배제에도 불구하고 일상적 법률체계의 작동을 통해 체제유지를 위한 질서를 창출할 수 없었다는 점에서 근본적인 취약성을 갖는 체제였다. 고도로 억압적이고 배제적인 통치를 기반으로 위로부터의 산업화를 주도한 유신체제는 역설적으로 양자의 결과가 상승적 결합 효과를 낳으면서 1970년대 말에 이르러 재차 위기에 봉착하게 된다. 결핍된 체제 정당성을 보완하기 위해 외자 도입에 의존해 추진한 중화학공업화가 '규모의 경제'라는 애초의 기대와 달리 과잉 · 중복 투자로 이어진 것이다.[16)]

행위자 측면에서 억압과 배제에 기반한 유신체제의 산업화 정책은 주요한 사회적 저항세력의 형성을 촉진했다. 유신체제는 위로부터의 산업화 과정에서 누적된 분배불평등으로 인해 광범위한 사회적 저항에 직면했다.[17)] 노동쟁의는 유신체제의 폭압에도 불구하고 철권통치 하에서 1976년, 754건에서 1977년 1,064건, 1978년 1,206건, 1979년 1,697건으로 양적으로 급격히 증가했고, 질적인 측면에서도 유신체제의 말기로 갈수록 점점 민주화 운동과 결합하면서 정치적 투쟁의 성격을 띠어갔다.

16) 유신체제의 산업화 정책은 1978년 말 제2차 오일쇼크가 초래한 세계경제의 불황 심화를 계기로 결정적인 위기를 맞았다. 경제위기의 징후는 1979년 1/4분기를 정점으로 현재화되었다. 산업생산의 총지수, 제조업 생산지수, 기업의 설비가동률, 기업의 도산율, 신용위기의 지표 등이 악화되었으며, 이는 '율산' 등 신흥재벌의 도산과 중소자본들의 도산으로 이어졌다. 이광일, "한국의 민주주의와 노동정치"(성균관대학교 박사학위 논문, 2000), p. 127.

17) 노동자들의 저항은 이미 1960년대 말부터 산발적이나마 자생적인 생존권 투쟁으로 표면화되기 시작했다. 노동쟁의는 1969년의 70건에서 1970년 88건, 1971년 101건으로 증가하고 쟁의행위를 수반하지 않은 노사분규의 경우 1969년의 130건, 1970년의 165건에서 1971년에는 무려 1,656건으로 급증했다. 이원보, 『한국노동운동사 5-경제개발기의 노동운동/1961-1987』(서울 : 지식마당, 2004, p. 282)

이와 함께 억압적 · 배제적 성장의 또다른 그늘이라고 할 수 있는 사회적 소외계층의 저항은 광주대단지 폭동 등 광범위한 도시빈민과 소상인들의 생존권 투쟁으로 분출되었다.

가톨릭산업선교회, 크리스찬아카데미, 가톨릭노동청년회 등의 활동은 학생, 종교인, 지식인 등의 민주화 운동과 노동운동의 상승작용(이원보 2004, 349–355)을 일으킨 매개로 작용했다. 이와 함께 중간층의 이반도 광범위하게 진행된다. 고도성장의 수혜자인 중간계층의 다수도 1970년대 말의 경제위기가 물가상승, 조세부담 증가로 이어지자 유신체제에 대한 지지를 철회하기 시작했다.

신민당이 득표율에서 공화당을 1.1% 차이로 누른 10대 국회의원 선거결과는 이러한 총체적 민심이반 및 광범위한 저항의 분위기가 선거국면이라는 정치적 공간을 통해 자연스럽게 표출된 것으로 평가할 수 있다. 헌정체제를 질식시킨 폭압적 국면 하에서 극도의 제한적인 경쟁만이 허용되었으나, 선거가 아래로부터의 저항이 공공연히 표출되는 공간으로 활용됨으로써 권위주의 체제의 위기를 강화시켜 온 한국적 특수성이 재현된 것이다. 이후 정치사회 내의 공간 폐쇄로 인해 최소한의 제한적 경쟁조차 허용되지 않았던 야당 또한 부분적인 자신감을 회복하고 시민사회 내 반유신세력과의 연합을 모색했다. 노동운동–학생 및 재야운동–야당을 잇는 이른바 느슨한 '반유신연합전선'(손호철 1998)이 형성된 것이다.

유신체제는 말기로 갈수록 물샐 틈 없는 강권통치를 행사했으나 시민사회의 지형 위에 착근하지 못한 채 '헤게모니 없는 독재'로 남아 있었던 셈이다. 결국 유신체제는 1979년 중반 200명 남짓한 YH무역 여성노동자들의 농성이 정치 · 사회적 연쇄반응을 통해 정치적 파동으로 확산되자 권력 중심부의 내부 균열에 의해 종말을 고한다.

4. 유산된 민주화와 6월 민주화 운동-권위주의 체제의 복원과 헌정체제의 부활

유신체제 붕괴 직후의 상황은 민주적 헌정체제의 부활을 열망하는 세력과 권위주의 체제의 복원을 추구하는 세력 간의 팽팽한 긴장이 유지되는 가운데 한 치 앞을 내다볼 수 없는 대치가 이어졌다. 유신체제가 내부 균열로 인해 붕괴된 이후 균열을 봉합하고 권력을 장악할 핵심 분파가 적어도 표면적으로는 모습을 드러내지 않았고, 유신에 저항하는 정치사회와 시민사회의 느슨한 연합세력 또한 구심점 없이 각개 약진하는 상황이 한동안 지속되었다. 이른바 보나파르티즘 출현의 전야와도 같은 상황이 연출된 것이다.

12 · 12 사태는 관망하던 군부세력이 권력장악의 의지를 표면화시킨 '다단계 쿠데타' (정해구 1990, 70－72 ; 조현연 1997, 51－52)의 제1단계라고 할 수 있다. 결국 신군부는 1980년 5 · 17 비상계엄 확대와 5 · 18에 대한 무력진압을 통해 유신체제의 붕괴 이후 일부 개방된 민주적 공간을 폐쇄하고 권위주의 체제를 복원시키는 데 성공했다. 일련의 유혈진압이 가져온 공포감으로 위축된 시민사회와 정치적 연금상태에 놓인 정치사회 엘리트들의 저항은 일시적인 소강상태에 빠졌고, 주권자인 국민들은 1980년 10월의 제8차 헌법개정을 거쳐 재차 체육관 선거를 통해 대통령이 선출되는 과정을 지켜보아야만 했다.

새롭게 집권한 전두환 정권이 내건 경제정책의 중심적인 기조는 '안정화' 와 '자유화' 로 집약된다. 전두환 정권은 한편으로는 안정화 및 자유화 조치를 강행하면서, 다른 한편으로는 통폐합 조치 등의 강력한 국가개입을 실행에 옮겼다. 전두환 정권의 합리화 조치는 실행과정에서 대자본 집단의 반발에도 불구하고 1985년 이후 창출된 3저 현상 등과 맞물리면서 국제경쟁력 증대로 이어졌다.

그러나 이러한 성장의 이면에는 억압적인 사회통제, 특히 노동권에 대한 강력한 통제가 놓여 있었다. 이 시기 노동정책은 헌법적 권리인 노동권의 부정으로 집약된다. 전두환은 실권장악과 함께 대통령으로 취임하기 전부터 이른바 '비상계엄하 노동조합활동지침'(80. 7. 1), '노동조합정화지침'(80. 8. 21) 등을 발령함으로써 노동조합 지도자들을 인위적으로 격리시켜 노동운동을 무력화하려는 작업에 착수했다. 이러한 물리적 탄압에 더해 12월 31일의 노동관계법 개정에서는 산별노조의 기업별 노조로의 전환, 유니온샵 제도의 폐지, 제3자 개입금지 조항 등이 신설되었다. 이러한 조치는 노동운동의 대중적 확산 방지와 지식인들의 지원 및 연대성 제고를 차단하기 위한 목적을 지니고 있었다(이광일 앞의 글, 135). 또한 1980년대 초 개악된 노동관계법들은 기업별 노조의 법적 설립조건을 엄격히 규정하여 노조의 설립 자체를 어렵게 했을 뿐만 아니라 외부의 도움을 받을 여지를 차단했고, 노조가 '공익'을 저해할 염려가 있다고 판단될 경우에는 노조의 해산권 및 임원 개선권까지 국가가 보유하도록 함으로써 노동자들의 단체행동을 사실상 불가능하게 만들었다.

전두환 정권은 집권 초반 유신체제의 철권통치를 능가하는 억압적 상황을 연출했다. 그러나 총선을 1년여 남겨둔 시점인 1984년을 전후해 이른바 '자율화 조치'라는 유화국면을 통해 부분적인 정치적 '개방'이 이루어지자 잠복해 있던 아래로부터의 동원이 분출하기 시작했다. 1985년 2·12 총선 직전 급조된 야당인 신한민주당의 약진, 그리고 1986년 이후의 개헌서명운동은 민주화를 열망하는 사회운동 세력들에게 '독재타도, 호헌철폐'라는 단일한 현실적 지향점을 제공했다(최장집 1996,

310). 당시 주요한 저항세력인 학생운동은 또 다른 저항운동의 한 축인 노동자 세력과의 연대를 통해 이념적 측면에서 4·19 당시의 낭만적 민족주의적 성향을 훨씬 뛰어넘어 이념적 급진성을 띠고 있었다.

이러한 노학연대의 주축세력들은 1980년 헌정체제의 개혁보다는 급진적인 체제변혁을 압도적으로 요구했다. 또한 이 무렵 전문직 종사자들과 교수들, 교사들, 여성운동가들, 교회활동가들, 문인 등으로 구성된 시민운동단체들이 출현하기 시작했으며, 이들은 6월 항쟁의 균형추가 범민주화 운동 세력에게 기울어지는 데에 있어서 중요한 역할을 수행한다. 여기에 정치활동 규제에서 해금된 구야당 엘리트들 또한 제도정치 영역의 안팎에서 개헌투쟁에 동참하게 됨으로써 시민사회와 정치사회를 아우르는 '민주헌법쟁취국민운동본부' 라는 단일한 구심점이 형성되었다.

1987년 6월 사회운동 세력의 연대에 의한 전국적이고도 전계층적인 저항이 절정에 달하자 권위주의 체제 내의 권력 블록은 위기를 돌파하기 위한 방법으로 6·29 선언을 단행했다. 6·29 선언은 응집력이 약화된 권력 블록 내의 온건파와 반대세력 내의 협상파 사이의 "잠정 협정"을 의미했다. "어느 누구도 국면을 완전히 주도할 수 없는, 그리고 어느 일방의 완전한 승리가 불가능한 정치적 교착상태로부터의 유일한 탈출구는 타협이며, 이에 따라 타협은 불가피한 선택"(조효래 1995, 541)으로 받아들여지게 된 것이다. 제9차 헌법개정의 결과 16년 만에 대통령직선제가 부활되었고, 국회의 국정감사권이 신설되고, 회기 제한이 폐지됨으로써 입법부의 권한과 능력이 강화될 수 있는 토대가 마련되었다. 또한 개정헌법은 대법관의 임명시에도 국회의 동의를 거치도록 규정함으로써 대통령의 사법부 통제에 대한 국회차원의 견제수단이 확보되었다. 한편 1987년의 민주화 이행국면은 이후 한국의 헌정체제 동학에 영향력을 행사하게 될 주요한 시민사회의 행위자들이 모두 전면에 등장하게 된 역사적 계기로 작용했다. 전통적인 학생운동 세력에 가려져 있던 노동운동은 1987년의 이른바 노동자 대투쟁 국면에서 해방공간에서의 노동운동을 뛰어넘는 헌정사상 초유의 폭발력을 보여주었다.[18] 1987년 민주화 이행의 국면에서 각종 노동운동 단체와 노동조합의 결성이 봇물을 이루었으며, 이는 1990년의 전노협 결성으로 이어지게 된다. 또한 노동운동 세력은 개헌투쟁 국면에서 '민주헌법쟁취 전국노동자 공동위원회'의 결성을 통해 헌법문제에 적극적으로 개입했다. 이후 노동조합의 결성 및 활동이 전통적인 제조업 부문에 머무르지 않고 교육현장과 언론계, 의료사업장 등에까지 광범위하게 확산되었다.

그러나 전통적인 학생운동의 저항과 노동운동의 노동기본권 쟁취 요구에 못지않게 두드러진 현상은 시민운동의 부상이다. 그 결과 그간 거대 담론적인 사회운동의 이슈들에 의해 부각되지 않았던 시민적 실천의 영역이 확장되었고, 일상성과 탈근대성을 특징으로 하는 다양한 이슈들이 제기되었다. 이러한 의미에서 1987년 민주화 이행과정은 시민적 주체성의 자기 표출과정(유팔무 1995, 376)으로 평가할 수 있을 것이다.

18) 이 시기 노동운동의 폭발성은 지표를 통해서도 확인된다. 1977년부터 1986년에 걸친 10년 동안 노동쟁의 발생 건수가 1,683건, 쟁의 참가자 수가 228,495명이었던 데 비해, 1987년 1년 동안 '제기'된 노동쟁의 건수는 3,749건이었고 쟁의 참가자 수는 262,285명이었다. 특히 1987년 6·29일부터 10월 31일까지 발생한 노사분쟁 총건수는 3,311건이었고, 그 가운데 쟁의행위를 수반한 분쟁은 97.7%에 해당하는 3,235건이었으며, 쟁의행위 참가자 총인원은 1,225,830명이었다. 이는 1987년 8월 말 현재 상용노동자 10인 이상 사업체 종사 노동자 3,334,449명의 36.8%에 해당하는 수치이다. 1987년 노동자대투쟁의 규모 및 양상에 대해서는 김금수, 『한국노동운동사 6』(서울 : 지식마당, 2004), pp. 120-41을 참조.

그러나 이후 한국 민주주의의 제도화 과정에서 가장 두드러진 특징은 중간계급이 급격히 보수화되었으며, 노동운동에 비우호적인 태도를 취하게 되었다는 점이다. 계급적 이슈의 부각이 중간계층의 급진주의에 대한 불안감으로 나타난 것이다.

Ⅳ. 1987년 헌정체제-민주주의 공고화의 징체 및 헌징세제 불안정

1987년 6월의 한국 민주화 과정은 성공적인 산업화의 결과라는 점을 특징으로 하며, 민주화 이행을 연구하는 비교정치학자들에 의해 '타협에 의한 민주화'의 모범적인 성공사례로 받아들여진다. 그러나 구체제를 무너뜨리고 새로운 헌정 순환의 기회를 열어놓은 시민사회의 거대한 변화에의 요구가 정작 새로운 헌정체제의 시금석인 헌법의 논의 과정에서 배제되는 상황이 재연되었다. 초기 국면에서 민주화 이행을 주도했던 시민사회의 대표자들은 다양한 사회적 요구들을 헌법 속에 반영할 통로를 갖지 못한 채 민주주의 제도화의 과정에서 점진적으로 기존 정치사회에 흡수 · 동화되었다. 이후의 제도화 과정은 이른바 '변형주의' (Gramsci 1971) 적 양상의 반복으로 특징지어진다.[19]

19) 이와 유사한 맥락에서 3당합당이라는 '변형주의적 지배전략'에 의해 탄생한 김영삼 정권의 노선을 '분리와 배제의 동학'이라는 관점에서 분석한 연구로는 송호근, "'배제적 민주화'와 시민사회 : 분리와 배제의 사회적 결과," 『한국의

결국 "이중 전환(dual transition)"(Nelson 1990 ; Przeworski 1991 ; Haggard & Kaufman 1995)의 문제를 둘러싸고 민주개혁 세력은 절차적 민주주의의 획득에 만족하는 세력과 실질적인 민주주의의 심화로 나아가려는 세력으로 균열되었다. 이러한 민주개혁 세력의 균열과 약화는 정치적 공방의 주된 장소가 '거리의 정치'로부터 정치사회 내의 선거와 정당 경쟁으로 이전되는 과정과 동시에 진행되었다. 타협에 의한 민주화 이행의 한국적 경로가 정치사회 내의 정당 및 정당 정치인들을 중심적인 행위자로 복권시킴으로써 급속한 정치의 활성화를 가져왔다는 점에서 일면 긍정적이다.

그러나 1987년 이후에 개방된 정치사회는 민주적 헌정체제의 공고화에 역행하는 방향으로 제도화되어 왔다. 우선 기성 정치 엘리트들의 이데올로기적 동원에 의해 인위적으로 강화된 지역주의가 정당체계의 지배적 힘으로 작용하는 메커니즘으로 제도화되어 왔다. 1987년의 대통령 선거와 이듬해 총선을 기점으로 "지역주의가 특정 지역에 기반한 정치 엘리트로의 권력집중을 정당화함에 따라 민주화 이행 이후의 모든 선거에서 예외 없이 민주적 개혁의 이슈들은 지역감정에 의해 '중층결정' 되어왔다"(최장집 앞의 글, 325). "민주주의가 권위주의와 다른 것은 … 갈등을 정치의 틀 안으로 통합하면서 사회적 합의를 만들어 간다"(최장집 2005, p. 245)는 데 있음에도 불구하고, 지역적 균열의 문제 설정은 엄연히 현존하는 여타의 사회적 균열들을 은폐하며, 노선과 정책에 입각한 정당체계의 발전을 지체시켜 민주적 헌정체제의 정착에 극히 부정적인 영향을 끼치고 있다.

민주화와 개혁』(서울 : 세종연구소, 1997), pp. 195-7.

정당체계가 사회적 균열을 제대로 반영하는가, 즉 정당의 이념, 노선, 정강 및 정책이 명백히 현존하는, 그리고 계층적 · 직능적 · 직업적으로 분할된 사회의 요구들을 제대로 반영하는가의 여부는 대단히 중요하다. 이 점은 단순히 협애한 권력구조의 차원이 아닌 사회의 총체적 변화라는 차원에서 사회적 합의에 의해 헌정주의와 민주주의의 동태적 균형을 찾아나가는 선순환의 구성과 관련하여 핵심적 의의를 갖는다. 특히 정치과정에서 지역적 균열이 과잉대표되는 폐단은 사회적 갈등의 정치적 해결 가능성에 대한 일반적인 신뢰를 약화시켜 광범위한 정치적 무관심의 증가로 이어지고 있다. 이는 자칫 헌정 민주화 과정의 노력과 성과물 자체에 대한 회의와 부정적 인식을 낳을 수도 있다는 점에서 대단히 우려스러운 현상이다.

다음으로 정치제도의 개혁이 배타적으로 권력구조와 선거제도를 중심으로 하는 기성 정치사회 내의 권력장악 혹은 권력분점을 위한 경쟁규칙의 절충에 집중되어 왔다. 내각제 개헌이라는 밀약을 고리로 한 1990년의 3당 합당과 DJP 연합 등은 정치사회 내 엘리트들로 이루어진 폐쇄적 독과점 구조가 철저하게 정치공학적 발상에 따라 권력구조의 문제에 접근해 왔음을 웅변해 준다.

표면적으로 대의민주주의와 국민민주주의의 극한적 대립양상으로 나타난 3 · 12 탄핵사태의 이면에도 이러한 정치공학적 동기가 자리 잡고 있었다는 점은 사태를 촉발시킨 사안들의 '사소함'을 고려해 볼 때 어렵지 않게 이해할 수 있을 것이다. 1987년 이후 절차적 민주주의의 측면에서 꾸준히 진전되어 온 제도 및 관행의 변화들로 인해 의회와 대통령간의 권력분립 문제가 일정하게 '정상성'을 획득하게 되었음은 누구도 부인하기 어려울 것이다. 그럼에도 불구하고 이른바 '제왕적 대통령제'가 민주적 헌정체제를 불안에 빠뜨리는 '만악의 근원'이라는 담론이 정치사회의 엘리트들은 물론 학계 일각에까지 무비판적으로 수용되어 왔다. 이는 근거 없는 '대권물신주의' 이데올로기에 불과하며, 향후의 개헌 논의마저 소모적인 권력구조 중심의 논의구조로 흘러갈 수 있도록 부추길 따름이다. 만약 3 · 12 탄핵사태가 총선결과라는 사전적인 국민의 심판을 거치지 않은 채 헌법재판소의 판결로 이어졌거나 헌법재판소의 판결이 총선을 통해 확인된 민의와 배치되었더라면 그로 인해 초래되었을 사회적 대립과 충돌의 파장은 가늠키 어렵다.

결국 1987년 이후의 헌정체제 또한 정초단계에서 여전히 심의민주주의적 과정을 결여함으로써 절차적 측면의 진전에도 불구하고 내용적으로 많은 내재적 불안정 요인들을 안게 되었다고 평가할 수 있을 것이다. 누적된 사회 · 경제적 변화의 불용, 지역주의로 대표되는 구체제의 낡은 정치제도와 관행의 잔존, 정치과정을 통한 비대칭적인 게임 규칙의 재생 등은 헌정규범과 실제의 괴리를 강화시킴으로써 민주적 헌정체제 공고화의 미래를 어둡게 하는 요인들이다.

Ⅴ. 결론

한국의 헌정체제 발전을 다루어 온 기존의 논의 가운데 상당수는 헌정구조의 변화를 부정적인 시각으로, 즉 헌정체제의 불안정이라는 관점에서 바라보거나 혹은 협애하게 정치공학적 관점에서 접근함으로써 헌정체제에 대한 주권자들의 기대 약화라는 우려할 만한 현상에 합당한 주목을 돌리지 않았다. 물론 이러한 헌정체제의 안정성에 대한 과도한 관심조차 역대 집권세력들이 권력정치 차원의 헌법 변개를 시도해 왔다는 점을 감안한다면 충분히 수긍할 수 있다. 그러나 문제는 여하히 헌정체제의 순환이 악순환이 아닌 선순환을 유지해 나갈 것인가에 있다.

2007년 대통령 선거를 앞둔 시점에서 한국의 민주주의와 헌정체제의 관계를 다루는 논의들은 대체로 권력구조와 선거제도의 측면에 논의를 집중하고 있다. 특히 4년 중임의 정 · 부통령제를 비롯한 대통령제 보완 방안, 의원내각제 및 이원집정부제로의 권력구조 변경, 그리고 상대적 다수투표제를 보완하기 위한 결선투표 등의 제도적 보완책 등이 꾸준하게 관심의 초점이 되어왔다. 바람직한 정치제도의 개혁이 민주주의의 공고화와 헌정체제의 안정에 미치는 '승의 효과'는 이미 경험적으로 충분히 입증되어 왔다. 최선의 법 · 제도적 설계를 완비하기 위한 고려 이외에도 기존의 권력구조가 권위주의적인 비공식적 관행이 아닌 공식적 제도에 의해 운용될 수 있는 방안에 대한 관심이 덧붙여진다면 아마도 최선의 논의가 될 것이다.

그러나 한편으로는 '제2의 이행' 국면에서 정체를 경험하고 있는 한국 민주주의의 현실을 보다 냉철히 되돌아 볼 필요가 있다. 개헌 논의의 주요 초점이 배타적으로 권력구조와 선거제도에 두어질 때 투표율의 급격한 저하로 표현되는 탈정치화 현상은 더욱 심화될 수밖에 없다. 기존의 정치제도 내에서 행해지는 정상적 정치과정에서 사회 · 경제적 갈등을 조정 · 해소하기보다는 거리에서의 급격한 요구 분출 등 비정상적인 절차를 통해 문제를 해결하려는 시도는 점점 더 늘어날 것이다. 더욱이 정치제도나 절차 밖에서의 대립이 여과 혹은 조정과정 없이 증폭되다가 결국 사법적 심사에 의해 재단되는 정치의 사법화 경향이 만성화될 경우, 정치과정 자체에 대한 효능감의 저하는 물론 민주적 헌정체제의 존립 자체에 대한 기대의 약화로 이어질 수도 있다. 이례적 탄핵사태

이후 최근 들어 첨예한 사회 · 정치적 갈등의 사안들이 곧바로 헌법재판소의 사법적 판단에 맡겨지는 현상이 빈발해지자 일각에서는 헌법재판소의 존재 이유에 문제를 제기하고 있는 실정이다.

이처럼 우려할 만한 현상의 직접적인 원인은 한국의 정당체계가 유독 국가와 정치사회의 엘리트들에 의한 위로부터의 동원에 의해 깊게 패인 지역적 균열구조에 안주한 채 노선과 정책 경쟁을 통해 사회적 이익을 집약하려는 노력을 방기해 왔다는 데에 있다. 헌정체제의 형성과정에서 사회적 균열구조에 따라 구획된 이익과 요구가 온전히 투영되지 못한 이래로 한국의 미발전된 정당체계는 지역주의에 의존함으로써 현존하는 사회적 요구들을 표출하고 노선 및 정강 · 정책으로 반영하기보다는 오히려 그러한 요구들을 은폐 · 왜곡시키는 역할을 해온 것이 사실이다. 그동안 민주주의 제도화의 차원에서 개혁방안들이 꾸준히 제기되어 왔지만 정작 정당이 시민사회의 갈등과 균열을 적절히 수용함으로써 국가와 시민사회 간의 연결을 확립하는 고리로서 기능하기 위한 대안은 정책 정당화라는 추상적 대안의 제시에 그쳐왔다. 정치제도 안팎의 거버넌스 과정이 최적의 동태적 균형을 찾아나가기 위해서는 경쟁적인 정당체계의 정착과 정당 내부의 민주화 문제를 포함한 정당제도 전반에 걸친 개혁이 선행되어야 한다.

그러나 문제의 심층적인 근원은 정당체계를 비롯한 정치제도적 차원 혹은 제도 운영자가 보유한 선의의 차원을 넘어선 곳에 놓여 있다. 갈등의 제도화를 위해서는 현존하는 갈등이 있는 그대로 승인되어야 한다. 사회구성원들 간의 현존하는 사회 · 경제적 갈등 및 충돌의 가능성을 승인하고 사회계약론을 수정한 제도적 원리를 통해 이를 해결하려 한 롤스의 '원초적 입장'(Rawls 1973)은 또 한 차례의 개헌 논의를 앞둔 현 시점에서 헌정주체들 모두가 참고해야 할 지혜이다.

민주적 헌정체제의 공고화를 이루기 위해서는 두 가지 측면에서 발상의 전환이 시도되어야 한다. 먼저 절차적 측면에서 헌법제정 단계와 민주혁명의 결과로 열린 헌법개정 국면들에서 예외 없이 유지되어 온 정치사회 엘리트들의 독과점적 논의구조가 개방되어야 하며, 시민사회의 다양한 이익을 담지한 대표자들이 나란히 참여할 수 있는 제도적 테이블이 마련되어야 한다. 즉 향후의 개헌 논의에서는 헌정체제의 전개과정을 통해 단 한 차례도 시도되지 않은 심의(deliberation)적 과정을 현실화할 수 있는 절차가 적극적으로 모색되어야 한다. 다음으로 내용적 측면에서 분단체제의 유산인 냉전이념의 잔재에서 벗어나 통일 이후의 헌정체제가 지향해야 할 이념과 목표에 대한 논의들이 활성화되어야 한다. 아울러 1990년대 후반의 경제위기와 본격적인 신자유주의적 구조조정을 경과하며 심화되어 온 소득 분배구조의 양극화 문제 등을 포함한 사회 · 경제적 갈등을 다루어야 한다. 위의 두 문제들이 새로운 헌정체제의 논의과정에서 제대로 다루어지지 않을 경우 통일 이후의 한반도 정치체제가 3중으로 원심 분리될 수도 있다는 우려마저 나오고 있는 실정이다.

이를 위해서는 학문적 영역에서도 기존의 헌법학계 혹은 정치학계 중심의 논의에서 다른 분과학문 영역과의 개방적 교류를 통한 폭넓은 학제간 연구로 이행함으로써 새로운 헌법구상을 위한 창조적 지혜의 결집을 모색해야 한다. 최근 사회학과 경제학계 일각에서 제기되고 있는 '1987년 체제의 극복'이라는 담론은 산업화 세력과 민주화 세력의 대타협을 통한 민주적인 복지국가 패러다임의 형성을 위한 바람직한 계기라고 할 수 있을 것이다.

참고문헌

곽진영. 2000. "권력구조의 운영과 정치제도." 『한국의 권력구조 논쟁 II』. 풀빛.

김금수. 2004. 『한국노동운동사 6』. 지식마당.

김기승. 1999. "민주당 정권의 경제정책과 장면." 장면연구회 발표문.

김용욱. 1997. "부록 : 대한민국의 역대 대선 · 총선." 『한국정치론』. 오름.

김홍우. 1999. 『현상학과 정치철학』. 문학과 지성사.

______. 2001. "제헌국회에 있어서의 정부형태에 관한 연구." 한국정치외교사학회 편.

노병만. 1999. "한국 정부형태의 적실성 분석 : 대통령제와 내각제의 비교를 통하여" (복현정치학회 하계 학술대회).

박명림. 2003. "한국의 초기 헌정체제와 민주주의." 『한국정치학회보』 제37집 1호.

______. 2005. "헌법, 헌법주의, 그리고 한국 민주주의 : 2004년 노무현 대통령 탄핵사태를 중심으로." 『한국정치학회보』 제39집 1호.

박원순. 1997. 『국가보안법 연구 1』. 역사비평사.

서익진. 2003. "한국 산업화의 발전양식." 이병천 편. 『개발독재와 박정희 시대』. 창작과 비평.

손호철. 1993. 『한국정치학의 새 구상』. 풀빛.

______. 1998. 『현대한국정치-이론과 역사』. 사회평론.

송호근. 1997. "배제적 민주화와 시민사회." 『한국의 민주화와 개혁』. 세종연구소.

아리스토텔레스. 1990. 『정치학』. 나종일 · 천병희 역. 삼성출판사

유팔무. 1995. "시민사회의 성장과 시민운동." 유팔무 외 편. 『시민사회와 시민운동』. 한울.

이광일. 2000. "한국의 민주주의와 노동정치." 성균관대학교 박사학위 논문.

이규영. 2002. "한국의 권력구조 개편 2 : '의원내각제' 의 대안 가능성." 『한국의 권력구조 논쟁 Ⅲ』. 인간사랑.

이원보. 2004. 『한국노동운동사 5-경제개발기의 노동운동/1961-1987』. 지식마당.

이정복. 1997. "한국정치발전의 과제." 한배호 편. 『한국의 민주화와 개혁』. 세종연구소.

이종찬. 1997. "한국 권력구조 개편논의의 허상과 실상." 『한국의 권력구조 논쟁』. 풀빛.

장의관. 2000. "선거제도의 쟁점, 사례 및 제도화의 방향." 박호성 · 이종찬 외. 『한국의 권력구조 논쟁 Ⅱ』. 풀빛.

정진상. 2000. "한국전쟁과 전근대적 계급관계의 해체." 『한국전쟁과 한국자본주의』. 한울. 1990. "한국사회의 정치변동과 민중투쟁." 정해구 외. 『광주민중항쟁연구』. 사계절.

조현연. 1997. "한국 정치변동의 동학과 민중운동 : 1980년에서 1987년까지." 한국외국어대학교 박사학위 논문.

조효래. 1995. "민주화 이행과 민주적 공고화 : 한국과 브라질, 에스파냐의 비교." 임현진 · 송호근 공편. 『전환의 정치, 전환의 한국사회』. 사회비평사.

진덕규. 1978. 『한국정치사회의 권력구조 연구』. 연세대학교 출판부.

______. 1979. "미군정의 정치사적 인식." 『해방전후사의 인식 1』. 한길사.

최장집. 1996. 『한국 민주주의의 조건과 전망』. 나남.

______. 2005. 『민주화 이후의 민주주의』. 후마니타스.

허영. 1999. 『헌법이론과 헌법』. 박영사.

홍인숙. 1985. "건국준비위원회의 조직과 활동." 『해방전후사의 인식 2』. 한길사.

황한식. 1985. "미군정하 농업과 토지개혁정책." 『해방전후사의 인식 2』. 한길사.

아리스토텔레스. 1990. 『정치학』. 나종일 · 천병희 역. 삼성출판사.

Ackerman, Bruce. 1991. *We the People : Foundations*. Vol 1. Cambridge Harvard University Press.

Dahl, Robert A. 1971. *Polyarchy : Participation and Opposition*. New Haven : Yale

University Press.

______. 1998. *On Democracy*. New Haven : Yale University Press.

______. 2001. *How Democratic Is the American Constitution?*. New Haven : Yale University Press. : 박상훈 · 박수형 역. 2004. 『미국헌법과 민주주의』. 후마니타스.

Diamond, Larry, Marc F. Patterner, Yun-han Chu, and Hung-mao Tien, eds. 1997. *Consolidating the Third Wave Democracies : Themes and Perspectives.* Baltimore : Johns Hopkins University Press.

Diamond, Larry. 1999. *Developing Democracy : Toward Consolidation*. Baltimore : Johns Hopkins University Press.

Diamond, Larry, Juan J. Linz Lipset, and Seymour Martin Lipset. 1995. *Politics in Developing Countries : Comparing Experiences with Democracy*. Boulder and London: Lynne Rienner Publishers, Inc.

Gramsci, A. 1971. *Selection from the Prison Notebook*. New York : International Publishers.

Haggard, S. and Kaufman, R. 1995. *The Political Economy of Democratic Transition*. Princeton : Princeton University Press.

Handerson, G. 1968. *Korea : The Politics of Vortex*. Cambridge : Harvard University Press.

Huntington, Samuel P. 1991. *The Third Wave : Democratization in the Late Twentieth Century*. The University of Oklahoma Press.

Karl, Terry Lynn. 2000. "Economic Inequality and Democratic Instability." *Journal of Democracy*. Vol. 11, No. 1.

Lijphart, Arend. 1997. "Unequal Participation: Democracy's Unresolved Dilemma Presidential Address." *American Political Science Review*. Vol. 91, No. 1.

Linz, Juan and Alfred Stepan. 1996. "Consolidating New Democracies." *Journal of Democracy*, Vol. 7, No. 2.

Nelson, J. (ed.). 1990. *Economic Crisis and Policy Choice : The Politics of Adjustment in the Third World*. Princeton : Princeton University Press.

Przeworski, A. 1991. *Democracy and the Market : Political and Economic Reforms in Eastern Europe and Latin America*. Cambridge University Press.

Schumpeter, Joseph A. 1950. *Capitalism Socialism and Democracy.* London : Allen and Unwin.

Sørensen, Georg. 1993. *Democracy and Democratization.* Westview Press, Inc.

김영민 · 서울대학교 박사, 현 인하대학교 행정학과 교수

김용호 · University of Pennsylvania 박사, 전 한국정치학회장(2006),
현 인하대학교 정치외교학교 교수

박성우 · University of Chicago 박사, 현 중앙대학교 정치외교학교 조교수

신영란 · 한국외국어대학교 박사, 한국외국어대학교 강사

이경주 · Hitotusbashi University 박사, 현 인하대학교 법학과 부교수

장성훈 · 건국대학교 박사, 현 중앙선거관리위원회 사무관

한병진 · SUNY, Buffalo 박사, 현 계명대학교 정치외교학과 전임강사

21세기 헌정주의와 민주주의

초판1쇄 / 2007년 8월 20일

지은이 **김영민 · 김용호 · 박성우 · 신영란**
이경주 · 장성훈 · 한병진
펴낸이 **여국동**
펴낸곳 **도서출판 인간사랑**
인 쇄 **백왕인쇄**
제 본 **은정제책사**

출판등록 1983. 1. 26. / 제일-3호

(411- 815) 경기도 고양시 일산구 백석동 1178-1
TEL (031)901-8144, 907-2003
FAX (031)905-5815
e-mail / igsr@yahoo.co.kr
igsr@naver.com

정가 20,000원

ISBN 978-89-7418-224- 3 93340

※ 잘못된 책은 교환해 드립니다.